RheinTerrassenWeg
Rheinhessisches Tafel- und Hügelland

Weinland Nahe

3 x 3 Salinental
im roten Rhyolith-Felsengebirge
um Bad Kreuznach und Bad Münster
am Stein-Ebernburg

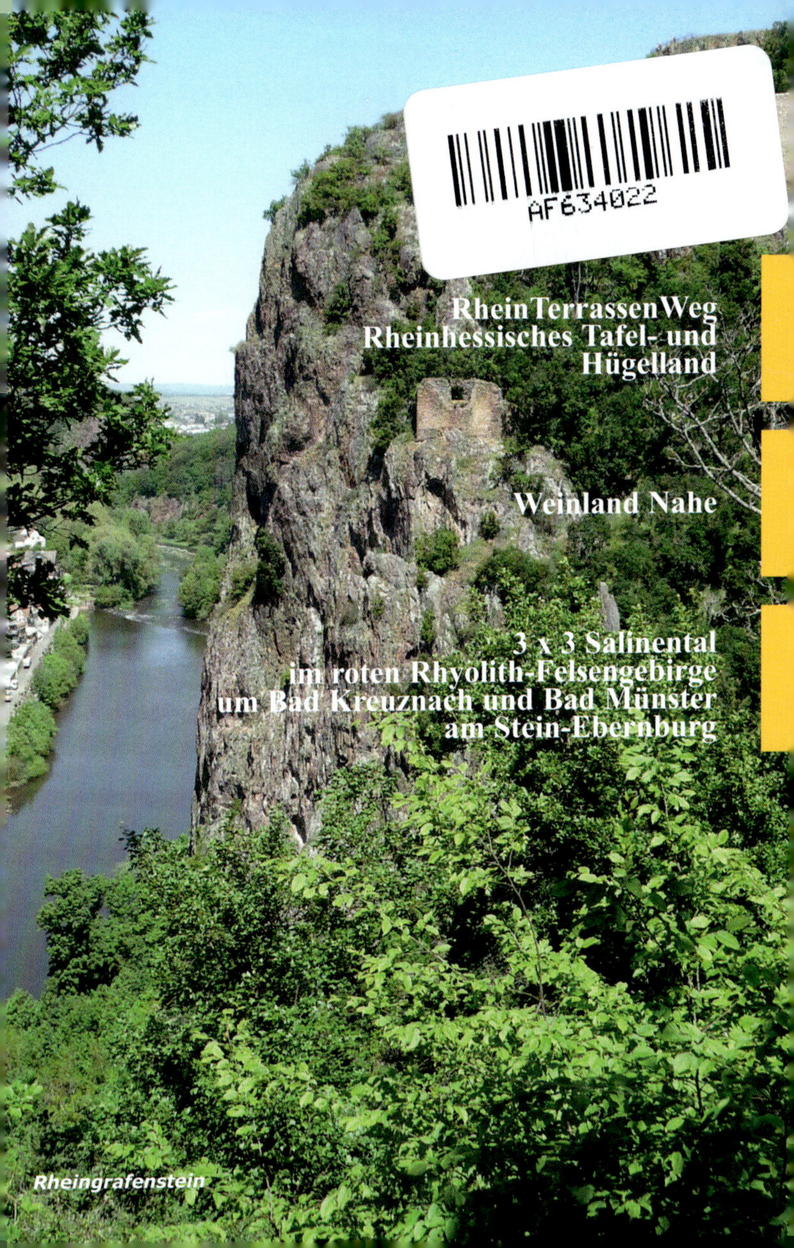

Rheingrafenstein

Weinparadies Rheinhessen-Nahe

Der Autor und der Verlag sind für Lesertipps und Verbesserungen (besonders per E-Mail) unter Angabe der Auflagen- und Seitennummer dankbar.

Dieses OutdoorHandbuch hat 160 Seiten mit 59 farbigen Abbildungen, 35 farbigen Kartenskizzen im Maßstab 1:50.000 und 1:75.000 sowie 35 farbigen Höhenprofilen und einer farbigen, ausklappbaren Übersichtskarte. Es wurde auf chlorfrei gebleichtem Papier gedruckt, in Deutschland klimaneutral hergestellt und transportiert und wegen der größeren Strapazierfähigkeit mit PUR-Kleber gebunden.

Klimaneutral
Druckprodukt
ClimatePartner.com/53106-2203-1006

OutdoorHandbuch Band 468

ISBN 978-3-86686-746-8 1. Auflage 2022

Text und Fotos: Jürgen Plogmann
Karten: Dieter Großelohmann
Lektorat: Anna-Lena Ebner
Layout: Alexandra Sauerland

Gesamtherstellung: AZ Druck und Datentechnik GmbH, Kempten

Dieses OutdoorHandbuch wurde konzipiert und redaktionell erstellt vom:

Conrad Stein Verlag GmbH, Kiefernstr. 6, 59514 Welver,
☏ 023 84/96 39 12,
info@conrad-stein-verlag.de,
www.conrad-stein-verlag.de

Besuchen Sie uns bei Facebook & Instagram:

www.facebook.com/outdoorverlag

www.instagram.com/outdoorverlag

Titelfoto: Blick auf Bechtheim, Tour 1

Inhalt

☺ Eine **Übersichtskarte** des Weges, **Autorenprofil** sowie eine Liste aller verwendeten **Symbole** in diesem Buch finden Sie auf den vorderen und hinteren Umschlagseiten bzw. -klappen.

Weinparadies Rheinhessen-Nahe

Den Namen „Rheinhessen“ gibt es erst seit 1816, als das Großherzogtum Hessen dieses Gebiet jenseits des Rheins bei der Neuaufteilung des untergegangenen Römischen Reiches Deutscher Nation als Ergebnis des Wiener Kongresses erhielt. Das ungefähre Gebiet des heutigen Landkreises Bad Kreuznach an der Nahe wurde damals dem Königreich Preußen zugeschlagen. Nach dem Zweiten Weltkrieg sind beide im Land Rheinland-Pfalz aufgegangen.

Sie wandern durch eine der sonnigsten und niederschlagärmsten Regionen Deutschlands. Am nordwestlichen Rand des Oberrheingrabens und als westliche Einflusszone des Rhein-Main-Gebiets wird der Raum im Norden von Hunsrück und Taunus und im Westen vom Nordpfälzer Bergland gegen kalte Winde und Niederschläge abgeschirmt. Im Osten umfließt der Rhein das Mainzer Becken, bis er nach dem Zufluss der Nahe in das Rheinische Schiefergebirge einschneidet. Wärme und deutlich geringere Niederschläge als im Bundesdurchschnitt sind ideale Voraussetzungen für den Weinbau. So wundert es nicht, dass Rheinhessen mit ca. 26.500 ha Rebfläche das größte deutsche Weinanbaugebiet ist. Das Weinbaugebiet Nahe steht – klein und fein – mit ca. 4.200 ha unter dreizehn Gebieten an siebter Stelle.

Das Mainzer Becken entstand durch Mergel-, Ton-, Sand- und Kalkablagerungen in einem tropischen Meer. Sie werden auf den Wandertouren diese ehemaligen Küstenlandschaften kennenlernen. Später wurde das Gebiet u. a. durch Ablagerungen des Urrheins, vulkanische Aschen und eiszeitliche Feinsande (Löss) überformt. Etwa die Hälfte der Böden besteht aus Löss, weshalb sie intensiv ackerbaulich genutzt werden.

Der einprägsame Slogan lautet: „Rheinhessen, das Land der Reben und Rüben“. Wälder sind nur in kleinen Resten vorhanden. Für den Wanderer bedeutet dies grandiose Aussichten von den Hügeln und Plateaus. Es können aus der Ferne sogar die vom Flughafen Rhein-Main startenden Flugzeuge beobachtet werden und wie sich die schwerbeladenen Frachtflugzeuge über den Taunuskamm quälen.

Im Südwesten, in der Rheinhessischen Schweiz, greift das Nordpfälzer Bergland über, wie auch im südlichen Naheland. Böden auf der Grundlage von Hartgesteinen lassen überwiegend nur Wald zu. Eine Besonderheit bilden die purpurnen Felsen aus Rhyolith (früher Porphyr genannt) um Bad Kreuznach und Bad Münster am Stein-Ebernburg (BME). Über dem Salinental in Bad Kreuznach werden in drei Wandergebieten jeweils drei verschieden lange Wanderungen unterschiedlicher Schwierigkeiten beschrieben, die für jeden etwas bieten. Insgesamt erlebt der Wanderer an der Nahe und seinen Nebenflüssen eine vielfältige und abwechslungsreiche Landschaft aus Bergen, Felsen und Flusstälern, Wäldern, Wiesen und Weinbergen. Dazu kommt ein vorzügliches Tourismusangebot in den Kurbädern Bad Kreuznach, Bad Münster am Stein-Ebernburg und Bad Sobernheim.

Wo Wein wächst, sind die Menschen besonders locker. So auch in dieser Region. Den Menschen wird nachgesagt, sie seien gesellig und gastfreundlich, voller Humor und Mutterwitz, sie würden jedoch zu übertriebener Großtuerei neigen. Die Rheinhessen kontern: „Mer strunze nett, mer hum" („Wir prahlen nicht, wir haben."). Bei dieser Mentalität kann das Wandern mit zünftiger Einkehr beim Wein nur ein Erfolg werden!

Reise-Infos

Anreise und Verkehrserschließung

Rheinhessen-Nahe liegt zentral im westlichen Rhein-Main-Gebiet. Dementsprechend sind die Verkehrsverbindungen sehr gut. Die Bahnstrecke Mannheim – Mainz – Koblenz dient auch dem IC-Verkehr. In Bad Münster am Stein-Ebernburg kreuzen sich die Alsenzbahn von Kaiserslautern nach Bingen/Koblenz und die Nahestrecke von Saarbrücken über Idar-Oberstein nach Mainz/Frankfurt. Die Nahverkehrsstrecken Mainz – Alzey und Bingen – Alzey – Monsheim – Worms erschließen den Raum. Die Feinverteilung übernehmen die Busse.

Fahrplanauskunft:

- Deutsche Bahn AG: 💻 www.bahn.de, ☏ Service-Nr. 01 80/599 66 33, automatische Bandansage 08 00/150 70 90
- Rhein-Nahe Nahverkehrsverbund: 💻 www.rnn.info/linienfahrplaene, ☏ Servicetelefon 061 32/78 96 22, Mo-Fr 9:00 bis 18:00. Beim Lesen der Fahrpläne ist zu beachten, dass manche Busse nur an Schultagen fahren.

Die Magistralen sind die Autobahnen A61 Koblenz – Bingen – Alzey – Worms – Speyer, die A63 Mainz – Alzey – Kaiserslautern und die A60 Mainz – Bingen. Sie werden ergänzt durch die Bundesstraßen B9 Mainz – Worms im Osten, die Ost-West-Verbindung B420 Nierstein – Wörrstadt – Meisenheim sowie die B41 Ingelheim – Bad Kreuznach – Idar-Oberstein, die den zentralen Naheraum erschließt.

Übernachten

Je nach Vorliebe kann in manchem Weindorf in einem Gasthof preiswert oder bis hin zu einem 4-Sterne-Hotel in der Mittel- oder Großstadt übernachtet werden. Touristische Angebote und günstige Verkehrslagen bieten Mainz, Worms, Bad Kreuznach, Bad Münster am Stein-Ebernburg, Bingen, Ingelheim und Alzey. Kurgästen in den Bädern bieten die Wanderwege erfrischende Abwechslung. Wohnen beim Winzer ist auch in kleinen Weinorten sehr gefragt. Für im Wohnmobil Reisende sind Stellplätze an einem Weingut ideal. In der Hauptreisezeit im Herbst sollte frühzeitig gebucht werden.

Tourist-Informationen

Über die regionalen Tourist-Informationen kann gebucht und Informationsmaterial angefordert werden:

- **Rheinhessen-Touristik GmbH**, Kreuzhof 1, 55268 Nieder-Olm, ☏ 061 36/92 39 60, www.rheinhessen.de, info@rheinhessen.info
- ♦ **Naheland-Touristik GmbH**, Bahnhofstr. 37, 55606 Kirn, ☏ 067 52/13 76-10, www.naheland.net, info@naheland.net

Einkehren

In Weingebieten ist es besonders reizvoll, in Weinstuben und Straußwirtschaften einzukehren. Dabei ist zu beachten, dass diese werktags – wenn überhaupt – fast immer erst um 17:00 Uhr öffnen. Sie sollten vorher anrufen, ob geöffnet ist! Rheinhessen ist berühmt für seine Kuhkapellen. Das sind aufwendig als Kreuzgewölbe gebaute „4-Sterne"-Viehställe im Erdgeschoss der Häuser, die heute gerne als Weinstuben und Vinotheken genutzt werden. An den Wanderwegen ist eine weitere rheinhessische Spezialität zu finden, die „Tische des Weines", überlange XXL-Tische, an denen auch größere Gruppen Platz finden.

Wanderwege und beste Wanderzeiten

In den Weinbergen führen die Wanderwege häufig über bequeme Wirtschaftswege, steile Auf- und Abstiege auf schmalen Pfaden halten sich in Grenzen. Die hier beschriebenen Wege sind überwiegend markiert und beschildert. In diesen Fällen erübrigt sich eine detaillierte Beschreibung des Wegverlaufs – was Platz lässt für allgemeine Landschaftsstimmungen und Hinweise auf bemerkenswerte Details.

In diesem Wanderführer sind alle Premiumwege, die in den letzten Jahren erfreulicherweise geschaffen wurden, aufgenommen. Dieses sind die TOP-Wanderwege hinsichtlich der Qualität der Wege sowie der „unverlaufbaren" Wegweisung und Markierung. Sie werden alle drei Jahre vom Deutschen Wanderinstitut zertifiziert und auf einer Skala bis maximal 100 Punkten bewertet.

Die schönste Wanderzeit in den Weinbergen ist der Herbst mit der beginnenden Weinlese Anfang September bis zum Fallen des bunten Laubes im November. Im Winter sind die Weinberge nackt, dann lässt sich allerdings die in dieser Jahreszeit wichtige „Sonne tanken". Im Mai lockt das frische Grün der Bäume, Sträucher und Rebstöcke. Im Hochsommer kann die ungebremst einfallende Sonne die Weinberge bis auf 60° C aufheizen und den Kreislauf stark belasten. Dann ist es angenehmer, in den kühlen Wäldern zu wandern.

Wanderkarten

Für das gesamte Wandergebiet:

▷ Kompass-Wanderkarte 831, Rheinhessen-Nahe-Nordpfälzer Bergland, M 1:50.000

Für den unteren Naheraum steht eine detailliertere Karte zur Verfügung:

▷ NaturNavi, Wanderkarte mit Radwegen, Soonwald-Nahe 2 Bad Kreuznach, Blatt 41-552, M 1:25.000

☺ Die Kartenempfehlungen wurden von der Geobuchhandlung Kiel überprüft. 💻 www.geobuchhandlung.de

Wandern mit Kindern

Sie sollten bei der Auswahl der Tour anhand der Charakterisierung im Führer beurteilen, ob Ihr Kind den Anforderungen gewachsen ist. Überfordern Sie Ihr Kind nicht, sonst verleiden Sie ihm vielleicht lebenslang die Freude am Wandern. Es wird, wo möglich, auf Abkürzungen der Wanderungen hingewiesen. Zu Ihrer eigenen Entlastung sollten Sie Freunde Ihrer Kinder mitnehmen; so ist zusätzlich für Unterhaltung gesorgt. Behalten Sie die Kinder jederzeit im Blick!

📖 **Wandern mit Kind** von Kerstin Micklitzka, Basiswissen für draußen, Conrad Stein Verlag, ISBN 978-3-86686-015-5, € 7,90

Wandern mit Hund

Hunde sind neugierig und lieben es, Entdeckungen zu machen. Sie fühlen sich auf Wanderungen deshalb wohl und werden Ihnen dafür dankbar sein – solange Sie sie nicht überfordern. Nehmen Sie Ihren Hund nur mit auf eine Wanderung, wenn er gut erzogen ist und Ihnen aufs Wort gehorcht. Denken Sie daran, dass jeder, der Ihnen begegnet, bereits schlechte Erfahrungen mit Hunden gemacht haben könnte. Das Mantra von Hundebesitzern „Der tut nix!" hält Ihr Gegenüber deshalb für wenig glaubwürdig.

Sie sollten abschätzen können, was Sie Ihrem Hund zumuten können. Wasserstellen werden im Führer benannt, im Sommer trocknet allerdings manche Quelle aus. Fast alle Hütten und Gaststätten halten Wassernäpfe bereit. Nehmen Sie trotzdem Wasser mit und bei Regen ein Tuch, mit dem Sie das Fell vor einer Einkehr trocknen können. Denken Sie daran, dass in Naturschutzgebieten Anleinzwang besteht und achten Sie auf die entsprechenden Schilder.

Updates

Der Conrad Stein Verlag veröffentlicht Updates zu diesem Wanderführer, die direkt vom Autor oder von den Lesern des Buches stammen. Sie finden diese auf der Verlagshomepage www.conrad-stein-verlag.de. Der abgebildete QR-Code führt Sie direkt dorthin.

GPS-Tracks

Die GPS-Tracks zu den beschriebenen Wegen können Sie von der Internetseite des Verlags (www.conrad-stein-verlag.de) herunterladen.

Tipps zum Umgang mit dem GPS-Gerät finden Sie in dem Ratgeber „**GPS** – Grundlagen · Tourenplanung · Navigation" von Michael Hennemann, Conrad Stein Verlag, ISBN 978-3-86686-495-5, € 9,90.

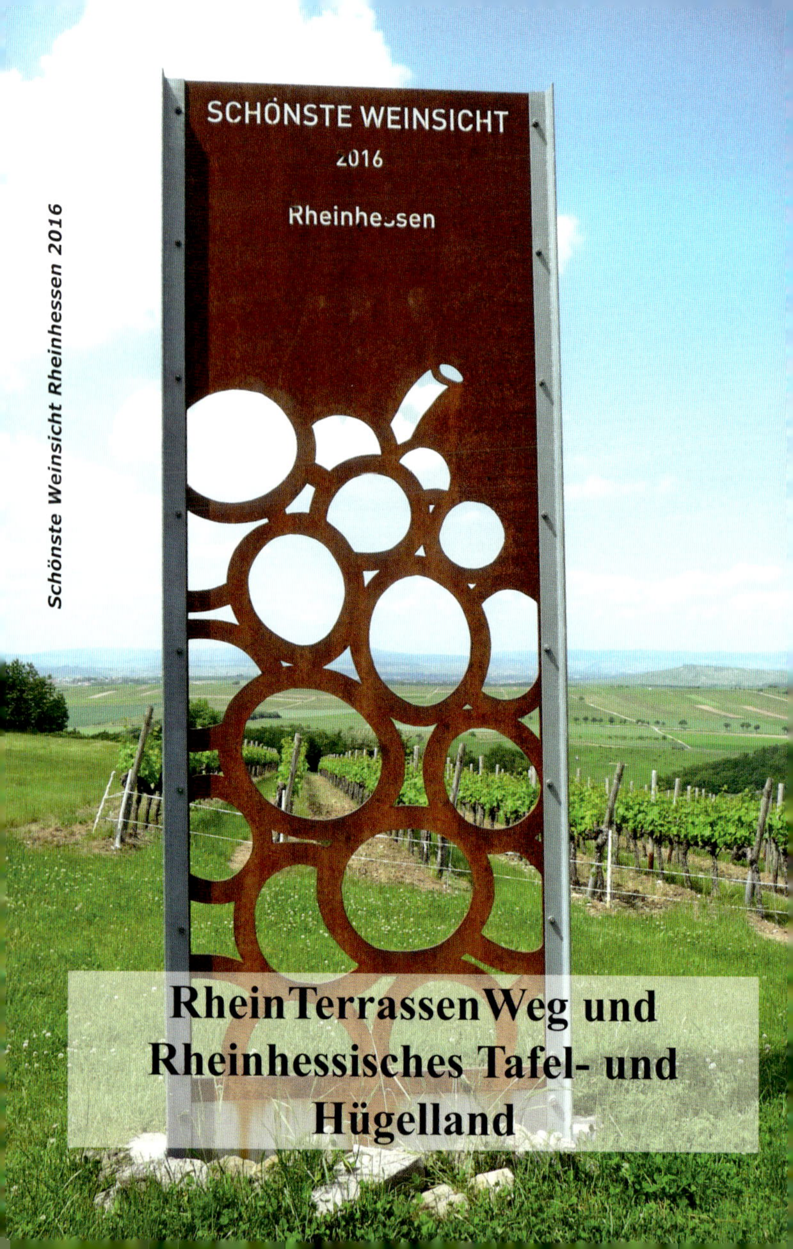

Schönste Weinsicht Rheinhessen 2016

RheinTerrassenWeg und Rheinhessisches Tafel- und Hügelland

❶ Der RheinTerrassenWeg von Worms nach Mainz

➲ 72 km, ⌛ 21 Std., ↑ 1.230 m, ↓ 1.240 m, ⇧ 83-187 m, in 5 Etappen

Die (einschließlich der Zu- und Abgänge zu den Bahnhöfen in den Etappenorten) ca. 72 km durch die Weinberge über dem Rhein – immer wieder mit Ausblicken hinab auf den Fluss und hinüber zum Odenwald – können in mehreren Etappen erwandert werden. Hier werden 5 Etappen vorgeschlagen, die Etappenlängen können aber auch individuell bestimmt werden. Dies ermöglicht die parallel verlaufende Bahnstrecke Ludwigshafen – Worms – Mainz. Immerhin zwölf durch den Nahverkehr im 30-Minuten-Takt bediente Bahnhaltepunkte sind vom RheinTerrassenWeg (RTW) bequem zu erreichen. Diese gute Verkehrsanbindung erlaubt es auch, den Weg von einem Standquartier an der Strecke mit Tagesrucksack zu erwandern, z. B. vom zentralen Nierstein.

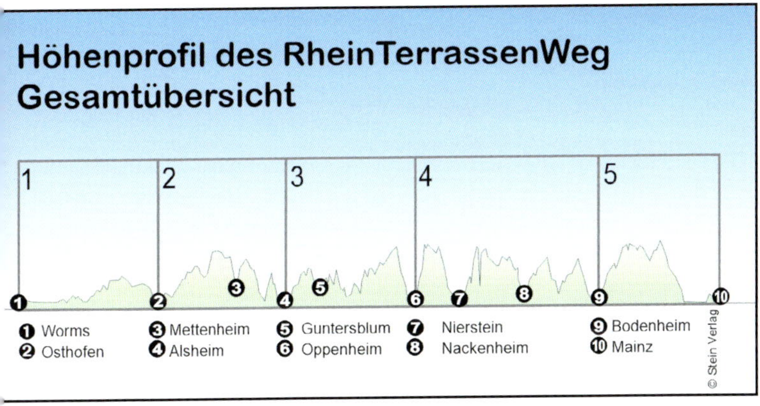

Der RTW lebt von den Ausblicken – insbesondere über den Oberrheingraben hinweg –, aussichtsreichen Rastplätzen und den sehenswerten Weinorten mit ihren Kulturdenkmalen und Einkehrmöglichkeiten. Der Weg besteht überwiegend aus Beton oder Asphalt. Die Etappen sollten deshalb nicht zu lang gewählt werden, Schuhe mit guter Dämpfungssohle sind von Vorteil. Die Weinbergswege sind auch für Gruppen, die sich unterhalten wollen, geeignet.

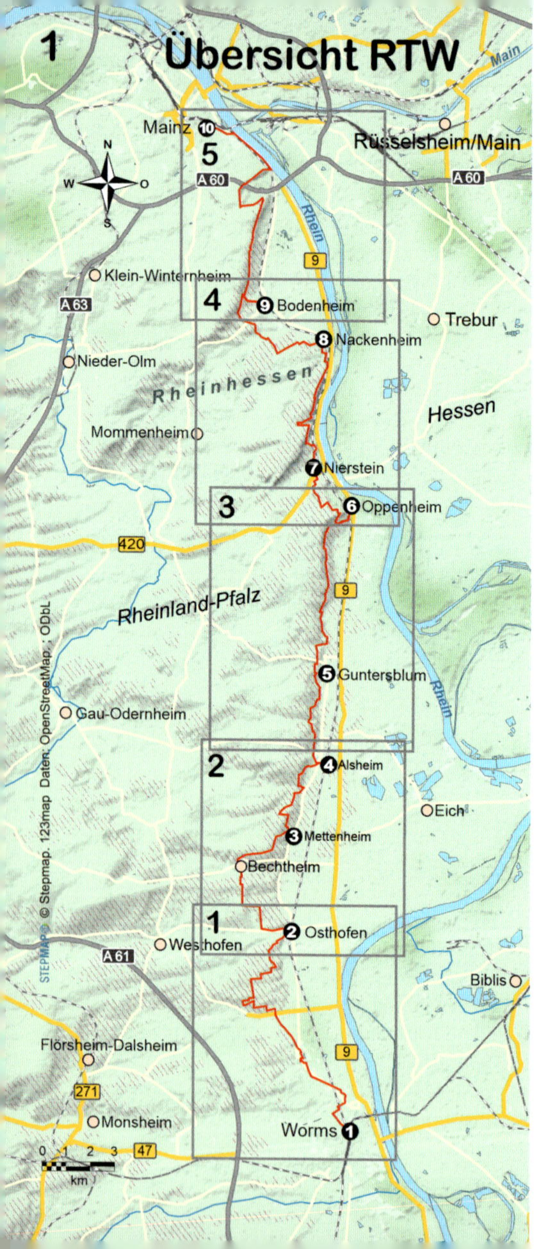

Kinder lieben Wald, Wiesen, Wasser, urwüchsige Landschaft und enge Pfade mit Pflanzen und kreuchenden kleinen Tieren. An den Stärken des RTW, der Weinbergslandschaft und den weiten Ausblicken sind sie weitgehend uninteressiert. Auch an den Hartbelägen der Wege finden sie wenig Gefallen. Langeweile ist für sie vorprogrammiert. Für Hunde wird ebenfalls keine attraktive Landschaft geboten.

Es ist ein Weg ohne Schatten! Bei starker Sonneneinstrahlung im Hochsommer können sich die Weinberge bis auf über 60° C aufheizen – es besteht Gefahr für die Gesundheit! Sie sollten den Weg von Süden nach Norden gehen. Die beste Wanderzeit ist während der Weinlese, wenn der Duft des gärenden Mostes über der Landschaft hängt. Der RTW ist aufgrund seiner Wegebeschaffenheit auch für eine Radtour geeignet.

1. Etappe: Worms – Osthofen

→ Start: Worms Hbf., Westausgang, GPS N 49°38.098‘ E 008°21.348‘; Ziel: Bahnhof Osthofen, GPS N 49°42.320‘ E 008°19.529‘

Worms Hbf., Nah- und Fernverkehr halbstündlich auf der Strecke Mainz – Ludwigshafen

P Parkhaus am Westausgang des Hbf., Von-Steuben-Str. 8, 67547 Worms

14,2 km

4 Std.

↑↓ 98 m/104 m

⇧ 93-136 m

Logo RheinTerrassenWeg (RTW)

überwiegend Hartbeläge

in Worms am Start, Herrnsheimer Schloss (km 4,6), Osthofen (ab km 14)

in Herrnsheim und Osthofen

Weißes Häuschen mit Tisch des Weines (km 12), Rastplatz (km 12,8)

Pflastertreten ist für Kinder wenig geeignet.

geeignet, viele befestigte Wege

wenig geeignet, zum Teil Stadtgebiet, kein Wasser unterwegs

Worms, eine der ältesten Städte Deutschlands, ist berühmt wegen seines romanischen Kaiserdoms aus dem 12. Jh. Eine Reihe weiterer Kirchen sind ebenfalls sehenswert. Im Mittelalter trug die jüdische Bevölkerung wesentlich zum Wohlstand und zur Kultur der Stadt bei, die mit Mainz und Speyer zu den drei SCHUM-Städten zählte. Hiervon zeugen heute noch das Gebiet um die rekonstruierte Synagoge und der Judenfriedhof Heiliger Sand. Die Römer hinterließen einen Meilenstein und ein Stück ihrer Befestigung. Beachtliche Teile der mittelalterlichen Stadtmauer erinnern an die große Zeit von Worms, als hier mit dem Reichstag von 1521 ein weltbedeutendes Ereignis stattfand und Luther sich weigerte, seine Thesen zu widerrufen. Die Stadt hat aber auch dunkle Zeiten gesehen: Stadtbrände, die Pest, existentiell bedrohende Zerstörungen im Dreißigjährigen Krieg, im Pfälzischen Erbfolgekrieg und 1945 durch zwei Bombenangriffe.

Touristinformation Worms, Neumarkt 14, 67547 Worms, ☏ 062 41/853-73 06, www.worms-erleben.de, touristinfo@worms.de, Mo-Fr 9:00-18:00, Sa/So/Fei 10:00-14:00

Backfischfest (Volks- und Weinfest am Rhein) letztes WE im August und 1. WE im September

Nibelungenfestspiele am Dom Juli/August

♦ **Jazz & Joy**: fünf Bühnen rund um den Dom im August

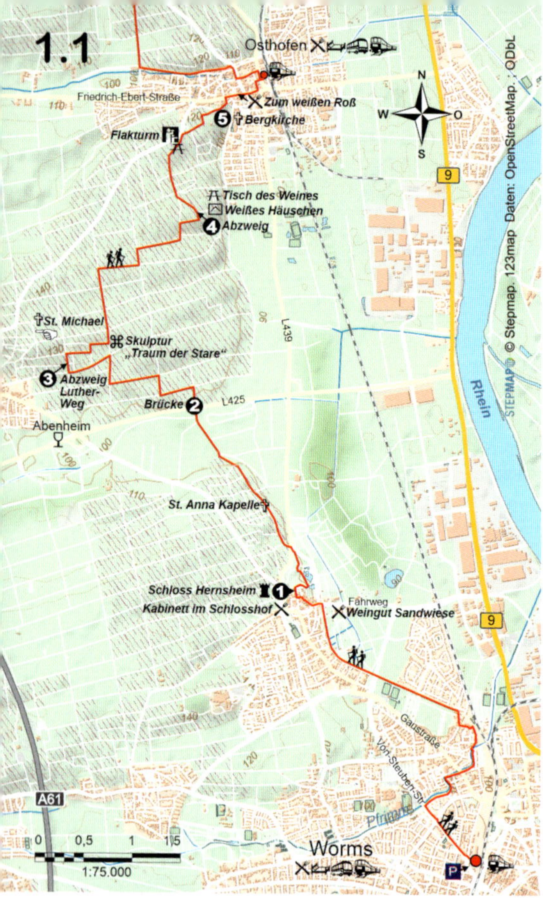

Der **Zuweg** beginnt am Westausgang des Hauptbahnhofs. Sie überqueren den Auxerreplatz (Informationstafel) zum Verkehrskreisel und folgen weiter der Von-Steuben-Straße bis zur Pfrimm. Die Pfrimmanlage entlang des Flüsschens durchzieht die Stadt als grünes Band. Nach knapp 15 Minuten wechselt der Weg über einen Steg an das linke Ufer. Schoppstraße, Nikolaus-Reuss-Straße und Schäferstraße bringen Sie zum Beginn einer ehemaligen Bahntrasse, der Sie sehr bequem zwischen Wohnsiedlungen und Kleingärten bis zum querenden Fahrweg (Parkplatz Herrnsheimer Schloss) folgen.

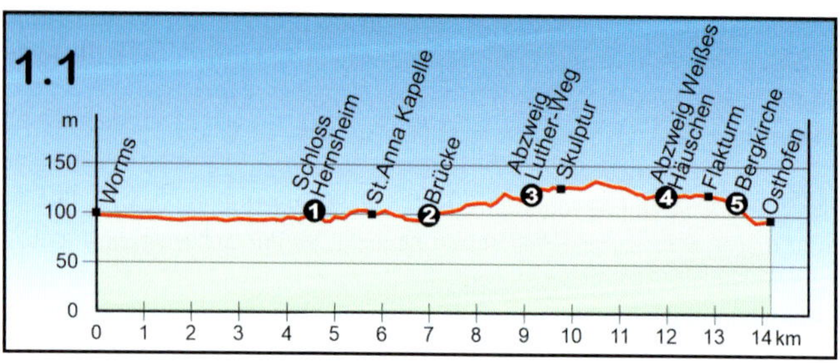

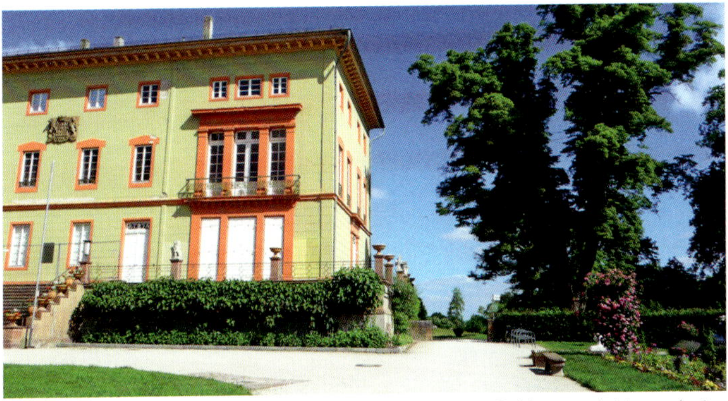

Eingang zum Schlosspark Herrnsheim

Der Weg durch den Ort verläuft so: links der Fahrweg und Am Untertor, rechts die Schillerturmstraße, links die Kettengasse und rechts die Herrnsheimer Hauptstraße führen zum **Herrnsheimer Schloss ❶**.

Hauptweg: Hier, am ehemaligen Schloss der Herren von Dalberg, den Kammerherren der Wormser Bischöfe, beginnt der offizielle RheinTerrassenWeg (RTW).

Das ursprüngliche Barockschloss wurde im 19. Jh. im Stil des Empire und Klassizismus umgestaltet und ist ansehnlich ausgestattet. Der Ortskern von Herrnsheim weist noch mittelalterliche Bebauung auf; die Befestigung samt Storchen- und Schillerturm ist teilweise erhalten.

🛏 ✕ **Weingut Sandwiese** Weinhotel, Fahrweg 19, 67550 Worms, ☏ 062 41/956 10, 💻 www.weingut-sandwiese.com, 🚪 Restaurant Mo-Sa 18:00-23:00, DZ € 111-120

✕ **Kabinett im Schlosshof**, ☏ 062 41/854 56 26, 💻 www.kabinett-worms.de, 🚪 Di-So 9:00-18:00, Mo Ruhetag

♦ **Schlosscafé und Restaurant in der Orangerie**, ☏ 062 41/849 19 47, 💻 www.schlosscafe-restaurant.de, 🚪 Mo-Sa ab 17:00, So ab 11:30

Zwischen Schloss und Orangerie treten Sie in den gegen Ende des 18. Jh. von Friedrich Ludwig Skell im englischen Stil neu gestalteten Schlosspark ein. Die mächtigen alten Bäume, Wiesen, Teiche, Brücken, Inseln und Kanäle nehmen die Blicke gefangen. Vorbei an Amorbrunnen und -skulptur geht es nach Norden aus dem Park hinaus.

Der Heerweg passiert bald die weiß strahlende St.-Anna-Kapelle und zieht als Erd-Gras-Weg durch Weinberge. Die begleitende Böschung steht im Frühjahr in prächtiger Blüte. Die L425 wird über eine Brücke ❷ in ein Rebenmeer hinein gequert, eine Blumenwiese empfängt Sie. Auf Schotter und Beton geht es stufenweise aufwärts.

Auf der Höhe von Abenheim macht der RTW einen Schlenker nach Westen, wodurch ein Teil des Abenheimer Skulpturenwegs berührt wird.

Wandernde mit Zeit und Muße bietet sich hier die Möglichkeit, dem abzweigenden **Luther-Weg** ❸ zu folgen, der über die sichtbare **St.-Michaels-Kapelle** auf dem Klausenberg verläuft und sich wieder in den RTW Richtung Osthofen einfädelt, 2 km Umweg

Auf dem RTW erscheinen Ihnen der heilige St. Kilian und die Skulptur „Traum der Stare". Nach dieser kleinen Episode verläuft der RTW zackig und aussichtsreich durch die offene Rebenlandschaft.

Nach ca. 2,5 km wird rechts ein kurzer Abstecher zum **Weißen Häuschen** ❹ und zum Tisch des Weines angeboten.

Etwa 2 km vor Osthofen passiert der RTW einen Rastplatz und eine Aussichtsplattform (Flakturm). Vor dem Eintritt nach Osthofen wird der Goldberg mit dem Bergfriedhof (ca. 200 m rechts steht das neugotische Rote Häuschen) und der Bergkirche ❺, die auf einer mittelalterlichen Remigiuskapelle und einem burgähnlichen Gutshof gründet, auf der nordwestlichen Seite umgangen.
Sie wandern den Kirchberg und das Kirchgässchen hinab zur Friedrich-Ebert-Straße, wo der Innenhof des Hotel-Restaurants Zum Weißen Roß einlädt. Durch Sickingen- und Schillerstraße wird der **Bahnhof von Osthofen** erreicht, wo sich Gaststätten und eine Infothek befinden.

Osthofen hat heute ca. 9.600 Einwohner. Der Ort wird erstmals 784 im Lorscher Codex erwähnt, aufgrund einer Schenkung „von Höfen, Feldern, Weinbergen und Leibeigenen" an das Kloster Lorsch. Später gehörte Osthofen zur Kurpfalz und nach dem Wiener Kongress zur neuen Provinz Rheinhessen des Großherzogtums Hessen. Seit 2014 ist Osthofen Sitz der Verbandsgemeinde Wonnegau.

Weingasthof Zum weißen Roß, Friedrich-Ebert-Str. 50, 67574 Osthofen, ☏ 062 42/91 14 10, www.weingasthof-osthofen.de, Restaurant Mo-Mi 18:00-22:00, Fr, Sa 18:00-23:00, Ruhetage Do, So, € DZ € 75

HR Landhotel Zum Schwanen, Friedrich-Ebert-Str. 40, 67574 Osthofen, ☏ 062 42/91 40, www.zum-schwanen-osthofen.de, Restaurant Mo-Mi 18:00-22:00, Fr, Sa 18:00-23:00, Weingarten, DZ ab € 94

Vis à Vis Weinbar und Restaurant, Friedrich-Ebert-Str. 53, 67574 Osthofen, ☏ 062 42/501 29 73, www.visavis-osthofen.de, Mi-Sa ab 18:00, So ab 17:00, Weingut Spiess, Kuhkapelle

♦ **Gutsschänke Holzmühle**, Schwerdstr. 20, 67574 Osthofen, ☏ 062 42/23 70 20, www.gutsschaenke-holzmuehle.de, Mo, Di, Sa 18:00-21:00, So 16:00-21:00, Ruhetage Mi, Do, Fr, kleine Gerichte

Straußwirtschaft Weingut Grittmann, Alter Westhofener Weg 32, 67574 Osthofen, ☏ 062 42/71 08, www.grittmann.de, Juni-August Mi ab 17:00

⌘ **NS-Dokumentationszentrum Rheinland-Pfalz**, Ziegelhüttenweg 38, 67574 Osthofen, ☏ 062 42/91 08 19, www.ns-dokuzentrum-rlp.de. Mo-Fr 9:00-16:00. Das KZ bestand 1933/34 und war Schauplatz von Anna Seghers Roman „Das siebte Kreuz". Nach dem Zweiten Weltkrieg war es Durchgangslager für Flüchtlinge.

2. Etappe: Osthofen – Bechtheim – Mettenheim – Alsheim

→ Start: Bahnhof Osthofen, GPS N 49°42.320' E 008°19.529'; Ziel: Alsheim-Bf., GPS N 49°45.931' E 008°20.537'

Bahnstrecke Worms – Osthofen – Mettenheim – Alsheim – Mainz, je Stunde und Richtung zwei Verbindungen

Parken um den Bahnhof, auch östlich

13 km

4 Std.

↑↓ 215 m/221 m

⇧ 88-174 m

Logo RheinTerrassenWeg (RTW)

ganz überwiegend befestigte Wege

Einkehr in den Weindörfern Osthofen, Bechtheim (km 5), Mettenheim (km 8), Alsheim (km 13)

Keine Übernachtungsmöglichkeit, die sehr guten Zugverbindungen nutzen! Nächste Hotels in Guntersblum und Osthofen.

Tisch des Weines (km 2,9), Schutzhütte und Rastplatz hinter Bechtheim (km 5,6), Steinerne Hütte hinter Mettenheim (km 8,3), Odenwaldblick (km 8,7), Weißmühle (km 11)

für Kinder wenig attraktiv

auf den Hartbelägen gut, in den Lösshohlwegen nach schweren Regenfällen ggf. problematisch

Brunnen in Bechtheim (km ca. 5) und an der Weißmühle (km 11)

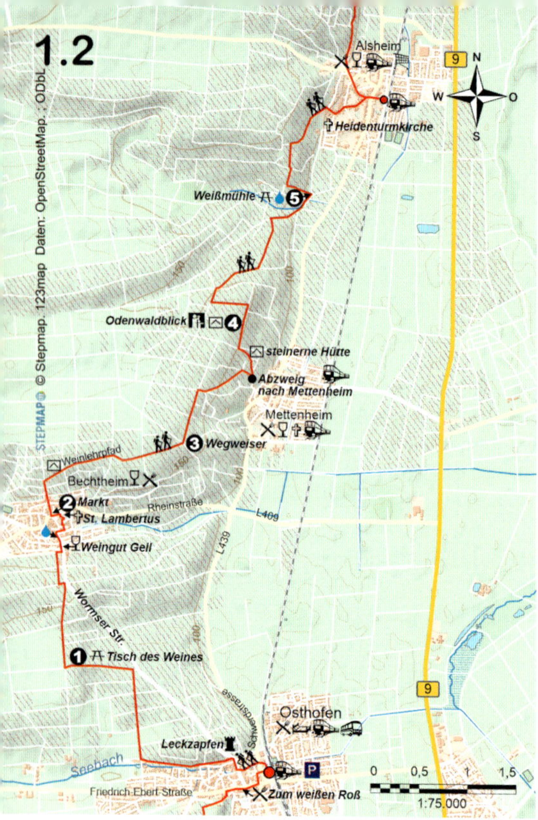

Sie starten zur 2. Etappe auf dem Rhein-TerrassenWeg (RTW) am **Bahnhof von Osthofen**. Der offizielle Zuweg führt durch das Stadtzentrum. Ich empfehle einen schöneren Weg: Beim Austritt aus dem Bahnhof gehen Sie an der Tourist-Information rechts durch die Bahnhofstraße, überqueren den kleinen **Seebach** bereits nach ca. 80 m und wandern auf dem Holzmühlpfad links am Seebach entlang. An der Ludwig-Schwambach-Straße treffen Sie auf die RTW-Markierung und laufen rechts auf die **Miniaturburg Leckzapfen** zu.

Nach ca. 130 m biegen Sie von der Bechtheimer Hohl am Ortsrand links ab auf einen Gehweg, der früheren Bahntrasse von Osthofen nach Westhofen, und laufen bis zur Stärkmühle mit ihren großen Gebäuden. Hier steigt der RTW linear sanft in die Weingärten auf, schwenkt nach Westen und bietet Gelegenheit, am ⛩ **Tisch des Weines ❶** die erste Pause einzulegen. Der Weg bleibt südwestlich der Kreisstraße. Über einen Bergrücken steigen Sie nach **Bechtheim** ab und treffen sogleich links mit Ökonomierat Joh. Geil Erben auf eines der vielen Weingüter.

Nach dem Dorfbrunnen gehen Sie rechts in die Riederbachstraße, dann links am Aegidiusbrunnen vorbei hinauf zum Kirchberg. Die romanische Basilika St. Lambertus mit Ergänzungen aus Gotik und Barock liegt in einem kleinen Park und lohnt eine Besichtigung. Von dort geht es hinab zum **Markt ❷**.

Bechtheim ist geprägt durch den Weinbau; die Rebfläche beträgt etwa 650 ha. Der Ort war im Mittelalter im Besitz des Hochstifts Lüttich, später gehörte es den Grafen von Leiningen. Bechtheim erhielt 1722 Marktrecht. Um den Obelisken am Marktplatz entspann sich ein Diskurs um das Längenmaß, der erst durch die allgemeine Einführung des metrischen Maßes in Deutschland beendet wurde.

Die ursprünglich dem Bistum Lüttich gehörende romanische Basilika St. Lambertus war als Wallfahrtskirche angelegt. Nach der Reformation diente sie als Simultankirche, was zu ständigen Streitereien zwischen Katholiken und Lutheranern führte, bis Letztere ihre eigene Kirche bauten.

✕ **Bechtheimer Hof**, Kuhpfortenstr. 16, 67595 Bechtheim, ☏ 062 42/990 83 38, www.gasthof-bechtheimer-hof.eatbu.com, RJCK.GmbH@gmail.com, Mo, Do-Sa 17:00-22:00, So 11:00-21:00

☺ **Weinfest am Pilgerpfad**, 2. WE im September

Durch die Straße Steig bei der Warte führt der RTW hinaus aus dem Ort und im Südhang durch Rebflächen aufwärts. An einem Rigol (Pflug) biegen Sie rechts ab. Eine Schutzhütte mit Rastplatz, ein Rebsortenspalier des Weinlehrpfades und ein Wendepflug folgen. Am **Wegweiser „Kandelberg"** ❸ wenden Sie sich nach Norden und zuletzt durch einen typischen Hohlweg hinab nach Mettenheim.

Wer die Wanderung nach Alsheim fortsetzt, steigt im Hohlweg links auf.

Wer die Wanderung beenden will, folgt dem Wegweiser nach Mettenheim hinab bis zur Hauptstraße, geht hier links und auf der Bahnhofstraße (Bäckerei) hinab zum **Bahn-Haltepunkt** mit den bereits bekannten zwei Zugverbindungen je Stunde und Richtung.

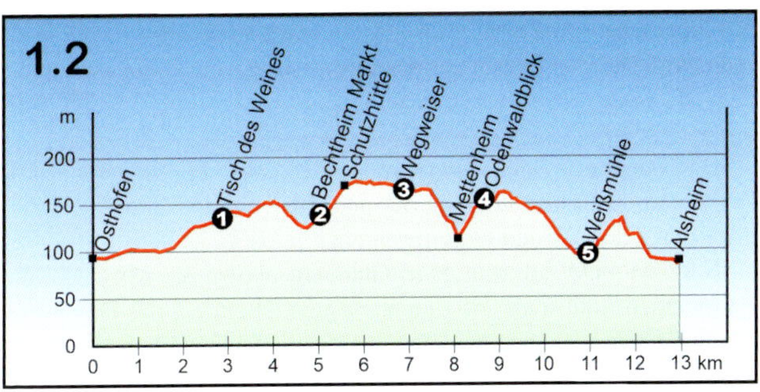

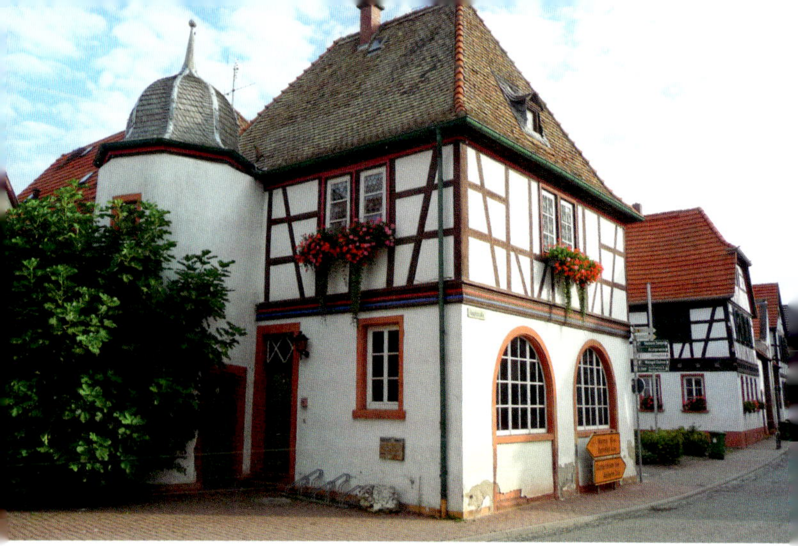

Historisches Rathaus in Mettenheim

Sehenswert in **Mettenheim** sind das historische Rathaus und die evangelische Kirche.

🍷 **Weinhaus Weißbach**, Am Michelsberg 18, 67582 Mettenheim, ☏ 062 42/91 51 51, 💻 www.weinhaus-weissbach.de, 🚪 Fr, Sa ab 18:00, So, Fei ab 16:00, die jährliche Öffnungssaison ist aktuell zu erfragen!

☺ Wer in Mettenheim beginnt, steigt am **Bahn-Haltepunkt** an der Strecke Worms – Mainz aus oder parkt dort sein Auto. Das Zugangslogo führt über die Bahnhofstraße, am Rathaus links in die Hauptstraße und rechts in die Röhrenbrunnenstraße. Am Beginn des Kellerwegs steigen Sie links hinauf und danach mit dem RTW-Logo rechts in die Weinberge.

Die Hangkante will erklommen werden, eine ⛶ steinerne Hütte lädt zur Pause. Am ⛶ **Odenwaldblick** ❹ und im weiteren Verlauf schweift der Blick immer wieder über den Oberrheingraben hinweg. An einem Sendemast geht es noch einmal links aufwärts. Vom **Goldberg** blicken Sie nun auch in das Innere Rheinhessens und sogar bis zum markanten Basaltdom des Donnersbergs. Dann laufen Sie durch Hohlwege abwärts bis zur **Weißmühle** ❺ und ihrem Brunnen und – je nach Sonnenstand –sonnigem oder schattigem ⩩ Rastplatz. Nach der Weißmühle steigt der RTW kurz an, dann verläuft er durch die Flanke bis über Alsheim.

↳ Wer heute bis Guntersblum gehen möchte, bleibt auf dem Weg und steigt entlang der L438 kurz ab bis zum Bürgerhaus, wo der nördliche Zuweg vom Bahnhof Alsheim endet (weiter siehe 3. Etappe RTW).

Wer in Alsheim einkehren oder die Wanderung beenden möchte, biegt am **Wegweiser „Hohl Alsheim-Süd"** und in Höhe der Heidenturmkirche rechts in den Ort ab. Über den Hahlweg, links in die Mühlstraße, dann in die Taubertsstraße, rechts in die Mittelgasse und durch die Bahnhofstraße wird der Bahnhof Alsheim erreicht.

↳ Wer zur Heidenturmkirche möchte, biegt vorher rechts in die Mühlstraße ein.

Alsheim mit heute ca. 2.800 Einwohnern und etwa 700 ha Rebfläche, wird 761 erstmals im Lorscher Codex erwähnt. Bedeutendstes Kulturdenkmal ist die sogenannte **Heidenturm- oder Sarazenen-Kirche** mit ihrem orientalisch anmutenden Turm. Es wird vermutet, dass Kreuzfahrer, die an der Eroberung Jerusalems im Jahr 1099 beteiligt waren, diese Bauform „mitgebracht" haben. (Wer tiefer einsteigen möchte: ein Flyer liegt an der Kirche aus!) Die Kirche liegt in einem historischen Friedhofspark mit Schatten spendenden alten Bäumen, der heute nicht mehr für Beerdigungen genutzt wird. Das barocke **Rathaus** stammt aus dem Jahr 1739.

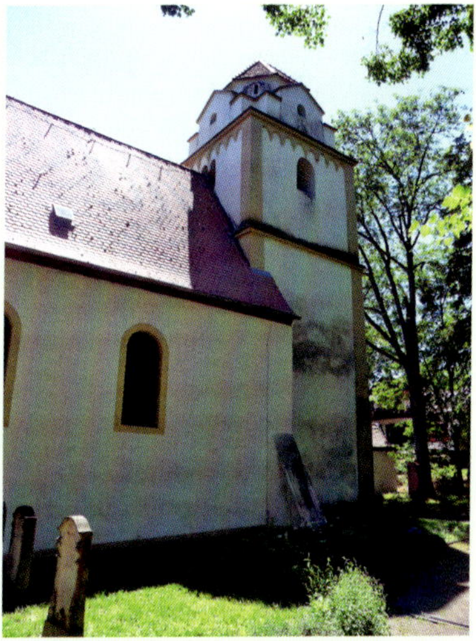

Heidenturm- oder Sarazenen-Kirche

✕ **Zum alten Kelterhaus**, Außerhalb 7, 67577 Alsheim, ☏ 062 49/57 02, Mi-Sa ab 16:00, So, Fei ab 11:00, Mo, Di Ruhetage, Gewölbekeller und Sommergarten

☺ **VDP-Weingut Rappenhof**, Bachstr. 47, 67577 Alsheim, ☏ 062 49/40 15, www.weingut-rappenhof.de, Mo-Do 9:00-12:00 und 14:00-17:00, Fr 9:00-12:00 oder nach Vereinbarung.

3. Etappe: Alsheim – Guntersblum – Oppenheim

→ Start: Alsheim Bf., GPS N 49°45.931‘ E 008°20.541‘; Ziel: Oppenheim-Bf., GPS N 49°51.430‘ E 008°21.472‘

S-Bahn-Haltepunkte Alsheim, Guntersblum, Oppenheim an der Bahnstrecke Worms – Mainz, zwei Verbindungen je Stunde und Richtung

P Parkplatz am Bahnhof, Anfahrt über die B9 Worms – Mainz, Abfahrt Alsheim

13 km

3 Std. 45 Min.

↑ ↓ 287 m/288 m

⇧ 86-163 m

Logo RheinTerrassenWeg (RTW)

überwiegend Hartbeläge

Einkehr in Guntersblum (Abzweig bei km 4,5) und Oppenheim (ab km 12,3)

Guntersblum, Oppenheim

an der hydraulischen Kelter (km 1,1), Tisch des Weines (km 1,9), Leckbartheisje (km 2,9), Hütte am Weinkarren (km 3,7), Tisch des Weines (km 4,5), Schutzhütte Römerturm (km 5,4), St. Viktor-Brunnen (km 6), Schutzhütte und Rastplatz Silius-brunnen an der K41 (km 8,7), Falkenberghütte (km 9,8), 2 Tische des Weines (km 11), Krötenbrunnen (km 11,2)

für Kinder wenig erlebnisreich

Weinbergswege, überwiegend Hartbeläge

Wasser am St. Viktor-Brunnen

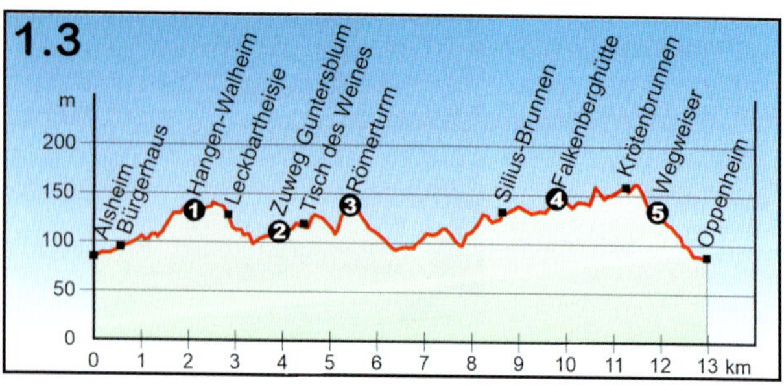

Wer vom **Bahnhof Alsheim** kommt, läuft über Bahnhofstraße, Mittelgasse und Mehlpfortstraße bis zum **Bürgerhaus** durch den Ort, um hier in den RTW einzusteigen. Hier wird rechts dem Wahlheimer Weg, begleitet von der **WeinAroma-Meile** mit ihren Infotafeln zum Wein, gefolgt. Eine alte Kelter samt Rastplatz liegt am Weg. Vor dem Weiler Hangen-Wahlheim kommen Sie wieder in den Genuss der um Alsheim besonders stark verbreiteten Lösshohlwege.

Die Lösshohlwege an der Rheinterrasse überwinden den Höhenunterschied von der Rheinhessischen Kalktafel hinab in den Oberrheingraben. Gesammelter Regen nutzt das natürliche Gefälle, um sich in die weichen eiszeitlichen Lössanwehungen einzugraben. Wagenräder graben sich im Laufe der Zeit ebenfalls ein, weshalb die Römer ihre Straßen gepflastert hatten. So treffen Sie auf verschiedene Ausformungen: Hohlwege, die gepflastert sind, und andere – die als Wirtschaftswege heute weniger bedeutend sind –, in denen sich eine dicke Schwemmschicht aus Löss am Boden gebildet hat.

Sie werden über die vielen von Insekten in die Lösswände gebohrten Behausungen staunen. (Die Gemeinde Alsheim hat in diesem Hohlwegparadies Kurzwanderwege ausgewiesen.)

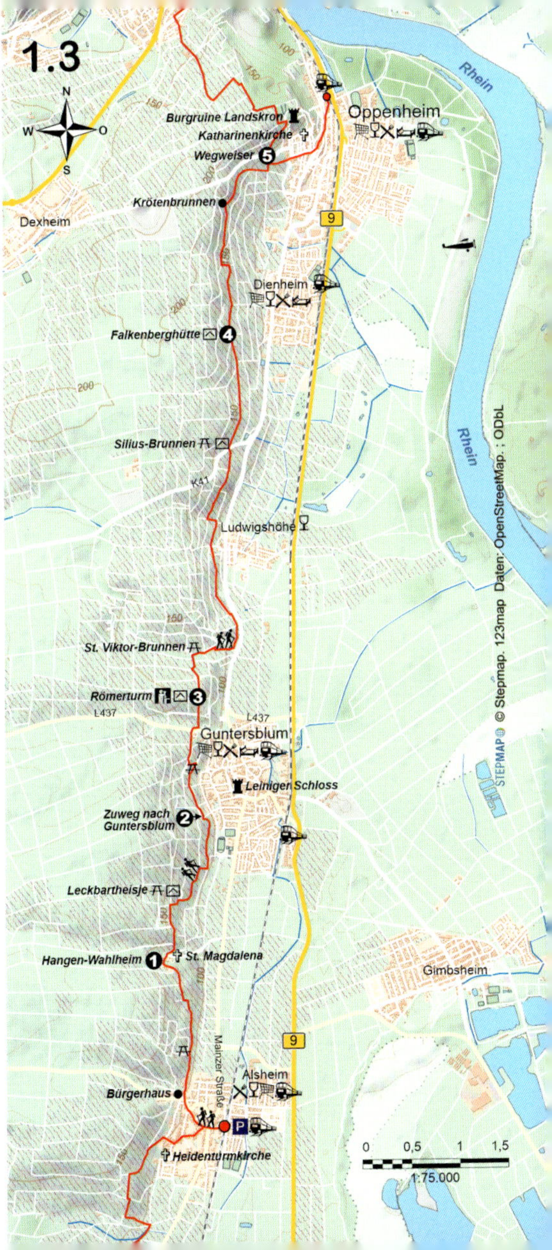

An einem ⛼ Tisch des Weines mit Panoramablick wird etwas Geografieunterricht geboten. Voraus am RTW erblicken Sie bereits die Türme der Heidenkirche in Guntersblum und sogar die Katharinenkirche in Oppenheim. **Hangen-Wahlheim** ❶ mit seiner Kirchenruine St. Magdalena ist schnell durchschritten.

Auf dem nächsten Wegabschnitt sind die vielen Hecken in der Terrassenlandschaft besonders angenehm. An einem Graben, der vom Rumpelsborn herabzieht, steigen Sie ab und können am ⌂ **Leckbartheisje** und später an einer weiteren Hütte mit Weinkarren oberhalb des Sportplatzes von Guntersblum eine Pause einlegen.

Der RTW läuft ohne größere Höhenunterschiede entlang und durch eine Hecke weiter nach Norden.

↳ Wer nach Guntersblum möchte, nutzt nur 3,9 km nach dem Bahnhof Alsheim Am Weiberdeich den **Zuweg** ❷ rechts in den Ort. Dort wird zunächst der Kellerweg passiert, wo die Winzer fast 100 Weinkeller in den Lösshang getrieben haben. Der Zuweg zum Bahnhof führt über das Leininger Schloss.

Am Ortseingang Guntersblum wird der berühmte Kellerweg passiert

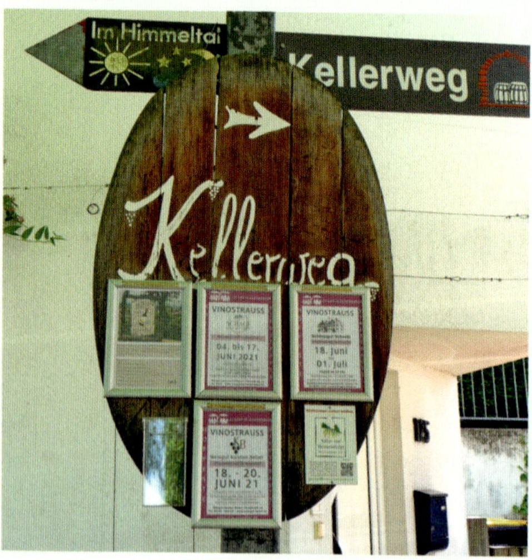

Guntersblum (ca. 4.000 Einwohner) gehörte seit dem 13. Jh. verschiedenen Linien der Leininger. Das Leiniger Schloss wurde Ende des 18. Jh. errichtet. Einige barocke Gutsgebäude, die heute zum Teil als Weingüter genutzt werden, sind erhalten.

Auch Guntersblum verfügt über eine der nur fünf Heidenturmkirchen in Deutschland – als Basilika mit zwei Türmen. Die Innenausstattung der Kirche stammt aus dem 19. Jh.

Eine Besonderheit stellt der Kellerweg dar. In erhöhter, vor Rheinhochwasser geschützter Lage am Hang, haben Winzer hier fast 100 Weinkeller in den Lösshang getrieben.

Schlafgut im Domhof, Bleichstr. 12-14, 67583 Guntersblum, ☏ 062 49/80 57 67, DZ ab € 105

Restaurant Weingold im Domhof, Hauptstr. 33, 67583 Guntersblum, ☏ 062 49/79 65, www.weingut-domhof.de, Mi-Sa 17:30-21:30, So, Fei 11:30-14:30, 17:30-21:30, Terrasse im Innenhof.

Gutsschänke Reblausstube im Rheinterrassenhof, Eimsheimer Str. 54, 67583 Guntersblum, ☏ 062 49/73 90, www.rheinterrassenhof.de, Do-Sa ab 18:00, So, Fei ab 12:00

Kellerwegfest am letzten und vorletzten WE im August, ein besonderes Ereignis!

☺ Wer in Guntersblum beginnt, folgt dem Zuweg vom Bahnhof durch den Ort. Nach Passieren des Kellerwegs ist der RTW nach sehr kurzem Anstieg am nächsten Querweg erreicht. Sie wenden sich rechts Richtung Oppenheim.

Der Weg im Hang wird von Hecken begleitet. An einer alten Kelter steht die erste Bank. Schöner ist der Blick auf Guntersblum mit der Heidenturmkirche von den nächsten Bänken. Sie steigen eine Etage auf, der Asphaltweg bringt Sie zur L437, die Sie kurz hinablaufen, um links einzubiegen.

Es geht aufwärts zum **Römerturm** ❸ mit Rastplatz und herrlichem Panoramablick. Sogleich folgt ein Hohlweg durch einen Urwald. Danach laufen Sie im grünen Sasselbachtal vorbei am **St.Viktor-Brunnen** auf einem Naturweg hinab. Über etwa 400 m verläuft der RTW auf einem Wirtschaftsweg parallel zur alten B9, bevor wieder etwas Abstand zu ihr gehalten wird. An einem Hochbehälter vor dem Zuweg nach Ludwigshöhe können Sie rasten. Der RTW verläuft oberhalb des Ortes und des Friedhofes weiter und steigt dann eine Stufe höher auf. Die K41 wird zum Silius-Brunnen mit Unterstand und Rastplatz gequert.

Etwa 1,2 km weiter bietet die **Falkenberghütte** ❹ über Dienheim Schutz und Ausblick. Vor einer Hecke steigen Sie nochmals eine Stufe höher und haben 500 m danach vom Rastplatz Goldberg eine noch bessere Aussicht auf Oppenheim mit der Katharinenkirche. Wenig später erreichen Sie den Krötenbrunnen. Danach steigen Sie in der berühmten Weinlage **Krötenbrunnen** ab und kurz Richtung Friedhof auf. Dort läuft der RTW im Hang weiter nach Norden. Sie aber steigen am dortigen **Wegweiser** ❺ auf dem Zugangsweg nach Oppenheim ab. Sie durchschreiten das Gautor zur Altstadt mit Marktplatz und Rathaus. Ein Besuch der Katharinenkirche, der Ruine Landskrone und der Altstadtgassen sollte keinesfalls versäumt werden.

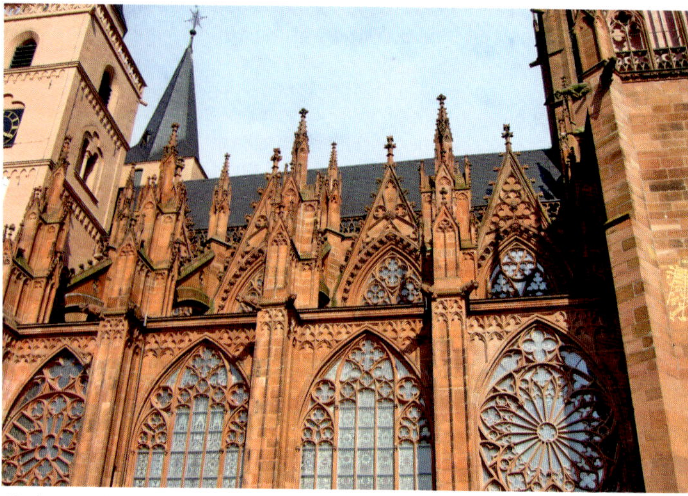

Katharinenkirche in Oppenheim

Oppenheim ist fränkischen Ursprungs und auch die Römer waren schon hier. Die Stadt hatte wechselnde Besitzer, war vorübergehend Freie Reichsstadt und danach kurpfälzisch. Im Dreißigjährigen Krieg wurden die Stadt und die Burg Landskrone gebrandschatzt, im Pfälzischen Erbfolgekrieg machte General Mélac sie 1689 dem Erdboden gleich. Die Einwohner lebten danach in primitiven Unterkünften, bevor zu Beginn des 18. Jh. mit dem Aufbau der heutigen Altstadt begonnen wurde. – Glanzpunkt Oppenheims ist die imposante **Katharinenkirche**, der bedeutendste gotische Sakralbau am Rhein zwischen Kölner Dom und Straßburger Münster. Sie wurde zwischen 1225 und 1439 erbaut. Bei der Zerstörung der Stadt 1689 wurde auch sie stark beschädigt. Die Kirche beherrscht imposant diesen Rheinabschnitt. Eine Innenbesichtigung sollte allein wegen der gotischen Glasfenster keinesfalls versäumt werden.

Ein Alleinstellungsmerkmal besitzt Oppenheim in seinem **Kellerlabyrinth**, einer unterirdischen Stadt aus Kellern, Gängen und Treppen, die im späten Mittelalter angelegt wurde. Nachdem Oppenheim 1008 Markt- und Stapelrecht erhalten hatte und 1226 zur Freien Reichsstadt erhoben wurde, war für die vielen Waren innerhalb der Stadtmauern zu wenig Lagerplatz. Im Lössuntergrund wurde dieser Platz geschaffen. Heute sind zwei Rundgänge für Touristen im Rahmen von etwa einstündigen Führungen zugänglich (Infos und Buchung über die Tourist-Information, Merianstr. 2a, ☏ 061 33/49 09-14).

Altes Amtsgericht, Amtsgerichtshof 1, 55276 Oppenheim, ☏ 061 33/572 49 63, DZ ab €80

Man trifft sich zum Einkehren am historischen Marktplatz.

Restaurant Völker, Krämerstr. 7, 55276 Oppenheim, ☏ 061 33/22 14, www.restaurant-voelker.de, Fr ab 18:00, Sa, So ab 12:00, mit Altstadtgarten

Weinstube Luzia Dietz, Wormser Str. 85, 55276 Oppenheim, ☏ 061 33/33 85, www.weingut-dietz.com, Do, Fr 17:00-24:00, Sa 13:00-24:00, So, Fei 12:00-24:00, Gutsschänke

Rathofkapelle, Rathof 21, 55276 Oppenheim, ☏ 061 33/20 01, www.weingut-dahlem.de, Anfang Mai-Ende Juni, Anfang September-Ende Oktober Do-Sa 17:00-22:00, Straußwirtschaft

Deutsches Weinbaumuseum, Wormser Str. 49, 55276 Oppenheim, ☏ 061 33/25 44, www.dwm-content.de, 1. April-31. Oktober Di-Fr 14:00-17:00, Sa, So, Fei 10:00-17:00. Das Deutsche Weinbaumuseum gibt einen Überblick über 2.000 Jahre Weinbautradition in Deutschland mit nicht weniger als ca. 4.000 Ausstellungsobjekten.

jeden Samstag von 8:00-13:00 Wochenmarkt auf dem Marktplatz

4. Etappe: Oppenheim – Nierstein – Nackenheim – Bodenheim

Bahnhof Oppenheim, GPS N 49°51.409‘ E 008.21°.483‘; Ziel: Bahnhof Bodenheim, GPS N 49°55.798‘ E 008°18.673‘

zwei Verbindungen je Stunde und Richtung nach Nierstein, Nackenheim, Bodenheim, Mainz und Worms

Oppenheim, Amtsgerichtsplatz (gebührenpflichtig)

18,6 km

5 Std.

408 m/410 m

85-187 m

Logo RheinTerrassenWeg (RTW)

überwiegend Hartbeläge

am Oppenheimer Marktplatz (km 0,6), Weingut Raddeck (km 3,3), am Niersteiner Marktplatz (km 5,1), Nackenheim (km 11,5), Bodenheim (km 14)

in Nierstein und Bodenheim

Hummertal (km 2,7), Bergkirche (km 5,5), Gransberg (km 6,2), Fockenberghütte (km 6,5), Brudersberg (km 8,1), Mistkaut (km 9,5), Rothenberg (km 10,3), Bodenheim Zuweg-Nord (km 17,3)

schon allein wegen der Länge für Kinder nicht geeignet

langer Treppenaufstieg in Nackenheim

Wasser mitnehmen! Straßenquerungen

Heute steht die Königsetappe des RTW an.

☺ Wer am **Bahnhof Oppenheim** startet, kann den **Zuweg** nutzen: Vom Bahnhof geht es links in die Bahnhofstraße, weiter auf der Mainzer Straße, auf der Krämerstraße am Marktplatz vorbei durch das Gautor, über Amtsgerichtsplatz und südlich am Friedhof entlang.

↬ Wer diesen Weg bereits von der letzten Etappe kennt und eine gute Kondition aufweist, kann aussichtsreich abkürzen: Vom Bahnhof gehen Sie geradeaus durch die Bahnhofstraße, dann links in die Fischergasse, weiter auf der Straße Am Felsenberg und einen gewundenen langen Treppenweg keuchend hinauf zum Ruprechtsturm; ca. 40 m nach der Ruine Landskrone ist der RTW erreicht.

Von der südwestlichen Ecke des Friedhofs (Wegweiser), dem Einstieg in den RTW, quert der Weg die Gaustraße und läuft oberhalb der Stadt aufwärts zur **Ruine Landskrone ❶** (sehr kurzer Zuweg) mit entsprechenden Nah- und Weitblicken. Während rechts Gehölze den aufgelassenen Kalksteinbruch abschirmen, geht es wieder durch Rebflächen. Am ⛩ **Rastplatz Hummertal**, wo der RTW nach Norden abknickt, haben Sie einen umfassenden Blick auf Nierstein.

🍷 **Weingut Raddeck**, Am Hummertal 100, 55283 Nierstein, ☎ 061 33/581 15, 💻 www.raddeckwein.de, ✉ info@raddeckwein.de, 🚪 Mo-Fr 9:00-18:00, Sa 9:00-16:00

Nun geht es am 🍷 Weingut Raddeck vorbei hinab in den Ort, wobei erfreulicherweise kleine Grünanlagen und eine Allee durchlaufen werden.

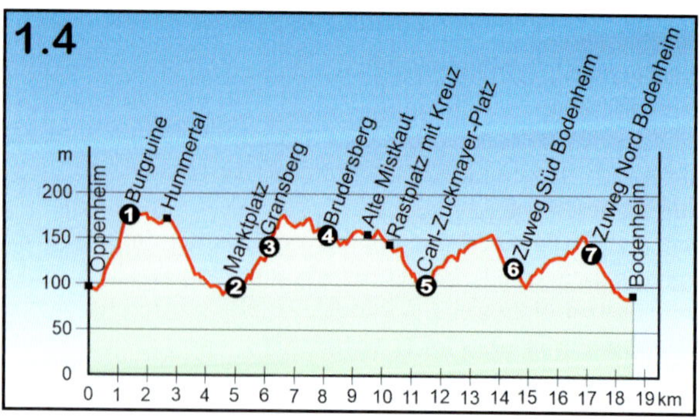

Der RTW-Verlauf in Kurzform: Sie gehen rechts in die Wörrstädter Straße, links in die Corneliusstraße, rechts in die Ringstraße und links in die Bildstockstraße, die geradewegs ins Zentrum führt. Sie queren dabei den Flügelbach. Durch Fronhof und Oberdorfstraße sind die Martinskirche und der Marktplatz ❷ erreicht, der angenehmen Aufenthalt bietet.

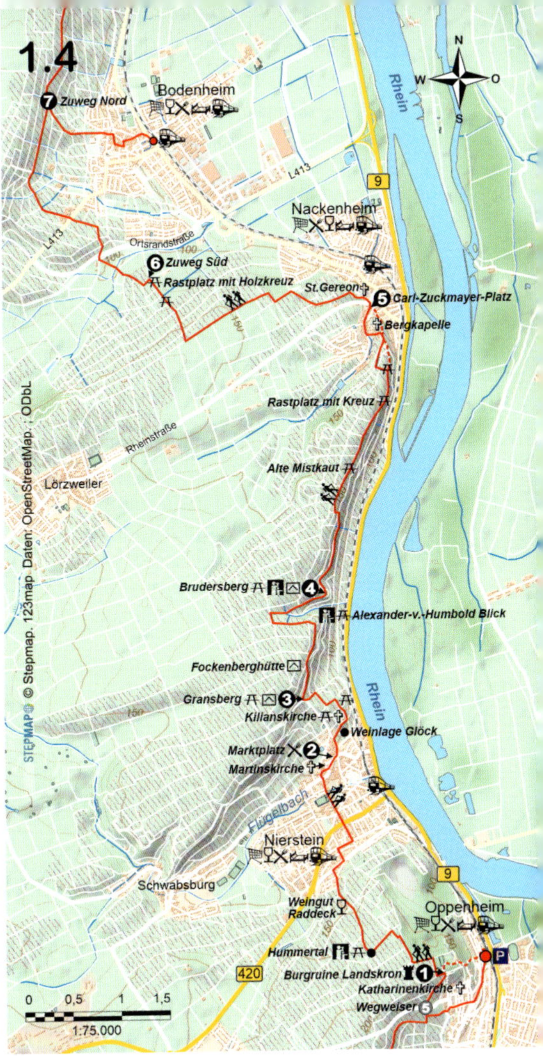

Im Dreieck von Marktplatz, Fronhof und Tempelhof liegt der alte Ortskern von **Nierstein**. Er war fränkisches Verwaltungszentrum („Saal“, heute noch in Straßennamen zu finden), karolingische Pfalz und ottonischer Königshof. Die Martinskirche ist von einer Wehrmauer umgeben; ihre heutige Form entstand allerdings im 18. und 19. Jh. Barocke Adelshöfe zeugen von einiger Bedeutung des Ortes. Gaststätten und Weinangebote konzentrieren sich in diesem Bereich.

Rheinhotel Nierstein, Mainzer Str. 16, 55283 Nierstein, ☏ 061 33/979 70, www.rheinhotel-nierstein.de, Platen's Restaurant & Weinlounge im Rheinhotel Nierstein Mo-Sa und Fei 11:00-22:00, So 11:00-18:00, DZ ab € 89

- **Best Western Wein-und Parkhotel**, An der Kaiserlinde 1, 55283 Nierstein, ☏ 061 33/50 80, www.weinhotel.bestwestern.de, DZ ab € 88
- **Weingut und Gästehaus Friedrichshof**, Bildstockstr. 8, 55283 Nierstein, ☏ 061 33/53 42, www.weingut-friedrichshof.de, DZ € 75

Einkehrmöglichkeiten rund um Markt und Tempelhof (Auswahl):

- **Civitas-Weinrestaurant**, Marktplatz 9, 55283 Nierstein, ☏ 061 33/571 49 95, www.civitasnierstein.eatbu.com, Mo, Do-Sa 17:00-22:00, So 12:00-14:30 und 17:00-21:00, regionale Landküche, Außensitze am Marktplatz
- **Winzerhaus**, Karolingerstr. 6a, 55283 Nierstein, ☏ 061 33/56 89, www.winzerhaus-nierstein.de, Mi-So 11:00-14:00 und 17:30-23:00, Pizzeria

Café Erni und Illi, Marktplatz 7, 55283 Nierstein, ☏ 061 33/571 25 17, www.erni-und-illi.de, Do-So 9:00-17:00, Außensitze am Marktplatz

Klein's Vinum, Saalpförtchen 2, 55283 Nierstein, ☏ 061 33/600 91, www.klein-nierstein.de, Fr ab 18:00, Sa ab 16:00, So ab 12:00, Gutsausschank

- **Gutsschänke Heise** am Kranzberg, Karolingerstr. 15, 55283 Nierstein, ☏ 061 33/55 18, www.heise-am-kranzberg.de, März-Oktober Fr ab 17:30, Sa, So, Fei ab 14:00
- **Gutsausschank Weingut Buhl**, Tempelhof 7, 55283 Nierstein, ☏ 061 33/595 77, www.weingut-buhl.de, Sa ab 14:00
- **Straußwirtschaft Gustav Strub**, Rheinstr. 36, 55283 Nierstein, ☏ 061 33/596 84, www.strub-wein.de, ab Mai, aktuelle Zeiten erfragen!

☺ **VDP-Weingut St. Antony**, Wilhelmstr. 4, 55283 Nierstein, ☏ 061 33/50 91 10, www.st-antony.de, Mo-Fr 10:00-12:00 und 13:00-18:00, Sa 11:00-18:00, 60 ha, Große Lagen u. a. am Roten Hang

☺ **VDP-Weingut Schätzel**, Oberdorfstr. 34, 55283 Nierstein, ☏ 061 33/55 12, www.schaetzel.de, nach Vereinbarung, Große Lagen im Roten Hang

Hexentanz auf dem Marktplatz am 30. April

- **Maibaumfest** und 3-Türme-Wanderung am 01. Mai
- **Weinpräsentation** am Roten Hang, 2. WE im Juni
- **Winzerfest** am 1. WE im August
- **Tage der offenen Winzerhöfe und Weinkeller** am 2. WE im September

Dies ist der krönende Abschnitt des RheinTerrassenWeges. Zwischen Oppenheim und Nackenheim ist der Rhein an das rheinhessische Plateau herangerückt und hat eine eindrucksvolle Abbruchkante herausgearbeitet, an der der RTW aussichtsreich entlang verläuft.

↳ Der **Marktplatz** ❷ von Nierstein kann auch über einen Zuweg vom Bahnhof erreicht werden.

Die Karolingerstraße und An der Bergkirche führen hinaus und hinauf durch die Weinlage Glöck zur **Kilianskirche**. Vom Rastplatz an ihrer Rheinseite haben Sie einmal mehr eine beeindruckende Aussicht. Mit leichter Steigung parallel zum Rhein wird nach ca. 300 m über eine kurze Treppe abwärts eine verschwiegene Bank erreicht.

Hier biegt der Weg links ab und kreuzt durch die Weinberge am **Gransberg** ❸. An der Schutzhütte und Rastplatz auf kleiner Wiese biegen Sie rechts ab und wandern aufsteigend zur aussichtsreich über dem Rhein liegenden **Fockenberghütte**. Sie befinden sich im **Roten Hang**, inmitten der für Rheinhessen einzigartigen geologischen Besonderheit, dem Rotliegend. Dieser rote Tonsandstein ist vor ca. 280 Mio. Jahren im Erdzeitalter des Perm entstanden und hat die dort wachsenden Weine berühmt gemacht.

↳ **Variante**: Nur 30 m hinter der Fockenberghütte bietet sich die Gelegenheit, der Pflastertreterei für etwa 500 m zu entgehen. Hier zweigt ein Grasweg ab, der sich nur leicht absenkend und begleitet von Gehölzen durch den oberen Hang des Rheintals zieht. Wehende Fahnen kündigen bald den **Alexander-von-Humboldt-Blick** an. Dieser kleine Rastplatz liegt aussichtsreich über dem Eingang des Rehbachtälchens gegenüber der sichtbaren großen Rastanlage am Brudersberg. Ein Grasweg führt Sie an der Hangkante des Rehbachtals zurück auf den RTW.

Auf dem Hauptweg setzen Sie die Umrundung des Rehbachgrabens fort und erreichen die große **Rastanlage am Brudersberg** ❹ mit Rieslinghütte, sieben Picknicktischen und der „Schönsten Weinsicht 2012". Hier lohnt ein entspannter Aufenthalt zum Rasten und Schauen. Weiter am **Rothenberg** (Rotliegend, Große Lage) entlang passiert der RTW nach etwa 1,5 km die ummauerte **Alte Mistkaut**, eine Felsnische (Kaut), die durch Kiesabbau entstanden ist, und einen Tisch des Weines. Hier findet jedes Jahr im Juli eine Weinprobe statt.

Nach weiteren 800 m an der Hangkante des Rotenbergs entlang kommen Sie zu einem **Rastplatz mit Kreuz**, der bereits über der Rheininsel Kisselwörth liegt. Etwa 300 m danach knickt der RTW an zwei Bänken unter einem Nussbaum links ab, um später auf Straßen nach Nackenheim hinabzulaufen. Hier gibt es einen viel schöneren naturnahen Weg für Wanderer, „die gut zu Fuß sind":

➪ **Variante**: Sie gehen am Abzweig stur geradeaus. Wo der Weg nach gut 150 m links abbiegt, führt ein steiler und etwas felsiger Pfad in langem Gras abwärts. Falls Ihnen der Pfad – der auch selten von Mountainbikern befahren wird – zu heikel ist, können Sie links auf befestigtem Weg zum Forum Vinum und zum RTW ausweichen. Sonst folgen Sie weiter dem Pfad oder wenige Meter links den Treppenstufen hinab zum RTW. Diesen verlassen Sie sofort wieder nach rechts hinauf zur **Bergkapelle**, an der Sie rechts vorbeigehen. Bevor Sie nach etwa 80 m rechts ein paar Treppenstufen hinab folgen, können Sie den kleinen Rebenhügel mit Ausblicken zu allen Seiten und vor allem mit Blick auf St. Gereon umlaufen. Nach weiteren Treppenstufen endet der Pfad an der Carl-Zuckmayer-Straße, auf der nach links der RTW wieder erreicht wird.

Der Hauptweg des RTW führt sehr zivilisiert über Adam Winkler-Straße und Weinbergstraße hinab zum **Carl-Zuckmayer-Platz** ❺, der den Namen des berühmtesten Sohnes von **Nackenheim** trägt, der seinem Geburtsort mit seinem Stück „Der fröhliche Weinberg" ein Denkmal gesetzt hat.

➪ Wer zum **Bahnhof** möchte, erreicht diesen über die Langgasse, Mainzer Straße und An der Turnhalle.

Nackenheim zählt heute ca. 5.700 Einwohner. Mit der Weinlage Rothenberg hat die Gemeinde einen hohen Anteil an der Formation des Rotliegend im Roten Hang zwischen Nierstein und Nackenheim. Das Rathaus am Carl-Zuckmayer-Platz stammt aus dem Jahr 1751 und gehört zu den schönsten Rathäusern Rheinhessens. Es trägt die Büste des Dichters, des berühmtesten Sohnes Nackenheims. Die Pfarrkirche St. Gereon steht weithin sichtbar über dem Ort. Sie wurde von 1716-1731 erbaut, der Glockenturm stammt allerdings aus dem Jahr 1911.

🍷 **Forum Vinum des Weinguts Dr. Marbé-Sans**, Adam-Winkler-Str., 55299 Nackenheim, ☎ 061 35/933 13 33, 💻 www.forum-vinum.de, 🚪 So 14:00-19:00, Gutsremise-Weingarten, Weinlehrgarten, Vinothek, Weinstand, Freilichtbühnenveranstaltungen im Weinberg über Nackenheim

♦ **Gutsausschank Sans-Lorch** – Zum Bethje-Jean, Mahlweg 4, 55299 Nackenheim, ☎ 061 35/23 44, 💻 www.sans-lorch.de, 🚪 ab Ostern Do, Fr ab 18:00, So ab 16:00, Gewölbekeller und parkähnlicher Weingarten

✕ **Copacabana**, Wormser Str. 34, 55299 Nackenheim, ☎ 061 35/93 32 77, 💻 www.sportsbar-copacabana.de, 🚪 tägl. ab 17:00, So auch 12:00-14:30, Biergarten

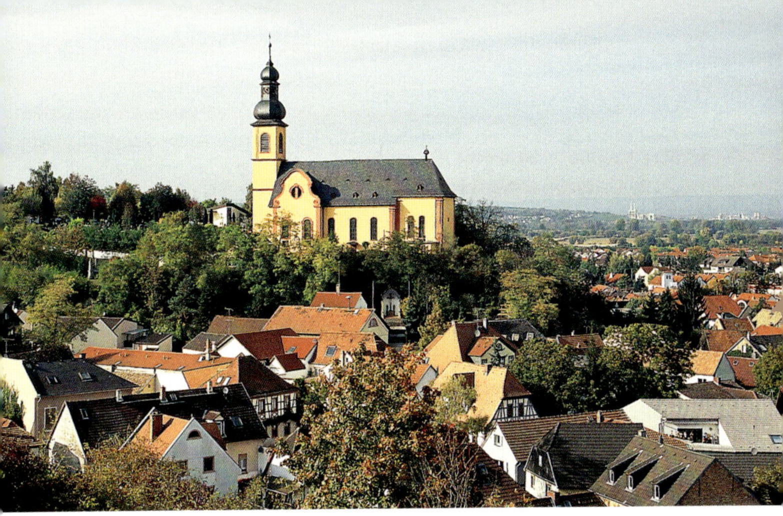

St. Gereon über Nackenheim

☺ **VDP-Weingut Gunderloch** (Johannes Hasselbach), Carl-Gunderloch-Platz 1, 55299 Nackenheim, ☏ 061 35/23 41, 💻 www.gunderloch.de, 🚪 Mo-Fr 9:00-16:00, Sa 11:00-14:00, VDP-Große-Lagen im Rothenberg, 24 ha Rebfläche. Carl Gunderloch gehörte zu den Gründungsmitgliedern des VDP. Die Familie spielt auch eine Rolle „Im Fröhlichen Weinberg".

☺ **Nackenheimer Weinfest** am letzten WE im Juli

Der Kirchbergweg führt in vielen Stufen hinauf zur Kirche **St. Gereon**, die exponiert über Nackenheim steht. Am Friedhof entlang und über den Parkplatz geht es links zum Marienhof. Der RTW kreuzt durch die Weinberge, wobei Ihnen zu Beginn – wohltuend für Ihre Fußsohlen – Erdwege zur Verfügung stehen. Nach intensiven Regenfällen sind diese jedoch sehr schlammig! Ca. 1,5 km nach dem Marienhof biegen Sie rechts ab hinunter Richtung Bodenhein. Sie passieren einen ⛩ Rastplatz mit einer Säule aus Bruchsteinen, die Eidechsen als Behausung dient, und kleine Kunstwerke am Weg. An einem ⛩ **Rastplatz mit Holzkreuz** biegt der RTW links ab. (➬ Hier führt geradeaus der **Zuweg-Süd ❻** zum Bahnhof von Bodenheim. Müde Beine können hier 2,5 km abkürzen.)

Beim allmählichen Abstieg durch die Felder werden der Spatzenbach und die Ortsrandstraße gekreuzt. Da man Sie immer noch nicht nach Bodenheim hineinlassen will, knickt der RTW links ab und quert an einer Ansammlung von Weingütern die Gaustraße (L413). Sie steigen in einem weiten Rechtsbogen leicht gegen den Hang an und genießen die Aussicht auf den Ort und in die Ferne.

Erst 1,5 km nach Queren der L413 biegt der RTW an einem Wegweiser im spitzen Winkel rechts hinab ab. Während der RTW bereits nach 100 m an einem ⛼ Rastplatz links weiter Richtung Mainz verläuft, steigen Sie geradeaus auf dem **Zuweg-Nord ❼** nach **Bodenheim** und zum **Bahnhof** ab. Das Weingut Potsdamer Hof bietet eine erste Einkehr und ein sehr schattiger ⛼ Rastplatz wenige Schritte weiter eine letzte Picknickmöglichkeit. Der Schönbornplatz und der Rathausplatz werden berührt, um einige der schönsten historischen Häuser zu zeigen.

➯ Jeweils rechts durch die Obergasse, Zwerggasse und zuletzt die Jahnstraße bieten sich Weinstuben und Straußwirtschaften an.

Bodenheim mit ca. 7.800 Einwohnern verfügt über mehr als 400 ha Rebfläche. Das Rathaus, ein Fachwerkhaus der Renaissance, gilt als eines der schönsten in Rheinhessen. Die Geschichte Bodenheims ist mit der des Adels und Klerus in Mainz verwoben, was heute noch in den zahlreichen Adelshöfen sichtbar ist.

🛏 ✕ **Landhotel Battenheimer** Hof, Rheinstr. 2, 55294 Bodenheim, ☏ 061 35/709 40, 💻 www.battenheimerhof.com, 🚪 Gutsschänke Di-Sa, Fei 17:00-23:30, schattige Gartenterrasse, DZ ab € 102

🛏 **Gästehaus Kirschgarten**, Wormser Str. 93A, 55294 Bodenheim, ☏ 0613 5/933 50, 💻 www.gaestehaus-kirschgarten.de, DZ ab € 80

✕ **Gasthaus zum goldenen Lamm**, Gaustr. 11, 55294 Bodenheim, ☏ 061 35/232 60, 💻 www.goldeneslamm-bodenheim.de, 🚪 Di-Fr ab 16:00, Sa, So ab 15:00, historisches Fachwerkgebäude, Terrasse

🍷 **Weinstube im Potsdamer Hof**, Plattenhohl 1, 55294 Bodenheim, ☏ 061 35/22 16, 💻 www.potsdamer-hof.de, 🚪 Mi-Fr 16:00-24:00, So 15:00-24:00, Terrasse

♦ **Weinstube Zur Dutt**, Langgasse 17, 55294 Bodenheim, ☏ 061 35/37 75, 💻 www.weingut-dutt.de, 🚪 Fr, Sa ab 16:00, So, Fei ab 15:00

♦ **Straußwirtschaft im Weingut Nikolaus May**, Hellmerichstr. 13, 55294 Bodenheim, ☏ 061 35/32 39, 💻 www.weingut-nikolaus-may.de, 🚪 Mo, Sa 15:00-21:00, So 13:00-21:00

♦ **Straußwirtschaft Zur guten Stube,** Schreiberweg 2, 55294 Bodenheim, ☏ 061 35/65 38, 💻 www.weingutkirch.de, 🚪 Mai-Ende September Mi-Sa ab 16:00, So ab 15:00, mit schönem Garten

☺ **VDP-Weingut Kühling-Gillot**, Ölmühlstr. 25, 55294 Bodenheim, ☏ 061 35/23 33, 💻 www.kuehling-gillot.de, 🚪 nach Vereinbarung. In Gemeinschaft mit dem VDP-Weingut Battenfeld-Spanier in Hohen-Sülzen werden Weine aus Großen und Ersten Lagen an der Rheinterrasse und aus dem Zellertal angebaut.

☺ **St.-Albans-Fest** am 1. WE im Juni

5. Etappe: Bodenheim – Mainz

→ Start: Bahnhof Bodenheim, GPS N 49°55.807‘ E 008°18.660‘; Ziel: Mainz, Beginn der Altstadt, GPS N 49°59.744‘ E 008°16.590‘

S-Bahn-Halt an der Strecke Mainz – Worms

P Langzeitparkplatz an der Sport- und Festhalle in Bodenheim, Laubenheimer Straße, 400 m vom Bahnhof nach Norden

12,2 km

3 Std. 45 Min.

↑ ↓ 220 m/210 m

⇧ 83-182 m

Logo RheinTerrassenWeg (RTW)

überwiegend Hartbeläge

am Beginn in Bodenheim, gegen Ende in Mainz

in Mainz, Information und Buchung: www.mainz-tourismus.com, tourist@mainzplus.com, 061 31/24 28 88

am Potsdamer Hof (km 0,9), Tisch des Weines (km 2,1), Polderblick (km 4,1), Zöllerkreuz (km 4,9), Denkmal Laubenheimer Höhe (km 5,5), Steinbruchblicke (km 5,6 und 6,4), mehrere entlang des Rheinuferwegs (km 9,2-11,3), Volkspark (km 12,3)

für Kinder wenig erlebnisreich

Allgemein gut. In Mainz bei Überwinden der Gleisanlagen die Rampe benutzen!

Außer am Bahnhof Bodenheim keine Querung belebter Straßen. Wasser mitnehmen!

Rastplatz Polderblick

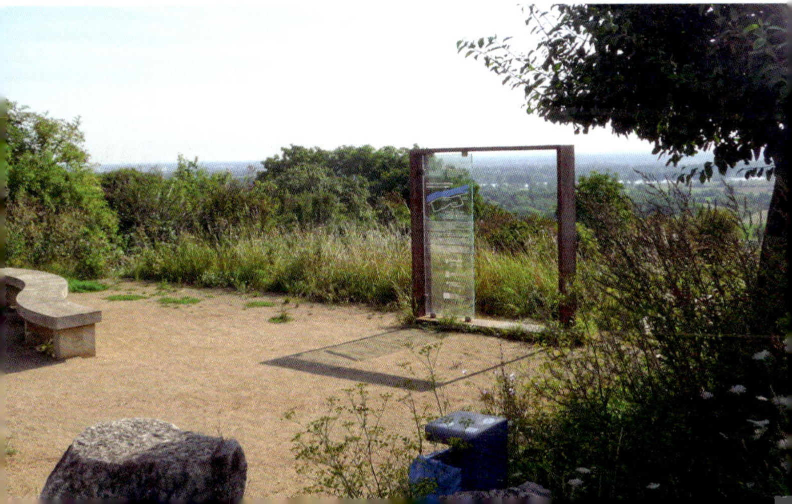

Beim Verlassen des **Bahnhofs in Bodenheim** führt die gelb unterlegte Zugangsmarkierung nach rechts (Norden), um nach ca. 100 m links in die Mainzer Straße einzubiegen. Links durch die Jahnstraße, rechts über Rathausplatz, Rathausstraße und Mainzer-Pfort-Straße geht es zum **Schönbornplatz** durch den historischen Ortskern von Bodenheim. Es werden das historische Rathaus, das älteste Knebelsche Haus von 1606 und imposante Höfe von Adel und Klerus sowie die gewaltige Mauer des Stiftswingerts passiert. Die Straßen Am Reichsritterstift und Plattenhohl führen vorbei am Weingut Potsdamer Hof hinaus in die Weinberge, wobei der Park- und Wohnmobilstellplatz am Beginn des Weinlehrpfades auch als Ausgangspunkt dieser Wanderung dienen könnte. An einem ⩩ Rastplatz mit Infotafel ist nach 1,3 km der **RTW** erreicht, der rechts Richtung Mainz verläuft.

Der ⩩ **Tisch des Weines ❶** bietet 2,1 km nach dem Bahnhof die nächste Möglichkeit zur Rast – bereits mit Blick über Bodenheim und den Oberrheingraben. Nach 3,2 km wird der asphaltierte Wirtschaftsweg durch einen Gehölzriegel angenehm unterbrochen. Sie umgehen ihn auf Gras und stoßen auf die Edelweiß-Markierung des Kleinen Mainzer Höhenweges. Der Weiterweg ist unangenehm mit Rasengittersteinen gepflastert, es kann jedoch auf Gras ausgewichen werden.

Der ⩩ **Rastplatz Polderblick ❷** und der Abgang nach Laubenheim sind nach 4,1 km erreicht.

Ein Landschaftsfenster 90 m über der Aue richtet den Blick auf den Bodenheim-Laubenheimer-Hochwasserpolder, der im Gefahrenfall die Hochwasserspitzen des Rheins vor der Landeshauptstadt und der Einmündung des Mains kappen soll.

Die Aussicht ist immer besser geworden. Längst ist die Frankfurter Skyline am Horizont erschienen. Der Taunus rückt immer näher und auch die Flugzeuge vom Rhein-Main-Airport sind zu sehen. Bei Westwind starten sie über Sie hinweg, bei seltenerem Ostwind setzen sie tiefer über Ihren Köpfen zur Landung an.

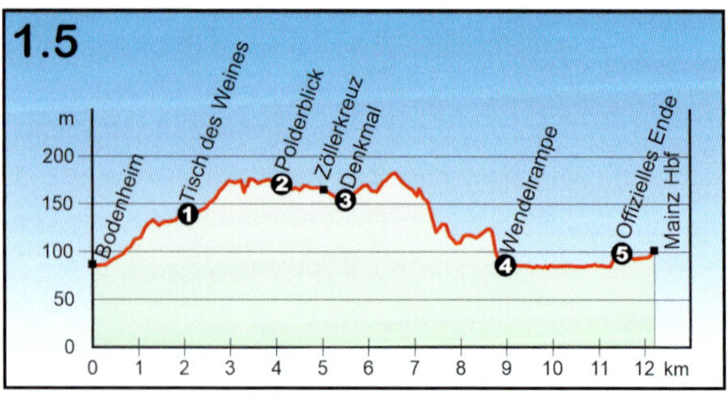

Etwa 5 km nach dem Start kann am **Zöllerkreuz** über Laubenheim eine Pause eingelegt werden. Kurz danach endet die Wanderung durch die Weinberge an der Kreisstraße 13.

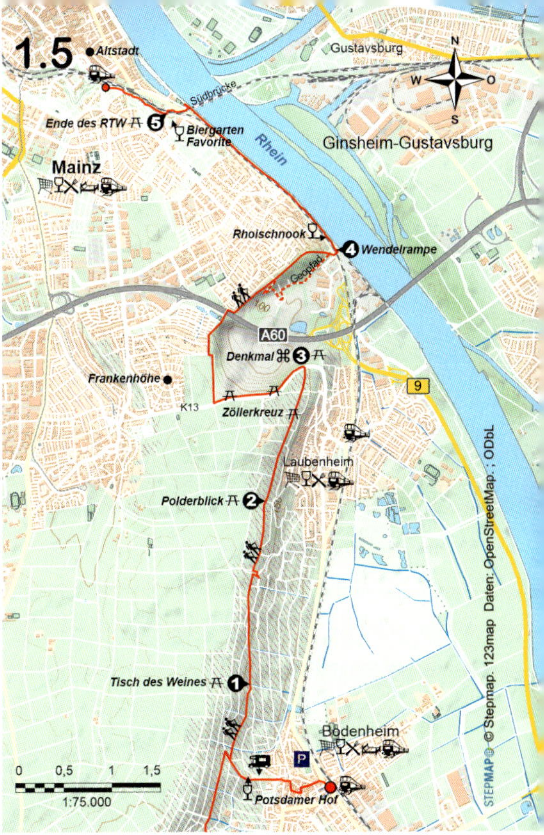

Die Kreisstraße wird an einer Bushaltestelle zu einem Rastplatz hin überquert. Neben dem Rastplatz steht eine Kalksteinsäule, das **Denkmal für die Rettung der Laubenheimer Höhe ❸**. Die Landwirte haben ihre Felder nicht verkauft und damit die Erweiterung des Steinbruchs verhindert. Das Zementwerk Weisenau wurde deshalb wegen fehlenden Materials im Jahr 2014 stillgelegt. Der RTW zieht nun zwischen Kreisstraße und der südlichen Kante des Steinbruchs durch einen Jungwald. Der Verkehrslärm vom Mainzer Autobahnring ist nicht zu überhören. Es bieten sich zwei weitere **Rastplätze** an, wobei der zweite einen besseren Blick in den aufgelassenen Steinbruch bietet, der nun mit Erdaushub verfüllt wird.

Gut 100 m nach dem zweiten Rastplatz biegt der RTW auf einen Asphaltweg nach Norden ab. Rechts wird er von einer Hecke begleitet, links fällt der Blick auf die Frankenhöhe.

Zu diesem Weg gibt es eine **Alternative**, die 10 m vorher abzweigt – ein Erdweg, der auf beiden Seiten von jeweils einer Hecke begleitet wird und je nach Sonnenstand im Schatten begangen werden kann. Beide Wege finden nach ca. 500 m wieder zueinander.

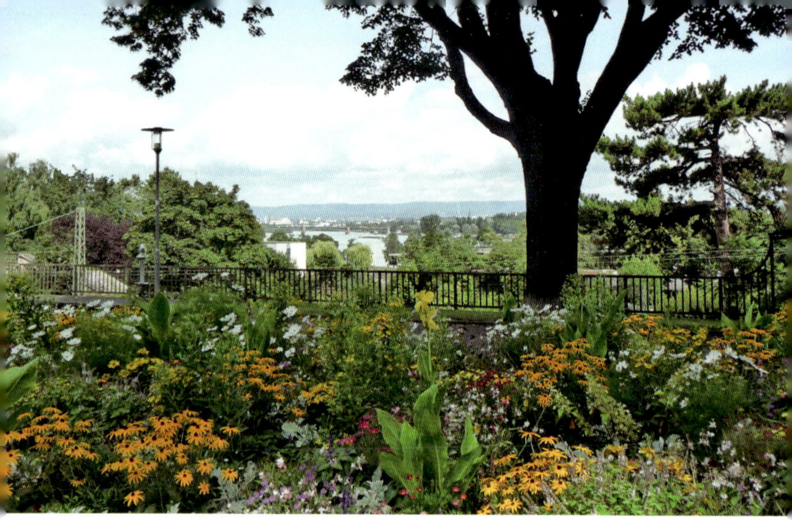

Im Volkspark Mainz

Nach weiteren 500 m wird die Autobahn auf einer Fußgängerbrücke überquert. Der RTW läuft nun zwischen dem älteren der Steinbrüche und einer Siedlung weiter. Mehrere Pfade zweigen zur Siedlung und einem parallel verlaufenden Fußweg ab.

↳ Etwa 600 m nach der Autobahnquerung kann rechts auf dem Geopfad (keine Markierung) in den rekultivierten Steinbruch abgestiegen werden. Da der Weg um den Steinbruch allmählich langweilig wird, stellt der Geopfad mit dem geologischen Aufschluss der Kalksteinbänke im renaturierten Steinbruch eine willkommene Abwechslung dar. Informationstafeln geben geologische und ökologische Erläuterungen.

Ein Metalltor entlässt den Geopfad wieder zum RTW.

Wenige Meter nachdem der Geopfad an einem Metalltor wieder auf den RTW trifft, werden die Wormser Straße und die Eisenbahnstrecke nach Worms auf einer Brücke überquert. Anschließend steigen Sie auf einer **Wendelrampe** ❹ zum Radweg am Rheinufer (✋ Vorsicht, viele Radfahrer! Gehen Sie rechts!) ab. Sogleich verführt der Biergarten der Rhoischnook.

🍷 **Rhoischnook**, Am Leinpfad, zugänglich nur für Fußgänger und Radfahrer, 📱 01 57/84 56 80 04, 🚪 Mo-Sa ab 13:00, So ab 11:00, kleiner Biergarten, nur Getränke

Ab der Rhoischnook und auch später benutzt der RTW einen parallel verlaufenden Trampelpfad entlang des Rheinufers. Viele ⛼ Bänke laden zur Rast. Der rege Betrieb auf dem Fluss sorgt dafür, dass keine Langeweile aufkommt. Dann erscheinen nach gut 2 km die auffälligen Brückentürme der über den Rhein führenden Eisenbahnbrücke. Hier werden die Eisenbahnlinie von Worms und die B9 überwunden, wenig später die Eisenbahnlinien nach Rüsselsheim/Frankfurt sowie nach Worms nach einem Treppenaufstieg (es gibt auch eine Rampe für Buggys).

Sie landen im **Volkspark** von Mainz, der mit einem großen, blühenden Blumenbeet empfängt. Hier wird etwas überraschend das **offizielle Ende des RheinTerrassenWegs ❺** verkündet. Es ist aber nicht das Ende der Wanderung. ⛼ Bänke unter großen Schatten spendenden Bäumen sowie der Biergarten des Parkhotels Favorite laden ein. Der Zuweg führt nach rechts durch den Park am Flamingoteich vorbei. Anschließend geht es an der Salvatorstraße hinauf.

↳ An einer Bushaltestelle kann, wer direkt mit der S-Bahn nach Bodenheim zurückkehren und auf „gut leben in Mainz" verzichten möchte, auf einem Treppenweg den **Abgang** zum **Bahnhof Mainz Römisches Theater** (12,2 km ab Start) wählen.

↳ Wer sich belohnen möchte, geht weiter durch die **Altstadt** von **Mainz** wenigstens bis zum **Dom**: Bereits nach wenigen Schritten fällt der Blick von oben auf die Ruinen des Römischen Theaters. Sie biegen in den Zitadellenweg ein, passieren das Eingangsportal zur Zitadelle und gelangen zu einer Fußgängerbrücke. Wer hier im spitzen Winkel rechts abbiegt, dem Fußweg oberhalb der Windmühlenstraße im Linksbogen folgt und die Holzhofstraße überquert, befindet sich sogleich in der quirligen Altstadt mit ihren Kneipen, Weinstuben, Cafés, kleinen Läden und bestuhlten Straßen und Plätzen. Durch die Augustinerstraße werden Dom und Stadtzentrum erreicht. Sonnige und schattige Plätze bieten die Cafés am Markt und am Liebfrauenplatz mit Blick auf den Dom.

In der Mainzer Altstadt

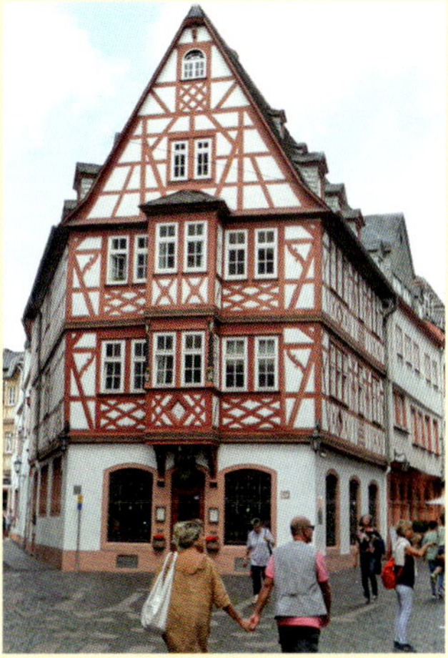

Die kleine Großstadt **Mainz** mit ihren wenig mehr als 200.000 Einwohnern bildet den Kontrapunkt der fünftägigen Wanderung entlang der Rheinterrasse. Seit der Römerzeit zählt die Stadt zu den bedeutenderen Städten Deutschlands. Sie ist geprägt durch die Römer, die hier an strategisch günstiger Stelle gegenüber der Mainmündung im Jahr 13 v. Chr. ein Legionslager auf dem Kästrich errichteten, unterhalb dessen sich eine städtische Siedlung entwickelte. Ab 90 n. Chr. ist Mogontiacum Hauptstadt der römischen Provinz Germania superior (sehr ausführliche Darstellung des römischen Mainz unter dem Stichwort „Mogontiacum" bei Wikipedia). Als Sitz eines Erzbischofs und Kurfürsten wurde zwischen 975 und 1011 der Dom St. Martin gebaut. Johannes Gutenberg erfand um 1440 den Buchdruck mit beweglichen Lettern. Nach der Französischen Revolution wurde 1792 die Mainzer Republik, die erste Republik auf deutschem Boden, ausgerufen. Von 1798-1814 gehörten Stadt und weite linksrheinische Gebiete zu Frankreich. Ab 1815 war Mainz Festungsstadt, ab 1918 wurde entfestigt. Im Zweiten Weltkrieg wurde die Innenstadt zu 80 % zerstört. Mainz wurde zum Regierungssitz des neuen Landes Rheinland-Pfalz bestimmt. Die rechtsrheinischen Stadtteile wurden durch die Ziehung der Landesgrenze zu Hessen abgetrennt.

Einen Abend und einen weiteren Tag in Mainz zu verbringen, ist der angemessene Abschluss der Wanderung. Der Besuch des Doms mit seinem Kreuzgang und der Chagallfenster in St. Stephan sollten keinesfalls ausgelassen werden. Mainz verfügt über bedeutende Museen. Wer Mainz noch nicht kennt, dem sei die kostenlose Mainz-App für iOS und Android empfohlen und/oder die Teilnahme an einem geführten Stadtrundgang. Buchung, Rat und Informationen zu allen Fragen erhalten Sie in der Touristinfo.

ℹ **Tourist Service Center**, Am Markt 17, 55116 Mainz, ☏ 061 31/24 28 88, 💻 www.mainz-tourismus.com, ✉ tourist@mainzplus.com., 🚪 Mo-Fr 10:00-17:00, Sa 10:00-15:00

♦ im Landesmuseum, Große Bleiche 49-51, 55116 Mainz, ☏ 061 31/285 71 91, 💻 und ✉ wie bei Tourist Service Center, 🚪 Mo geschlossen, Di 10:00-20:00, Mi-So 10:00-17:00

Die Einkehrmöglichkeiten in Mainz sind nahezu unbegrenzt.

✕ **Proviantamt**, Schillerplatz 11a, 55116 Mainz, ☏ 061 31/906 16-00, 💻 www.proviantamt.de, 🚪 Di-Sa 9:00-24:00, So, Fei 10:00-15:00, verschiedene Räumlichkeiten und Außengastronomie

♦ **Rheinhessenvinothek** im Proviantamt, 55116 Mainz, ☏ 061 31/906 16-38, 💻 www.proviant-magazin.de, 🚪 Di-Fr 15:30-23:00, Sa 11:30-23:00, riesiges Weinangebot, 30 offene Weine, monatlich wechselnd

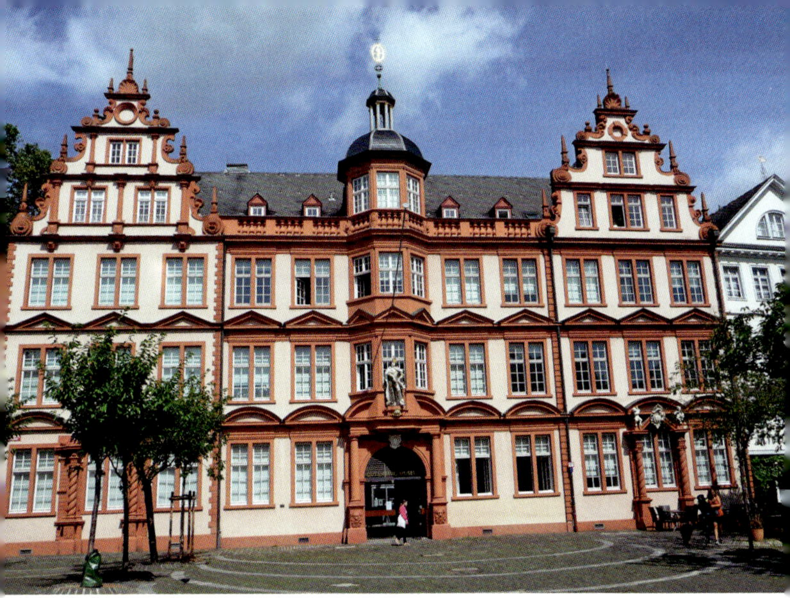

Das Gutenbergmuseum

✕ **Restaurant Kupferberg**, Kupferbergterrasse 17-19, 55116 Mainz, ☎ 061 31/92 30, 💻 www.restaurant-kupferberg.de, 🚪 Do-Sa ab 17:30, mit schönem Garten

♦ **Restaurant Heiliggeist**, Rentengasse 2, 55116 Mainz, ☎ 061 31/22 57 57, 💻 www.heiliggeist.de, 🚪 Mi, Do 17:30-23:00, Fr, Sa 17:30-24:00, So 12:30-21:00, ehemaliges Bürgerspital, Saal mit wieder aufgebauten spätromanischen Gewölben, Außengastronomie

Gasthausbrauereien für Liebhaber frischer Biere:

✕ **Eisgrub-Bräu**, Weißliliengasse 1A (Nähe Altstadt), 55116 Mainz, ☎ 061 31/22 11 04, 💻 www.eisgrub.de, 🚪 tägl. ab 11:30 bis Mitternacht, durchgehend warme Küche

♦ **Eulchen**, Brauereiausschank, Kupferbergterrasse 17, 55116 Mainz, ☎ 061 31/554 20 04, 💻 www.eulchen-bier.de, 🚪 Di-So ab 16:30, in der ehemaligen Sektkellerei mit aussichtsreichem Biergarten

Berühmt sind die zahlreichen Mainzer Weinstuben.

☺ Sehenswert ist der Mainzer Wochenmarkt auf den Domplätzen, 🚪 Di, Fr, Sa 7:00-14:00, Marktfrühstück samstags auf dem Liebfrauenplatz von März bis Mitte November.

♦ **Mainzer Weinmarkt** im Stadtpark, Ende August-Anfang September

❷ AltrheinErlebnisPfad Eich

Tour für Familien mit Kindern und für Naturliebhaber

Der AltrheinErlebnisPfad umläuft die Seen und Flachwasserzonen hart an ihren Ufern und läuft auf einem Damm auch mitten hindurch. Immer wieder öffnen sich Blicke auf die Seen und ihre Ufervegetation, insbesondere von den Beobachtungshütten und dem -turm. Fernglas oder Teleobjektiv erlauben es, am Leben der Tiere teilzunehmen, am besten bei Sonnenaufgang, wenn das Leben erwacht.

Start/Ziel: Feuerwehrhaus, Osthofener Str. 41, 67575 Eich, GPS N 49°44.979‘ E 008°23.747‘

kleiner Parkplatz hinter der Feuerwehr, erreichbar von der B9 Worms – Mainz in Höhe Mettenheim über die L440, in Eich links vor einer kleinen Brücke; alternativ: Parkplatz am Strandbad (im Sommer gebührenpflichtig) an der L437 von Gimbsheim

Haltestelle „Gasthaus Gutjahr“, Buslinie 432 Worms Hbf. – Bahnhof Guntersblum an der Bahnstrecke Mainz – Worms, Mo-Fr bis 2 Halte je Stunde, Sa Stundentakt, So 4 Verbindungen

6,5 km

2 Std.

18 m/18 m

82-87 m

Logo AltrheinErlebnisPfad

überwiegend Naturwege

Strandbad (km 5,3) im Sommer bei gutem Wetter. Auf Picknick einrichten!

Die Beobachtungshütten bieten Schutz vor den Unbilden des Wetters: Beobachtungshütte am Start, Beobachtungshütte am Gerhard-Kiefer-Platz (km 2); Rastplätze: Gerhard-Kiefer-Platz (km 2), (km 5), Strandbad (km 5,3).

Strandbad (km 5,3)

kurze, flache Strecke, Tierbeobachtungen möglich

geeignet

geeignet, Wasser am Weg, zwei Straßenkreuzungen, im NSG Anleinpflicht

Badeutensilien mitnehmen

Der Eich-Gimbsheimer Altrhein ist – wie der Name sagt – ein Altarm des Rheins. Durch die Rheinbegradigung durch Tulla im 19. Jh. und die Errichtung des Rheindeichs wurde diese Schleife vom Flusslauf abgeschnitten und verlandete allmählich. Ein Teil wurde später bis in die jüngste Vergangenheit ausgekiest, wodurch bis zu 30 m tiefe Seen entstanden. Ein anderer Teil konnte sich der Nutzung durch den Menschen entziehen und bietet sich heute als Flachwasserzonen mit großen Schilfflächen dar. An 10 Stationen werden die Zusammenhänge zwischen natürlicher Entwicklung, Kiesausbeute, Grundwassernutzung und ihre Wirkungen auf Grundwasserstände und Vegetation der Feuchtgebiete dargestellt. Außerhalb des NSG und an Ihrem Weg ist ein Badestrand ausgewiesen, der an heißen Sommersonntagen stark frequentiert sein kann.

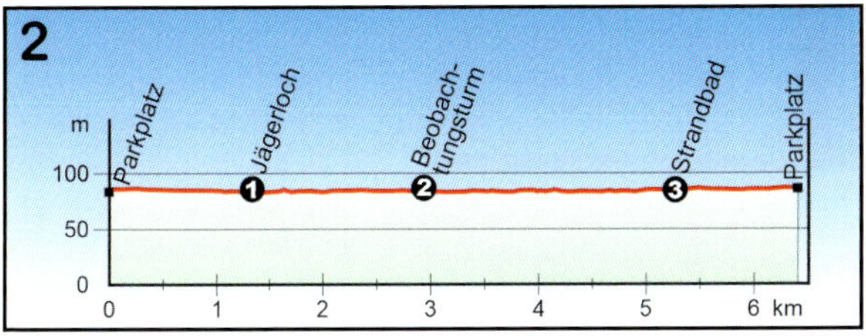

Sie starten am P Parkplatz hinter dem **Feuerwehrhaus in Eich** und verhalten sich auf dem gesamten Weg ruhig, um die Tiere, die beobachtet werden können, nicht zu verschrecken. Ein Infopunkt informiert über den Erlebnispfad. Daneben läuft ein Weg über wenige Meter zur **Beobachtungshütte**. Sie öffnen die Holzklappen und blicken auf das Schilfröhricht des Naturschutzgebietes (NSG) Eich-Gimbsheimer Altrhein (Station 1). Enten und Watvögel, Reiher und Gänse, Rohrweihe und Teichrohrsänger sind hier zu Hause und betören am Morgen und Abend durch ihren Gesang.

Danach begeben Sie sich zur Straße, überqueren die kleine Brücke und biegen sogleich links ab. Sie wandern gut 200 m zwischen Brombeerhecken auf einem ehemaligen Bahndamm und werden nach rechts geleitet. Sie passieren Kleingärten und den Gänsegraben (Station 2), dessen Name rührt daher, dass früher die Gänse des Dorfes hier tagsüber schwimmen und fressen durften. Dann kreuzen Sie die L437 und gehen vor dem Wertstoffhof links.

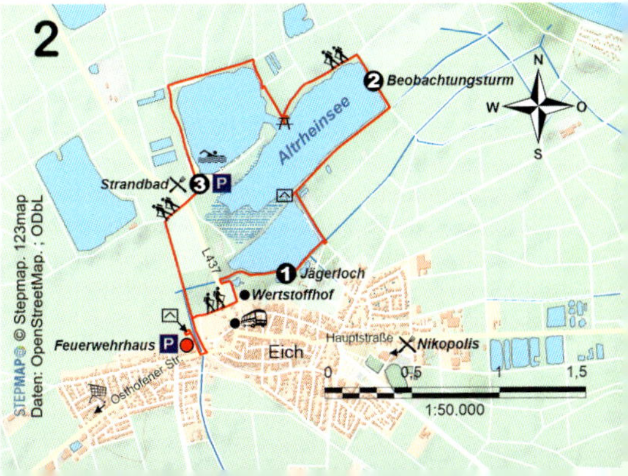

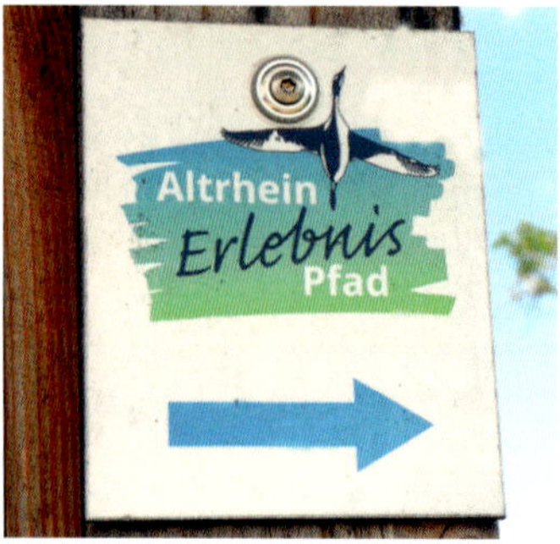

Hier geht es lang

Nachdem Sie einen metallenen Steg gequert haben und rechts abgebogen sind, herrscht rundherum pure Natur. Der Weg nutzt einen Damm: Links ist die Wasserfläche des südlichen Altrheinsees hinter der Ufervegetation, rechts ein grüner Dschungel am Seegraben. Links zweigen kurze Trampelpfade zu Angelstegen ab, die auch für Wanderer freie Blicke auf den Altrheinsee gewähren. Rechts kommt die Wasserfläche des **Jägerlochs** ❶ (Station 3) in Sicht, ein beliebter Platz bei Wasservögeln.

Den Seegraben überwinden Sie mit einem kurzen Schwenk über einen Steg. An Station 4 wird über die Auswirkungen von Grundwasserschwankungen informiert. Zwischen See und Feldern geht es zum **Gerhard-Kiefer-Platz**. Über einen Holzsteg gelangen Sie in die ⍓ Beobachtungshütte Altrheinsee und öffnen wieder die Beobachtungsklappen. Auf dem Altrheinsee herrscht ein reges Treiben. Ein Fernglas ist erforderlich, um dieses zu beobachten. Eine Infotafel des NABU gibt Auskunft zu einigen Wasservögeln.

Ein Pfad leitet weiter am Ufer des Altrheinsees entlang durch eine Weichholzaue, die Schatten spendet (Station 5). Wieder gibt es kurze Trampelpfade zum See. Dann geht es links auf Beton weiter zum **Beobachtungsturm** ❷, von dem gleichermaßen auf den Altrheinsee wie auch auf die schilfbewachsene, flache Wasserfläche namens Meerwasser geblickt werden kann (Station 6).

Sie biegen links ab, ein Feldweg führt am Nordrand des Altrheinsees entlang. Rechts sind Gemüsefelder, links Ufervegetation und Angelstege. Wie viele Angler gibt es eigentlich? Hat jeder einen privaten Steg? Wo Sie rechts abbiegen müssen, um den nördlichen Altrheinsee zu umrunden, stoßen Sie links am Ufer auf einen Steg mit zwei Gartensesseln, die eine komfortable Ruhepause versprechen. Wenige Meter weiter, wo der nördliche Altrheinsee nur durch ein schmales Flachwasser abgetrennt ist, befinden sich weitere Stege.

Ein Feldweg führt weiter. Nach ca. 200 m biegen Sie links in einen ufernahen Pfad ein (Station 7). Er endet an einem befestigten Wirtschaftsweg. Von ihm führen ausnahmsweise kurze Trampelpfade zu winzigen Sandstränden. Nach ca. 450 m biegt der Erlebnispfad vor einer Hecke links in einen Pfad ein. Dieser führt über eine offene Gras-Sand-Fläche zum **Strandbad** ❸ (P Parkplatz im Sommer gebührenpflichtig, Station 8). Ein erfrischendes Bad kommt hier, wo sich die Wanderung zum Ende neigt, vielleicht gerade recht.

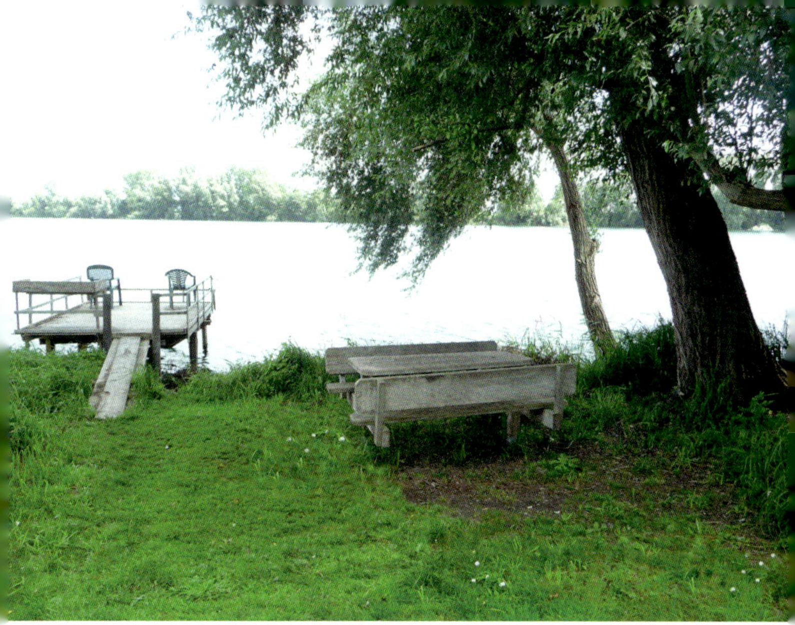

Schattiger Rastplatz am See

✗ **Strandbar Altrheinsee**, Gimbsheimer Str., 67575 Eich, 💻 www.strandbar-eich.de, 📧 getz@strandbar-eich.de, 🚪 im Sommer bei gutem Wetter

Mit dem Zugangsweg kreuzen Sie die L437 und wandern weiter geradeaus bis zu einem Stück Schienen auf dem Weg. Die Schienen zeigen den ehemaligen Bahndamm an, der nun für den Rückweg genutzt wird. Geradlinig durchquert er den Eich-Gimbsheimer Altrhein an seiner östlichen NSG-Grenze (Station 9). Sie kommen damit dem Naturschutzgebiet ganz nahe. Die Station 10 steht am **Schließbauwerk Bahndamm**. Hier kann der Wasseraustausch zwischen Seegraben und dem Altrhein reguliert werden, damit der Wasserstand im Feuchtgebiet nicht zu niedrig, aber auch nicht zu hoch ist. Nach etwa 400 m ist das Feuerwehrhaus wieder erreicht.

☺ Über die Osthofener Straße und die Haupt- und Gernsheimerstraße erreichen Sie an der Altrheinhalle eine Einkehr.

✗ Restaurant Nikopolis, Im Wäldchen 1, 67575 Eich, ☏ 062 46/907 77 93, 🚪 So/Fei 11:30-14:30, Di-Sa 17:00-23:00, Mo Ruhetag, griechisches Restaurant“

③ Westhofener Wingertsheisjerweg

Tour für Wanderer, die das Rebenmeer lieben

In der Gemarkung Westhofen gibt es insgesamt 54 Weinbergshäuschen, 14 davon aus verschiedenen Epochen und die dazugehörige Landschaft präsentiert der Wingertheisjerweg. Die Häuschen dienten früher, als man noch nicht motorisiert zur Weinbergsarbeit fuhr, den Winzern als Schutz vor Wind und Wetter und als Rastplatz zur Mittagszeit. Die leicht terrassierte Anlage des Wandergebietes ermöglicht grandiose Weitsichten. Der Wanderweg verläuft durch vom VDP klassifizierte Westhofener Erste Lagen und die Großen Lagen Kirchspiel, Brunnenhäuschen und Morstein. Ergänzt wird die einfache Wanderung auf erstaunlich vielen Graswegen mit einem Spaziergang durch den historischen Ortskern von Westhofen.

Start/Ziel: Parkplatz Am Nickelgarten in 67593 Westhofen,
GPS N 49°42.327' E 008°14.805'

P Parkplatz am Start/Ziel, erreichbar ab A61 AS56 Gundersheim oder B9 Worms – Mainz ab Osthofen, in Westhofen auf der L425 Richtung Bechtheim, Mainzer Straße vor dem Ortsausgang links

Westhofen, Haltestelle „Verbandsgemeindeverwaltung", Buslinie 430 von Worms oder Alzey stündlich, Buslinie 434 von Osthofen-Bf. werktags stündlich, samstags 2-stündlich

8,9 km

3 Std.

↑↓ 189 m/189 m

⇧ 119-227 m

Logo Wingertsheisjerweg

überwiegend Graswege

keine Einkehr am Weg, Einkehrmöglichkeiten in Westhofen

Die 14 Weinberghäuschen bieten Wetterschutz, fast immer auch Sitzgelegenheit; sonnige Ruhebänke an den Häuschen.

Kindern wird es gefallen, die Häuschen zu entdecken.

viele Graswege

keine Straßen, außer im Ort, kein Wasser

Der Rundwanderweg beginnt am P **Parkplatz Nickelgarten**. Ein nicht zu übersehendes Hinweisschild weist aus dem Ort hinaus in die Weinberge. Bereits nach 400 m ab Start treffen Sie auf das erste Heisje, das **Rosa Heisje**.

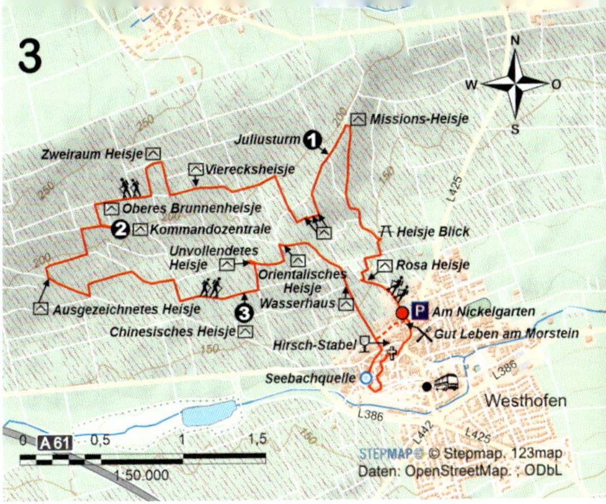

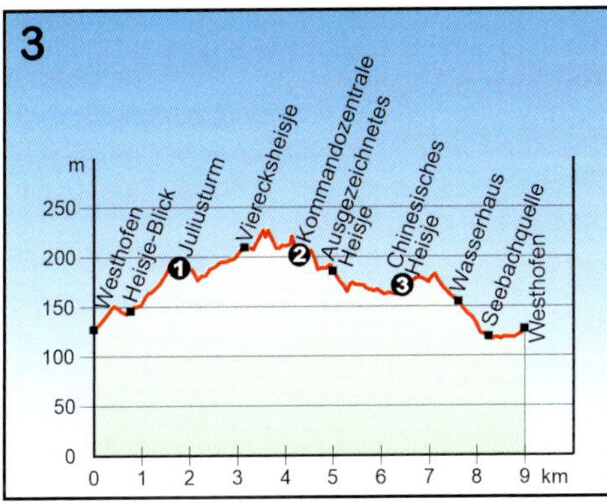

Es trägt ein rosafarbenes Dach, das ursprünglich rot werden sollte, aber die Farbe reichte nicht.

Nach etwa 100 m biegen Sie links ab hinunter zu einer Eiche. Den ⛩ **Heisje-Blick** erreichen Sie nach einem kurzen Stück Betonweg über einen Schlenker auf Gras. Von einer runden Bank unter einem jungen Nussbaum sollen alle 14 Heisje der Tour zu sehen sein, was Ihnen einige Anstrengung abverlangt. Zurück auf dem Hauptweg geht es durch die **Kirschbühl Hohl**. Der Hohlweg durch diese Lössbank ist mit Betonsteinen gepflastert, damit er sich nicht weiter eingräbt. In den Lösswänden sind sehr viele unterschiedlich große Löcher zu erkennen, die Behausungen verschiedenster Insektenarten.

Danach bietet der Weiterweg zum ⌂ **Missions-Heisje** weite Rundumsichten bis zur Frankfurter Skyline, den Melibokus im Odenwald, in den Oberrheingraben und über das Rheinhessischen Tafel- und Hügelland bis zum Donnersberg. Sie vollziehen eine Linkskehre und stoßen auf den **Juliusturm** ❶, der mit seinen Zinnen wie ein mittelalterlicher Wehrturm anmutet. In Wirklichkeit ist er romantisches Produkt des späten 20. Jh. Zwei Stahlkrampen helfen beim Einstieg ins Erdgeschoss, der Zinnenrundgang im ersten Stock kann über eine Eisenleiter erklommen werden.

Zum **Liebesnest** geht es zuletzt über Gras. Das Innere des Heisje ist allerdings nicht nur für Liebende alles andere als reizvoll. Nur wenige Schritte sind es zum um 1850 erbauten **Peters Heisje** und entlang einer Trockenmauer zum **Gallé-Blick**. Das einst verfallene Häuschen wurde von der Familie Gallé liebevoll restauriert. Über dem Türbogen trägt es das Familienwappen und die Jahreszahl 1988. Darüber steht das weithin sichtbare **Westhofener Kreuz**.

Nach fast 1 km erreichen Sie das **Vierecksheisje**, das vermutlich um 1920 errichtet wurde. Auf der Bank inmitten von Rosen lässt es sich angenehm rasten. Im Inneren finden Sie zwei Sessel und eine Betonbank. Zum **Zweiraum Heisje** schlagen Sie einen Bogen nach rechts. Das aus zwei hintereinanderliegenden, kleinen Räumen bestehende Häuschen ist in eine Lösswand hineingebaut, der Eingang weist ein Oberlicht auf.

Das **Obere Brunnenheisje** stammt aus dem frühen Mittelalter. Bei Betreten: Vorsicht, Kopf! Die Quelle soll bereits zur Römerzeit gefasst worden sein. Ein unteres Brunnenhäuschen wurde zugeschüttet. Sie steigen weglos zwischen Rebzeilen zum unteren Betonweg ab und kommen nach links ca. 80 m vom markierten Weg entfernt zur **Kommandozentrale ❷**. Dieser Rundbau mit Kuppeldach zählt zu den neun im Jahr 1766 in Auftrag gegeben Häuschen in der Westhofener Gemarkung. Es diente früher, bevor die Weinberge mit Schussautomaten ausgestattet wurden, dem Wingertschützen und als Kommandozentrale für die Starenabwehr. Wenige Meter weiter befindet sich ein Insektenhotel.

Sie steigen weiter ab zum **Ausgezeichneten Heisje**. Diesen Namen trägt es, weil es von der Weinbruderschaft Rheinhessen ausgezeichnet wurde. Es weist ebenfalls die Trulliform der 1766 erbauten Häuschen auf. Nun liegt eine fast 1,5 km lange „Durststrecke" vor Ihnen, bis das **Chinesische Heisje ❸** erreicht ist, das ein Dach in Form eines chinesischen Hutes trägt. Zum **Unvollendeten Heisje** führt ein Grasweg an Rebzeilen im spitzen Winkel vom Betonweg ab. Das Häuschen wurde vermutlich 1918 erbaut und 1967 um einen Giebel ergänzt. Es diente wohl den Arbeitern eines inzwischen verfüllten Steinbruchs als Schutzraum. Über eine kleine Rampe gelangen Sie auf einen höheren Weg und setzen den Weg nach rechts fort.

Das **Orientalische Heisje** von 1766 trägt ein Tonnendach und einen angedeuteten Spitzbogeneingang, daher der Name. Nun begleitet Sie nach so vielen Reben zur angenehmen Abwechslung das Biotop der Monzernheimer Hohl zum **Wasserhaus**. Dieses ästhetische Jugendstilgebäude von 1905 bildet in der sehr gepflegten, eingezäunten Grünanlage ein bemerkenswert sympathisches Ensemble. Danach ist der Ortsrand von Westhofen erreicht. Nach links würde der Weg zurück zum Parkplatz Am Nickelgraben führen.

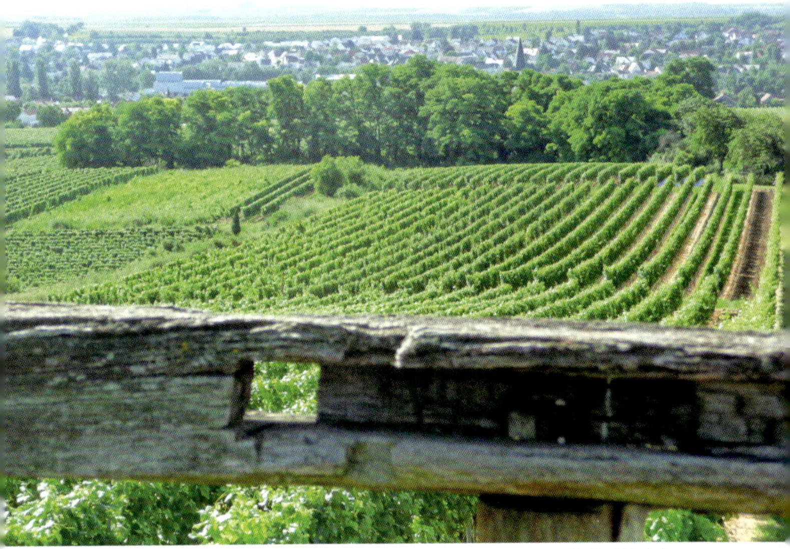

Blick vom Westhofener Kreuz auf die Weinberge

Einen Rundgang durch das Zentrum von Westhofen sollte nicht versäumt werden, handelt es sich doch um einen der noch ursprünglichen Dorfkerne Rheinhessens. Sie gehen also geradeaus in den schmalen Weg hinein, das **„Reilche“**. Es wird eng auf den abwärtsführenden Treppen. Am Ende führt ein Durchschlupf neben dem Bürgerhaus zum Marktplatz hinaus. Die Wegmarkierung leitet durch die Seegasse zur **Seebachquelle**. Die artesische Quelle fördert 90 Liter 10° C kaltes Wasser die Sekunde aus tief liegenden Schichten an die Oberfläche. Es ist die Quelle mit der reichsten Schüttung in Rheinhessen. In ihrem kristallklaren Wasser tummeln sich Forellen. In einem Kneippbecken können müde Wanderfüße zu neuem Leben erweckt werden.

Sie folgen dem Fußweg An der Letze entlang des früheren Wehrgangs. Sie passieren den Pulverturm, den Letzten seiner Art von ehemals sechs befestigten Toren. Zum Marktplatz steigen Sie durch die **Kellergasse** hinauf, die ihren Namen zu Recht trägt, war ihr Untergrund doch früher von Kellern, Gängen und sogar von einem großen Gewölbe durchzogen. Am **Marktplatz** steht die gotische ev. Kirche von 1284. Im Dreißigjährigen Krieg ausgebrannt, wurde sie im 17. Jh. im gleichen Stil wieder aufgebaut. Ungewöhnlich ist das Türmchen auf der Apsis von 1896. Die kath. Kirche stammt aus dem Jahr 1712. Entlang der Mainzer Straße wird der Nickelgarten wieder erreicht.

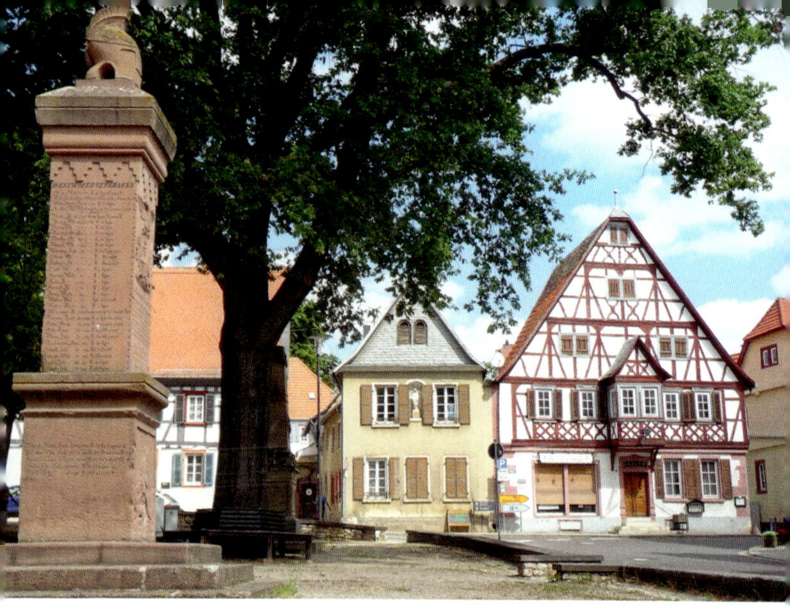

Marktplatz in Westhofen

Westhofen hat heute ca. 3.400 Einwohner. Der Ort wurde 774 erstmals im Lorscher Codex erwähnt und erhielt 1324 das Marktrecht. Im Mittelalter schützten eine Fleckenmauer und Gräben den Ort; Reste werden beim Ortsrundgang berührt. Die Gemarkung verfügt über fast 800 ha Rebfläche. Zwei Weingüter sind Mitglied im VDP: Weingut Wittmann, Mainzer Str. 19, ☏ 062 44/90 50 35, ca. 30 ha Rebfläche, und Weingut K.F. Groebe, Mainzer Str. 18, ☏ 062 44/45 23, ca. 8 ha.

- **Gut Leben am Morstein**, Mainzer Str. 10, 67593 Westhofen, ☏ 062 44/918 67 72, www.am-morstein.de, Mi-Sa ab 17:30, So ab 11:00, Feinschmeckerrestaurant in historischem Gebäude, Gewölbekeller, großer Weingarten
- **Straußwirtschaft Weingut Hirsch-Stabel**, Am Markt 15, 67593 Westhofen, ☏ 062 44/48 98, Mai-August Sa, So, Fei ab 17:00, Kuhkapelle und Innenhof
- ☺ **Traubenblütenfest** zwei Wochen nach Pfingsten
- ☺ **Westhofener Wingertsheisjer** Wanderung am vorletzten Samstag im August, mit Weinverkostung

4 Vom Ober-Olmer Wald zum Lennebergwald

Tour für Waldliebhaber

Die Wanderung verbindet den Ober-Olmer Wald, der bis vor wenigen Jahren militärisch genutzt war und deshalb viele seltene Tier- und Pflanzenarten bewahren konnte, mit dem Lennebergwald, der auf eiszeitlichen Sanddünen gründet. Beide Waldgebiete werden von den Mainzer Bürgern intensiv für die Naherholung genutzt. Beide werden durch ein Gebiet mit Obstbaumkulturen verbunden.

→ Start: Parkplatz Rondellschneise am Südrand des Ober-Olmer Waldes, GPS N 49°57.150' E 008°11.001'; Ziel: Buswende am Waldfriedhof Mainz-Mombach, GPS N 50°01.344' E 008°12.236'

P am Start, Zufahrt L426 Mainz – Essenheim und L427 Drais – Ober-Olm

Haltestelle „Ober-Olmer Forsthaus", RNN-Linie 650 Mainz Hbf. – Sprendlingen, Mo-Sa 2 x je Stunde, oder Stadtbuslinien 54 und 68 mehrmals stündlich bis „Lerchenberg-Hebbelstraße" von Mainz Hbf., Zuweg zum Start: 50 m westlich der Kreuzung in den Feldweg und nach 300 m rechts zur Straße am Wald und zum Parkplatz Große Rondellschneise; Rückfahrt vom Ziel Waldfriedhof Mainz-Mombach: Stadtbuslinie 61 bis Mainz-Hbf., von dort ggf. mit RNN-Linie 650 zurück zum Ober-Olmer Forsthaus

14,6 km

4 Std.

↑↓ 102 m/237 m

⇧ 97-235 m

streckenweise Edelweiß

im Wald Waldwege und -pfade, sonst Wirtschaftswege mit Hartbelägen

Waldkiosk (50 m ab km 0,3), Restaurant-Café Turm am Lennebergturm (km 11,6, So ab 12:00, sonst erst ab 17:00), Waldcafé am Friedhof (150 m vom Ziel entfernt). Picknick mitnehmen!

Pavillon (km 1,3), Sieben Weiher (km 7,9), Grillhütte (km 9,7), Tisch des Weines (km 9,7), Weiher (km 9,9), Franz-Stein-Hütte (km 12,2)

gesamte Strecke für leistungsstarke Kinder geeignet, im Lennebergwald sehr gutes Freizeitangebot für Kinder

überwiegend geeignet, Treppe Sieben Weiher links umgehen, Mainzer Sand allenfalls für Buggys mit besonders breiten Reifen geeignet

Wasser mitnehmen, in den Wäldern überwiegend Naturschutzgebiete!

Der ca. 350 ha große **Ober-Olmer Wald** wurde bis 1991 militärisch genutzt. Danach fand eine Konversion statt mit dem Ziel, die Waldnutzung, die Erholungsnutzung und den Schutz der Natur miteinander zu verbinden. Zahlreiche militärische Einrichtungen wurden abgerissen und Flächen in großem Umfang entsiegelt. Seit 2017 ist der Wald NSG und Natura-2000-Gebiet.

Sie starten am P **Parkplatz Große Rondellschneise** und wählen den schmalen Weg, der links (Westen) in den Wald führt und nach ca. 300 m auf eine weitere Schneise trifft.

Hier 50 m links liegt der P Parkplatz Forststraße und weitere 50 m der **Waldkiosk** (Fr-So 11:00-17:30) am Ober-Olmer Forsthaus.

Nach rechts führt die Schneise, begleitet von einem roten Schmetterling, in ein weitgehend offenes Gelände mit vielfältigem Bewuchs. Die militärischen Bauten sind, soweit nicht abgeräumt, stark überwuchert. An einer Bank biegen Sie links ab zum sichtbaren **Hügel der Freundschaft**. Auf Treppenstufen, die mit Friedensbotschaften versehen sind, kann der Hügel bestiegen werden.

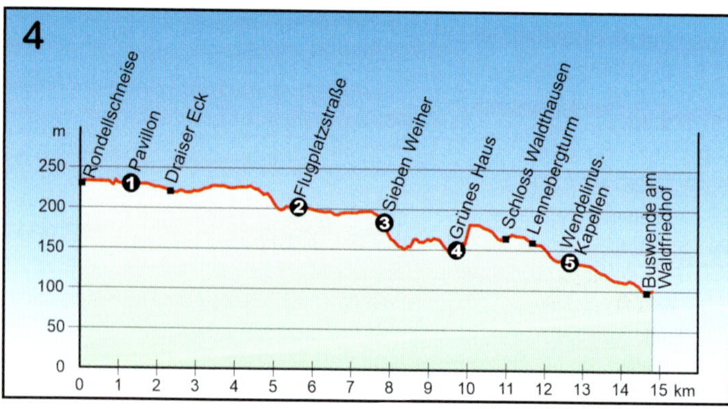

An der nächsten Kreuzung steht ein **Pavillon** ❶ ohne Sitzgelegenheit. Sie nehmen den schmalen Weg, der links am Birkenkreuz vorbeiführt, überqueren die Rondellschneise und stoßen auf einen Querweg. Hier gehen Sie links und der nächste Weg rechts leitet zum P **Draiser Eck**. Ca. 30 m nach dem Parkplatz passiert der Weg eine Infotafel und führt bald nur wenige Meter hinter dem Waldrand entlang. Kirschbaumkulturen scheinen durch die Bäume.

Der Weg kreuzt wieder die Rondellschneise und Sie vertrauen sich nun bis in den Lennebergwald dem Edelweiß des Kleinen Mainzer Höhenwegs (KMH) an.

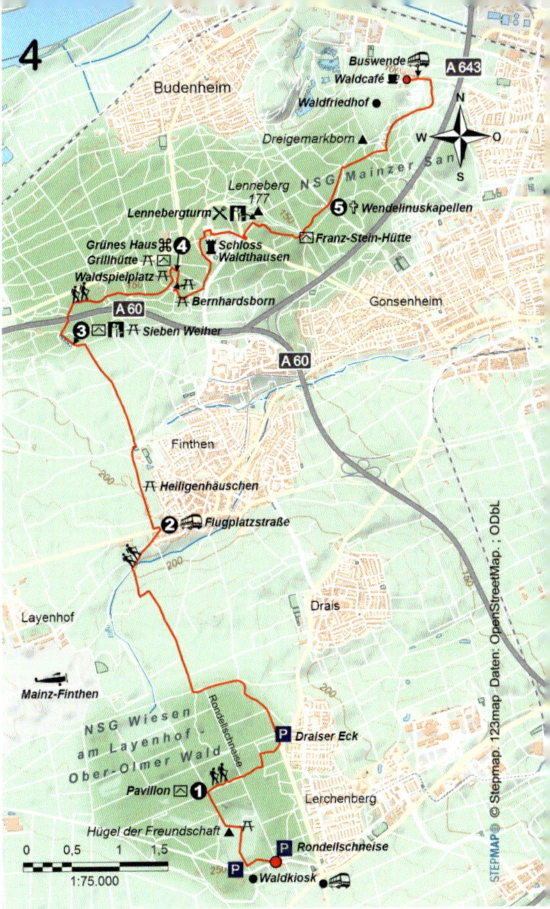

Sie treten aus dem Wald und wandern westlich an Finthen vorbei auf befestigten Wirtschaftswegen über das mit Obstbaumkulturen bestandene Plateau. Dabei wird die **Flugplatzstraße ❷** an der Bushaltestelle der Linien 56 und 91 gequert. Das Heiligenhäuschen 30 m rechts vom Weg könnte zur Rast genutzt werden. Schließlich geht es auf einem Erdweg hinein in den Lennebergwald. Sogleich stoßen Sie auf eine Schutzhütte und eine Aussichtsbank über den **Sieben Weihern ❸**. Baron von Waldthausen hatte hier sieben Fischteiche anlegen lassen, von denen noch fünf erhalten sind.

Die Weiher liegen unterhalb der Abbruchkante des Rheinhessischen Plateaus, d. h., Sie müssen nun einen steilen Treppenweg hinabsteigen, um zu ihnen zu kommen. Ein Rauschen kündigt die A60 an, die unterquert wird. Danach folgen Sie dem Edelweiß nach rechts. Knapp 600 m danach weist das Edelweiß an einem Baumstumpf wiederum nach rechts. Der Markierung folgen Sie nicht! Denn der KMH führt auf einen Teerweg. Sie gehen am Baumstumpf links und bleiben damit auf Naturwegen.

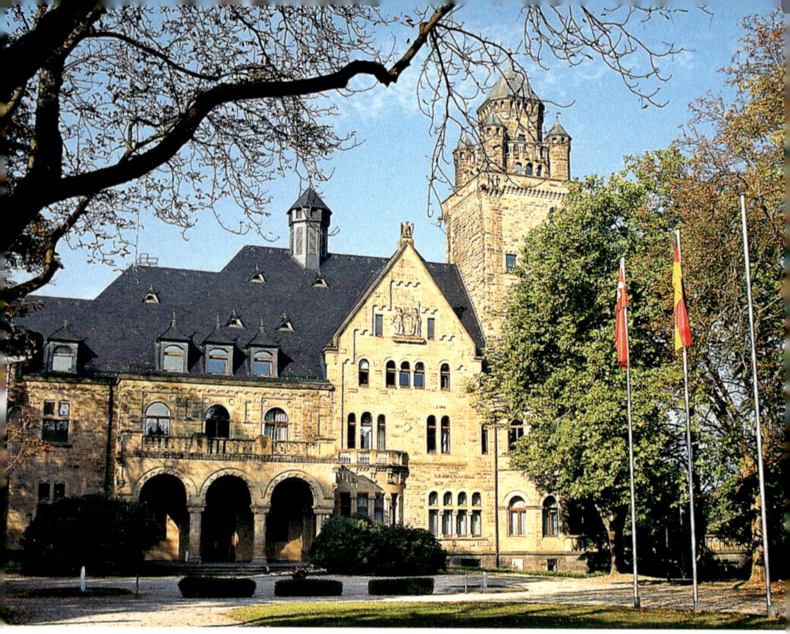

Schloss Waldthausen

Nach weiteren 500 m könnten Sie in einer für Kinder angelegten Sprunggrube landen. Hier laufen Sie nach links und finden sich sogleich auf einem großen ⩚ **Waldspielplatz** wieder. Die zahlreichen unter den Bäumen verstreuten Betätigungsmöglichkeiten dürften keine Kinderwünsche offen lassen. Es gibt u. a. einen Barfußpfad, eine Pendelbrücke, eine Slackline, einen Fuchsbau, Tastkästen und ein Waldxylophon. Etwa 100 m weiter treffen Sie auf eine große ⌂ **Grillhütte**, einen ⩚ Tisch des Weines mit einem Präsidentensessel und weitere Picknicktische.

Nach rechts führt der Weg zum **Grünen Haus** ❹. Hier gibt es u. a. eine Ausstellung zum Lennebergwald und einen Waldladen, in dem auch Wildbret gekauft werden kann.

⌘ **Grünes Haus**, Im Wald 16, 55257 Budenheim, ☏ 061 39/370,
💻 www.lennebergwald.de, ✉ forstrevier@lennebergwald.de,
🚪 So 15:00-17:00, Do 17:00-19:00

Ihr nächstes Zwischenziel soll das **Schloss Waldthausen** sein. Es stellt sich die Frage, welcher Weg gewählt werden soll. Der Zufahrtsweg zum Grünen Haus ist öde und wird von Autos genutzt.

Der direkt am Grünen Haus beginnende, mit einem Hufeisen markierte Weg, ist ein Reitweg. Deshalb schlage ich vor, dem Weg am Grünen Haus 200 m nach rechts zu folgen. Hier befinden sich ein **Teich** und ein schöner Rastplatz. Nicht nur Kinder erfreuen sich an den aus Bäumen gestalteten Amphibien, die gerne beklettert werden. Tierisches Treiben kann am Wasser und an der Futterstelle für Vögel beobachtet werden.

Am Weg in Höhe des Teiches steigt links etwas versteckt ein Waldpfad zuletzt steil auf zum **Bernhardsborn** und zu schattigen Bänken. Auf fast ebenem Weg leitet nun wieder das Edelweiß des KMH links zum Schloss Waldthausen, eine vor dem Ersten Weltkrieg im historisierenden Stil erbaute Industriellenvilla. Das Schloss wird an seiner Gartenseite umlaufen, eine breite repräsentative Allee führt zum Eingangsportal.

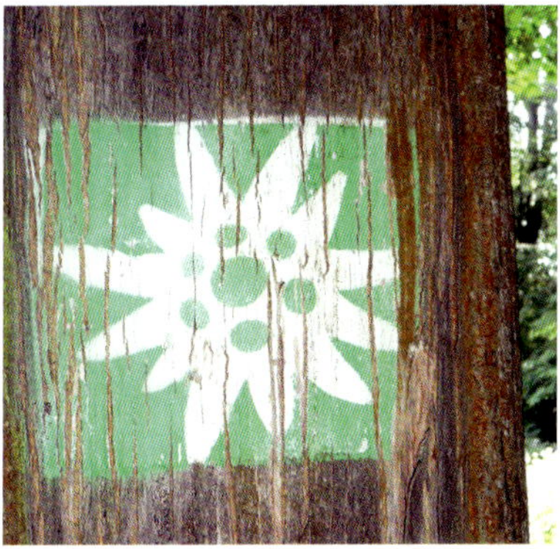

Zeitweise geführt vom Edelweiß des Kleinen Mainzer Höhenweges (KMH)

Der KMH kreuzt zwei Straßen an ihren Querungshilfen und steigt gegen den Lenneberg auf.

Vor dem Tor des **Restaurant-Cafés Turm** geht es links zum **Lennebergturm**.

Der Lennebergturm wurde 1880 im neugotischen Stil errichtet. Er bietet einen Weitblick über Rhein-Main, Rheinhessen und bis zu Taunus und Soonwald. Aufgrund von Vandalismus in der Vergangenheit ist er nur noch sonntags geöffnet.

Restaurant-Café Turm, Im Wald 3, 55257 Budenheim, 061 31/143 72 15, www.turmmainz.de, Mo-Fr 17:00-21:00, Sa 16:00-21:00, So, Fei 12:00-21:00

Der Gang zum Lennebergturm erweist sich als Sackgasse. Aufgrund gefallener und nicht mehr standfester Bäume musste der Abstieg gesperrt werden. Eine Umleitung leitet nun am Eingang zum Restaurant rechts- anstatt linksherum. Es ist ein schmaler Pfad, der zuletzt etwas steiler zur **Franz-Stein-Hütte** absteigt. Hier lösen Sie sich von der Umleitung des KMH, die links zur alten Trasse läuft, und wandern geradeaus zu den **Wendelinuskapellen** 5.

Der hl. Wendelinus ist der Schutzpatron der Bauern und Hirten. Ihm sind eine kleine spätbarocke Kapelle von 1776 und eine größere neugotische Kapelle von 1886 gewidmet. Sie laufen **rechts** an der größeren Kapelle **vorbei** und durchqueren einen etwas schütter werdenden, überwiegend mit Kiefern bewachsenen Wald. An der nächsten **Wegspinne** folgen Sie nur ca. 5 m dem **Schild „Nothelferkapelle"** und gehen dann links. Der Wald besteht aus kleinen Buckeln und Vertiefungen. Es handelt sich um Sanddünen, die während der Eiszeit entstanden sind.

Am zweiten Querweg treten Sie aus dem Wald heraus. Vor Ihnen liegt eine Savannenlandschaft. Kleinwüchsige Bäume, insbesondere Kiefern, wachsen in aufgelockerter Form aus der grasbewachsenen Erde heraus. Sie haben das **NSG Mainzer Sand** erreicht. Hier treten die Sanddünen deutlicher hervor. Der Sand hält kaum Wasser und nur sehr wenige Nährstoffe, wodurch sich der kleine Wuchs und die dünne Besiedlung durch Bäume erklären. Viele oft undeutliche Wege und Pfade durchlaufen dieses Gebiet. Da weder Markierungen noch markante Punkte vorhanden sind, sind Wegbeschreibung und Orientierung schwierig. Wichtig ist, in einem Korridor zu bleiben: links der Zaun des Waldfriedhofs, rechts die Autobahn mit ihrem rauschenden Verkehr.

Am Querweg gehen Sie kurz links, dann im Bogen rechts und nähern sich ganz allmählich dem Friedhofszaun. Vorher erkennen Sie rechts eine offene, nicht von Gras überwachsene Düne. An der südöstlichen Ecke des Friedhofs liegen Baumstämme, die sich gut zum Sitzen eignen. Hier gehen Sie halb links (nicht den ersten Weg am Zaun entlang) und an der ersten Verzweigung nach etwa 100 m links.

☺ Verpassen Sie den Abzweig, wird das Rauschen der Autobahn lauter; dann gehen Sie den nächsten Pfad links.

In jedem Fall werden Sie von der Zugangsstraße zum Friedhof „aufgefangen" und gehen links zur **Buswende** (Linie 61 stündlich über Mainz Hbf. nach Laubenheim).

Etwa 150 m weiter können Sie im Waldcafé auch unter schattenspendenden Bäumen einkehren.

Waldcafé, Am Waldfriedhof 14, 55129 Mainz, ☏ 061 31/68 80 95,
Mo-Fr 10:00-18:00, Sa, So, Fei 11:00-16:00

5 Hiwweltour Zornheimer Berg

Tour für Fans von Weinwanderungen auf Naturwegen

Die Wanderung verläuft über das leicht gewellte Rheinhessische Plateau mit Panoramaausblicken zum Taunus, Odenwald und zur Frankfurter Skyline, die dank zahlreicher Bänke ausgiebig genossen werden können. Abwechslungsreiche Landnutzungen aus Rebland, Obstplantagen, Wiesen, Weiden und ein Feuchtgebiet prägen die Tour, die überwiegend auf Naturwegen verläuft. Zehn Infotafeln geben Auskünfte zu verschiedenen Themen.

Start/Ziel (Zuweg): Parkplatz am Sportplatz am Ortseingang, K35/Hahnheimer Straße, GPS N 49°53.080' E 008°13.440'

P am Start/Ziel

Stadtbus Mainz Linie 66: Mo-Sa von „Nieder-Olm" (auch Bf.) bis „Zornheim-Hahnheimer Straße", sehr viele Verbindungen, sonntags nur zwischen Mainz-Mühldreieck und „Zornheim-Hahnheimer Straße"; Stadtbuslinie 67 nur Mo-Fr „Mainz-Goetheplatz" – Hbf. – „Zornheim-Hahnheimer Straße", 30-Minuten-Takt (www.mainzer-mobilitaet.de/linienfahrplaene)

8,2 km (inkl. Zu- und Abgang)

2 Std. 30 Min.

225 m/225 m

153-237 m

Hiwweltour: weißes „h" und Name auf blau-grünem Grund, Zuwege schwarz-gelb

fast ausschließlich naturnahe Weinbergswege

keine am Weg, Einkehrmöglichkeiten in Zornheim

Jubiläumswald (km 1,8), urige Sitzgruppe (km 2), Wingertshäuschen Auf dem Winkel (km 4), Selztalstellung (km 5,3), Wingertshäuschen Am Hoberg (km 6,4)

WC am Feuerwehrhaus (Lindenplatz)

Obstbaumwiesen, Feuchtbiotop, naturnahe Wege

Steigungen auch auf Graswegen!

keine belebten Straßen, Wasser mitnehmen

Vom P Parkplatz am **Sportplatz** (oder vom Lindenplatz) in Zornheim (Info mit Wanderkarte) führt nach 700 m die Zuwegmarkierung bis ca. 80 m vor das **Ruhkreuz**. Der Pfahl „Hier geht's los" zeigt den **Beginn der Hiwweltour** an. Sie wenden sich auf Gras in spitzem Winkel nach links zur Umrundung im Uhrzeigersinn. Begleitet von Gehölzen und Obstbäumen laufen Sie bis vor den Ortsrand, um dann zum **Hasenberg** ❶ aufzusteigen.

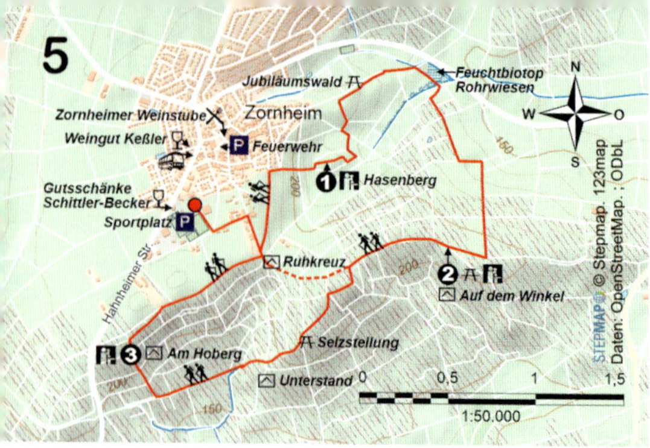

Hier ist der erste tolle Aussichtspunkt und die erste Informationstafel, hier zu den Rutschungen in Rheinhessen!

Die Markierungen führen Sie abwärts mitten hinein in Obstbaumplantagen. Dann erreichen Sie den **Jubiläumswald** (Rastmöglichkeit, Infotafeln, Skulptur). Hier wurden 2016 anlässlich des 200-jährigen Bestehens von Rheinhessen 200 Bäume gepflanzt – eine gute Tat in der waldarmen Region. Nachdem der nächste Hiwwel (= „Hügel") vorbei an einer urigen Sitzgruppe überschritten ist, lenkt eine Hecke nach rechts. Anschließend wird das viel bevölkerte **Feuchtbiotop Rohrwiesen** erreicht. Hier biegen Sie rechts ab und lassen sich von Vögeln und Fröschen beschallen und von Infotafeln informieren.

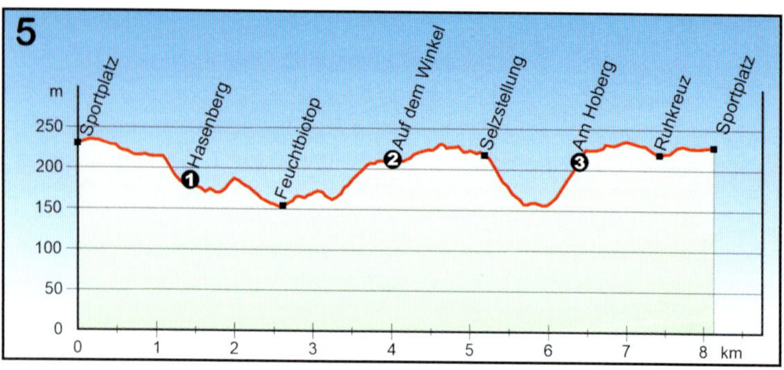

Danach überqueren Sie diagonal eine Wiese mit einem riesigen Nussbaum und kommen erstmals in die Weinberge. Unterwegs bietet eine Relaxbank ihre Dienste an. Auf dem Rücken des Selzer Berges steht das **Wingertshäuschen Auf dem Winkel ❷** mit einer Rundbank für Gruppen. Der Blick reicht bis zur Frankfurter Skyline. Bei Ostwind können die auf „Rhein-Main" landenden Flugzeuge beobachtet werden. Der weitere Weg über den Bergrücken bietet Weitsichten in alle Himmelsrichtungen. Die gesamte Südflanke des Selzer Berges ist mit Reben bestockt. Eine Hecke zweiteilt den Weg.

↳ Wo die Hiwweltour links abbiegt, könnte geradeaus das Ruhkreuz bereits nach gut 500 m erreicht werden. Nochmals geht es links. Nachdem ein Windrad passiert wurde, finden sich kärgliche Reste der ehemaligen **Selzstellung** aus dem Ersten Weltkrieg und eine Bank unter einem Eichenbäumchen. Der weite Blick über das Selztal bis zum Donnersberg zeigt, dass der Standort strategisch gut gewählt wurde.

Nun beginnt ein steiler Abstieg auf einem Grasweg, der mit mehreren Bänken bestückt ist.

↳ Etwa 80 m links vom Weg erstrahlt ein neuer Unterstand, der eine Weinpresse beherbergt.

Fast unten angelangt darf ein winziger Rechts-links-Versatz nicht übersehen werden. Der Weg wird wieder durch eine Hecke geteilt. Sie nehmen den rechten Ast, um bald in Falllinie über ca. 300 m steil aufzusteigen.

Der Weg führt durch eine vielgestaltige offene Landschaft

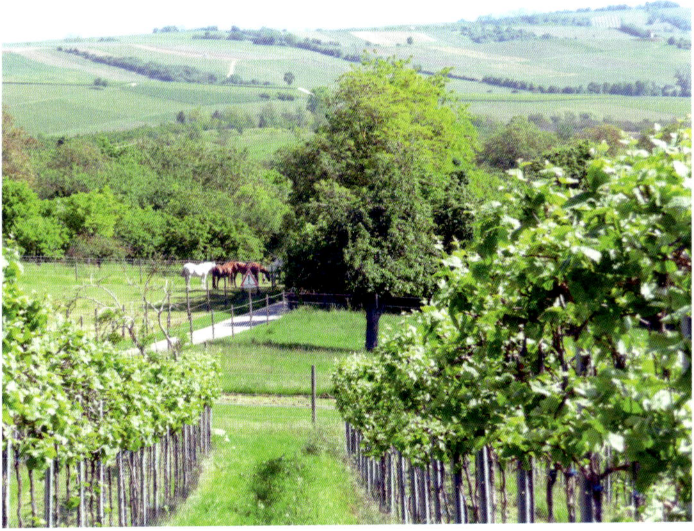

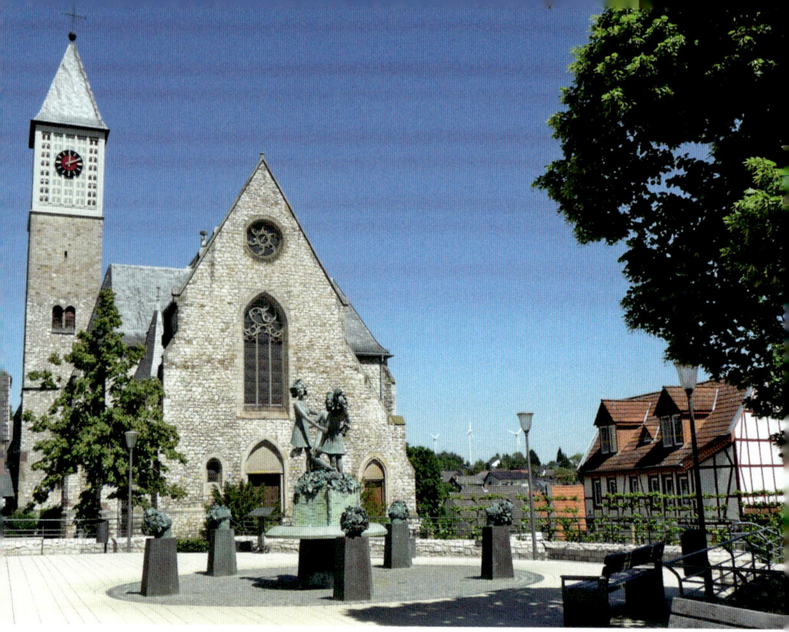

Lindenplatz in Zornheim

Kurz vor Erreichen der Plateaukante können Sie am ⛶ **Wingertshäuschen Am Hoberg ❸** bei herrlicher Aussicht verschnaufen. Oben angekommen können Sie auf einer ⩩ Bank unter einem Nussbaum auf die Tour zurückschauen. In etwa 15 Minuten wandern Sie bequem zurück zur „Schönsten Weinsicht Rheinhessen 2020" und zum ⛶ **Ruhkreuz** mit Relaxliege und Schutzhäuschen. Auf dem Hinweg geht es zurück zum Sportplatz.

☺ In Zornheim können Sie einkehren, wenn Sie vom Ruhkreuz geradeaus in den Ort laufen:

✕ **Zornheimer Weinstuben**, Röhrbrunnenplatz 1, 55270 Zornheim, ☏ 061 36/456 16, 💻 www.zornheimer-weinstuben.de, 🚪 Di-Sa ab 17:00, So 12:00-14:00, ab 17:00

🍷 **Gutsschänke Schittler-Becker**, Hahnheimer Str. 30, 55270 Zornheim, ☏ 061 36/447 90 oder 17 60, 💻 www.schittler-becker.de, 🚪 im Sommer Fr/Sa ab 17:00, So ab 15:00, Weinkeller, Freisitze in schönem Garten

♦ **Vinothek Weingut Keßler** (Ecovin), Sörgenlocher Weg 3, 55270 Zornheim, ☏ 061 36/437 36, 💻 www.kesslerwein.de, 🚪 Fr 13:00-19:00, Sa 9:00-17:00

6 Hiwweltour Stadecker Warte

Tour für Weinversteher und die, die es werden wollen

Wäldchen, Wiesen, Weiden und Brachen lockern die hügelige Weinlandschaft mit ihren Weitsichten abwechslungsreich auf. Der Weg ist garniert mit von den Winzern liebevoll gestalteten Picknicktischen, die nur noch gedeckt werden wollen. Einblicke in die Lebensbedingungen der Reben (Terroir) durch Bodenaufschlüsse gibt es kostenfrei.

Start/Ziel: am östlichen Ortsausgang von Stadecken (L413);
GPS N 49°54.472‘ E 008°08.484‘

Wanderparkplatz Hiwweltour an den Tennisplätzen (Infotafel), Zufahrt von L413 Ingelheim – Nieder-Olm in Stadecken ab Kreuznacher/Oppenheimer Str. über Portstraße und Burggrabenstraße; von dort markierter Zuweg zunächst entlang eines Altarms der Selz zum Start gut 1 km

Haltestelle „Kreuznacher Straße", Buslinie 650/75 von Mainz Hbf. (werktags Halbstundentakt, So, Fei stündlich); Buslinie 640 Nieder-Olm – Ingelheim (Sa 7, So, Fei nur 4 Verbindungen)

9,8 km

2 Std. 45 Min.

242 m/242 m

110-200 m

Hiwweltour: weißes „h" und Name auf blau-grünem Grund, Zuweg schwarz-gelb

ca. 80 % Weinbergswege und Pfade

Nur in Stadecken und am Beginn/Ziel der Tour im Weingut Beck–Hedesheimer Hof. Wer keinen Picknickrucksack hat, kann dort nach telefonischer Reservierung einen leihen und mit Weck, Woscht & Woi füllen lassen.

alter Friedhof Hedesheim (km 0,6), Auf dem Ermel (km 1,9), Rastplatz 3 (km 3,3), Wingertshaus Schindegaul (km 3,9), Tisch des Weines (km 4,4), Pergola (km 6,4), Pavillon im Weinberg (km 6,8), Rastplatz Weißkopf (km 7,3), Picknicktische im Garten des Weinguts Beck (km 9,7, Mi-Sa)

Abwechslungsreicher Weg, deshalb für Kinder geeignet. ☺ Lamawanderungen für Kinder: Selztal Lamas, Auf der Sandkaut 12, 55271 Stadecken-Eisheim, 01 51/12 19 96 15, www.selztal-lamas.de, selztal-lamas@gmx.de, Lamas, Alpakas, Esel (Hunde dürfen nicht teilnehmen).

Mit Buggy mit großen Rädern ist die Tour möglich.

Wasser mitnehmen

Offizieller **Beginn** dieser Hiwweltour ist der östliche Ortsausgang von Stadecken an der L413 in Höhe des Fahrbahnteilers.

↬ Da Autofahrer an den Tennisplätzen parken müssen, wird auch der **Zuweg** von dort beschrieben: Von der Informationstafel zur Hiwweltour folgen Sie der Zuwegmarkierung zwischen Tennisplätzen und einem Altarm der Selz, steigen aus der Aue kurz zum Hochgestade auf und werden mit einem kleinen Umweg im Bogen zum **Fahrbahnteiler** am Ortsausgang geleitet, der nach 1 km erreicht ist.

Jenseits der Straße laufen Sie vom Schildweg 400 m parallel zur L413 und biegen rechts ab. Am **Alten Friedhof** von Hedesheim bietet sich der erste urige ⊼ Rastplatz an (Informationen zum untergegangenen Dorf). An Bauernhöfen, Pferdekoppeln und Hühnerställen vorbei werden Sie mit einigen Richtungsänderungen in ein Wäldchen geleitet, das Sie bald links auf Erdwegen durchqueren. Danach erwartet Sie der in erhöhter Lage im Schatten der Bäume liegende ⊼ **Rastplatz Auf dem Ermel ❶** mit einem Blick über Rebflächen hinweg ins Selztal.

Tisch des Weines

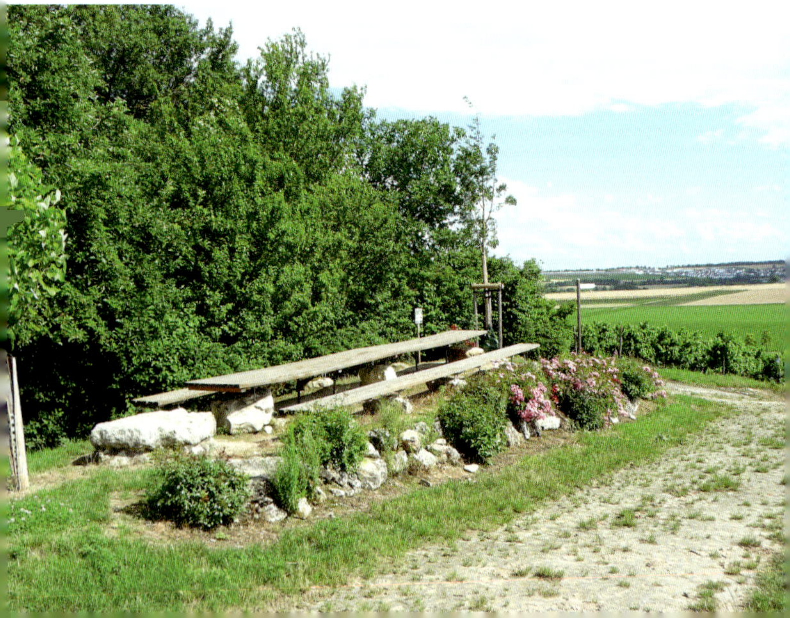

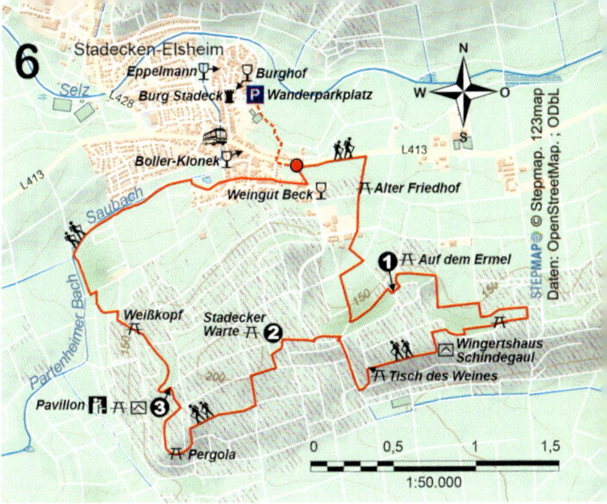

Der Weg zieht durch eine abwechslungsreiche Landschaft aus Weinbergen, einem weiteren Wäldchen, das Sie umrunden, und Feldern. Sie laufen an Waldrändern und Hecken entlang nach Osten und wieder nach Westen, immer im „hiwwelmäßigen" Auf und Ab. An einem Rastplatz treten Sie erneut in ein Wäldchen ein und kommen in den Weinbergen zum steinernen **Wingertshaus Schindegaul**. Von dort geht es 400 m geradewegs zum mit Rosen umkränzten **Tisch des Weines** (rechts) und links unterhalb zum Terroir-Bodenprofil Kalksandstein (Infotafel).

Kurz senkt sich der Weg, dann geht es nach einer Biegung aufwärts bis vor ein Wäldchen und links Richtung der weithin sichtbaren, namengebenden **Stadecker Warte** ❷, die früher den Feldschützen als Beobachtungsturm diente. Weiter wandern Sie durch Rebland hinab zur **Pergola**. Direkt neben dem Rastplatz ist das zweite Terroir-Bodenprofil aus Tonmergel aufgeschlossen. Weiter führt der Weg durch die Weinberge, zuletzt mit einem Anstieg zum großen **Pavillon** ❸ (Rundumbank, drei Relaxliegen, Landschaftsfenster, Feuerstelle). Für Ihre Anstrengung werden Sie auch hier mit einem Rundumblick bis zum Taunus und Soonwald am Horizont belohnt.

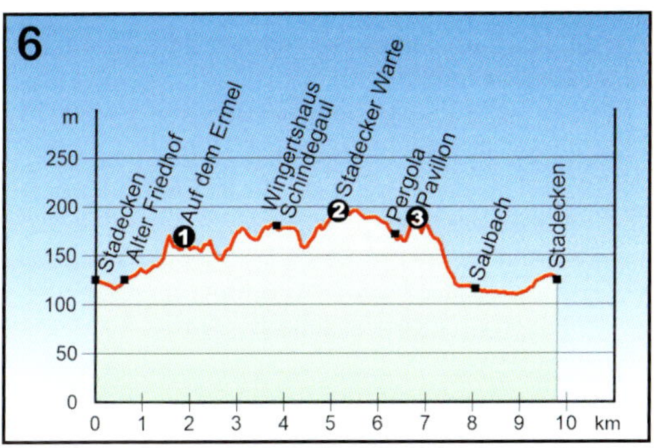

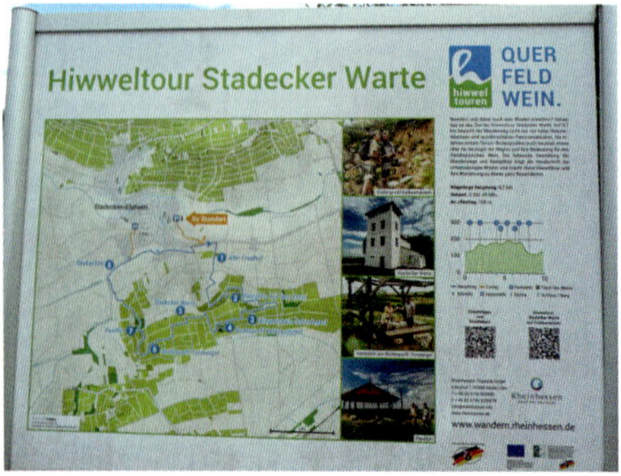

Informationstafel

Nun laufen Sie auf Graswegen, vorbei am ⩚ **Rastplatz Weißkopf**, durch Reben, Brachen und Wiesen hinab zum Partenheimer Bach. ✋ Etwa 30 m vor der Brücke über den Bach biegt die Hiwweltour rechts in einen Grasweg ein. Der führt zur Einmündung des Partenheimer Bachs in den renaturierten **Saubach**. In der baum- und heckenbestandenen Talaue geht es auf Naturwegen Richtung Stadecken. Vor einem Gehölz, in dem sich ein Teich versteckt, werden Sie rechts abgeleitet und durch die Sandstraße kommen Sie zum Schildweg und zum Weingut Beck – Hedesheimer Hof.

✕ **Hedesheimer Hof**, Schildweg 2, 55271 Stadecken-Elsheim, ☎ 061 36/24 87, www.hedesheimer-hof.de, weingut@hedesheimer-hof.de, Mi-Fr 14:00-19:00, Sa 9:00-16:00

Links geht es zurück über den Zuweg zu den Parkplätzen an den Tennisplätzen.

Der Ort Stadecken entstand aus einer frei stehenden Wasserburg, die die Grafen von Katzenelnbogen ab 1276 in einer Schleife der Selz errichteten. Heute sind die Reste der Burg völlig vom Ort umschlossen. Burghof und -garten sind frei zugänglich.

Die für diese Hiwweltour namengebende Stadecker Warte diente früher den Feldschützen als Beobachtungsturm.

- **Gutsschänke Weingut Burghof**, Burggrabenstr. 3, 55271 Stadecken-Elsheim, ☎ 061 36/20 89, www.burghof-wolf.de, Mitte Januar-Mitte Juni, September-Anfang Dezember Mo, Fr, Sa ab 18:00, So, Fei ab 16:00
- **Straußwirtschaft Boller-Klonek**, Oppenheimer Str. 13, 55271 Stadecken-Elsheim, ☎ 061 36/22 38, www.weingut-boller-klonek.de, Fr, Sa ab 18:00, So ab 17:00
- **PanoramaVinothek Weingut Eppelmann**, Kirchgasse 10, 55271 Stadecken-Elsheim, ☎ 061 36/27 78, www.eppelmann.de, Di-Fr 13:00-18:00, Sa 10:00-17:00

7 Hiwweltour Neuborn

Tour für Naturliebhaber und Weingenießer

Die Hiwweltour Neuborn ist eine aussichtsreiche Wanderung auf oftmals naturbelassenen Wegen durch die hügelige Weinlandschaft Rheinhessens. Zahlreiche Rastplätze, Weinstuben und das pittoreske Dorf Rommersheim laden ein. (Qualitätsweg Wanderbares Deutschland)

Start/Ziel: Wanderparkplatz am Neuborn, 55268 Wörrstadt, GPS N 49°49.722' E 008°06.477'

P Wanderparkplatz am Neuborn, Anfahrt: Abfahrt von L401 Ensheim – Wörrstadt.

Bahnstrecke Mainz – Alzey, markierter Zuweg vom Bahnhof Wörrstadt ca. 1,5 km zum Einstieg an der Rommersheimer Str. 97

8 km

2 Std. 30 Min.

165 m/165 m

150-232 m

Hiwweltour: weißes „h" und Name auf blau-grünem Grund. Zuwege schwarz-gelb

überwiegend unbefestigte Weinbergswege

TG Kiosk Rommersheim (km 4,2), Zum Woifässje (km 4,3), Zum Gläsernen Trinkhorn (100 m ab km 4,4), Waldgaststätte Neuborn (km 7,8)

Grillhütte (km 0), Burgunderturm (km 1,5), Schöne Aussicht (km 2,4), Greifenberg

Neubornbad (km 0,5)

ab 7 Jahre geeignet, attraktiv: Burgunderturm, Neubornquelle, Schwimmbad

Weitgehend möglich. Problematisch ist es auf dem Pfad im Auwald des Neuborner Bachs, ggf. den Wald im Linksbogen umgehen. Von der Waldgaststätte Neuborn zum Ziel auf dem befestigten Weg bleiben!

Wasser mitnehmen, eine Straßenquerung

Sie starten die Hiwweltour am P **Wanderparkplatz Neuborn** an der Grillhütte und laufen auf Gras zwischen Wald und einer Wiese, dem ehemaligen Sportplatz, nach Norden.

Nach mehreren Richtungswechseln absteigend stoßen Sie auf das Schwimmbad und steigen von dort rechts zur K16 auf.

Neubornbad, Am Schwimmbad 3, Wörrstadt, ☎ 067 32/81 48, auf www.vgwoerrstadt.de

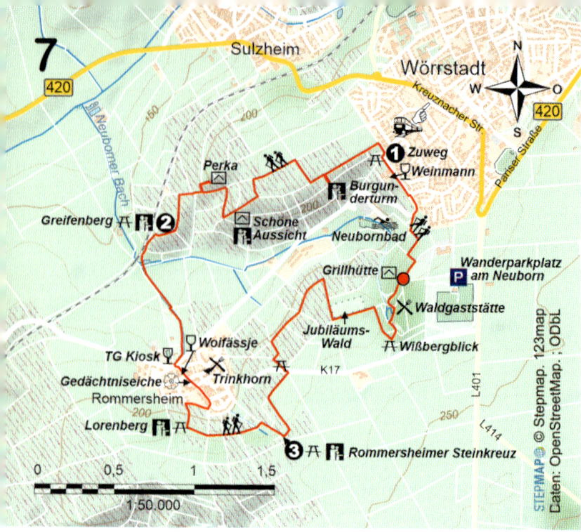

Sie folgen der Rommersheimer Straße am Weingut Weinmann vorbei bis zu einem Rastplatz, wo die Straße rechts in den Ort abbiegt und der **Zuweg ❶** vom Bahnhof heranführt. Dann werden Sie vom Ortsrand in die Weinberge gelenkt. Nach 400 m geradewegs auf einem Schotterweg machen Sie links einen Abstecher zum roten **Burgunderturm** mit seiner vollkommenen Rundsicht. Zurück auf der Hiwweltour gehen Sie nicht geradeaus weiter, sondern schlagen einen Bogen nach rechts, bevor die offene **Schutzhütte Schöne Aussicht** erreicht ist, die ihren Namen zu Recht trägt. Eine Windrose zeigt die im Blick liegenden Ziele an.

Nach weiteren 400 m im Hang des Weinbergs mit kurzem Abstieg können Sie nach rechts kurz und steil einen Abstecher zum **Weinberghaus Perka**, einer Studie der TU Kaiserslautern, machen und aussichtsreich pausieren. Anschließend peilen Sie den einsamen Baum auf dem **Greifenberg ❷** an. Bei 360-Grad-Panorama lädt der Tisch des Weines zum Tafeln ein. Hier wurden drei römische Sarkophage gefunden.

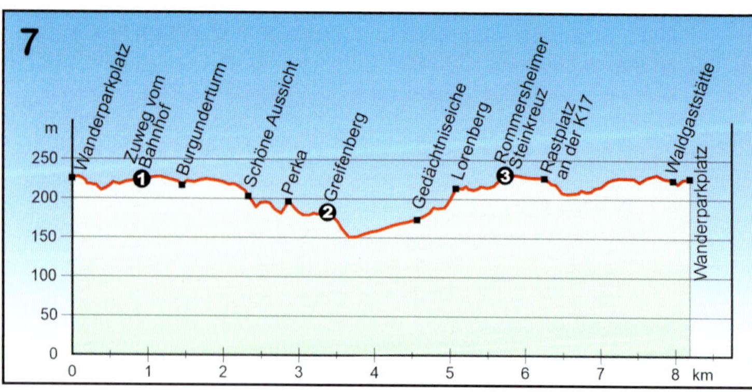

Sie steigen ab bis vor die Bahnlinie nach Alzey. Ein Pfad schlängelt sich durch den Auwald des Neuborner Bachs, links liegt ein Teich. Den folgenden Grasweg begleiten Bäume und Bach und letztlich auch Gärten bis vor den Verkehrskreisel am Eingang nach **Rommersheim**. Die Hauptstraße führt in den Ort zur ev. Kirche und der am 19. Oktober 1913, 100 Jahre nach der Völkerschlacht bei Leipzig, gepflanzten, beeindruckenden ❀ **Gedächtniseiche**.

Blick auf Rommersheim

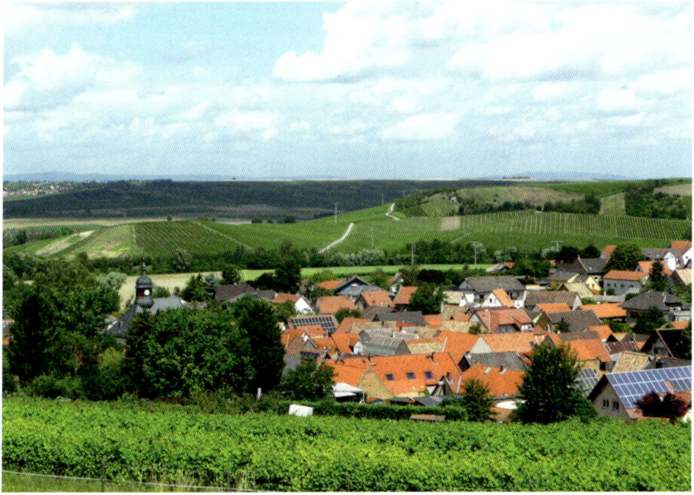

↳ Es ist empfehlenswert, durch den pittoresken Ortskern von Rommersheim mit seinen sehenswerten Fachwerkhäusern und alten Bäumen zu schlendern und gegebenenfalls einzukehren.

🍷 **TG Kiosk**, Mühlberg 2, 55286 Rommersheim, ☎ keins,
💻 www.tgkiosk.business.site.de mit Kontaktformular, 🚪 So 11:00-18:00, Biergarten

✕ **Zum Woifässje**, Hauptstr. 5, 55286 Rommersheim, ☎ 067 32/611 79,
💻 www.weingutullmer.de, ✉ info@weingutullmer.de,
🚪 Fr-Sa ab 18:00, So, Fei ab 17:00

♦ **Zum Gläsernen Trinkhorn**, Kegelbahnstr. 3, 55286 Rommersheim,
☎ 067 32/600 58 08, 💻 www.zum-trinkhorn.de,
🚪 Mi-Sa 18:00-22:00, So, Fei 12:00-14:00 und 18:00-22:00, 100 m vom Weg

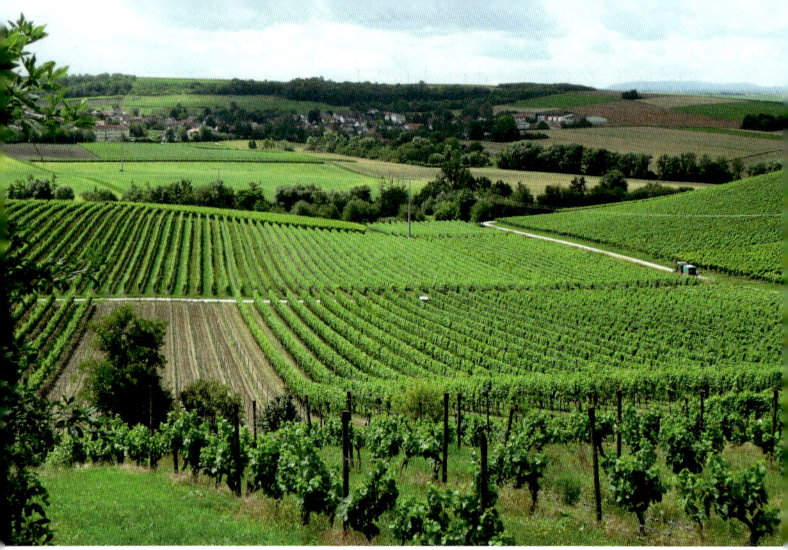

Rheinhessenwein soweit das Auge reicht

In der Straße Am Somborn halten Sie sich rechts und steigen im Bogen im Weinberg zum schattigen ⛼ 🚻 **Rastplatz Lorlenberg** über den Dächern von Rommersheim auf (Infotafeln zur Ortsgeschichte). Weiter geht es aussichtsreich zwischen Reben und Brachen hangparallel durch einen Nordhang, bis Sie nach ca. 500 m an einem Querweg rechts zum ⛼ 🚻 **Rommersheimer Steinkreuz ❸** aufsteigen, unter Schatten spendenden Kastanien rasten und die Wanderroute nachverfolgen können.

Nun laufen Sie abwärts, queren die K17 (⛼) und wenden sich an einem Wasserbehälter rechts in die Weinberge. Nach einem scharfen Rechtsknick geht es aufwärts. Am Hochzeits- und Jubiläumswald biegen Sie links ab zum Wald und wandern am Waldrand zur ⛼ Bank am Wißbergblick. Letztmalig blicken Sie auf Ihre Tour zurück. Pfade leiten durch den Wald zur **Neubornquelle** und zur ✕ **Waldgaststätte Neuborn**.

✕ **Waldgaststätte Neuborn**, Neuborn 1, ☎ 067 32/10 28,
💻 www.waldgaststätte-neuborn.de, ✉ Neuborn1@web.de,
🚪 Ostern bis Oktober Fr-Sa 15:00-21:00, So ab 12:00 und nach Absprache mit ihrem Biergarten

Nach weiteren 200 m auf einem Waldpfad sind Grillhütte und Wanderparkplatz wieder erreicht.

8 Hiwweltour Westerberg

Tour für Liebhaber abwechslungsreicher Landschaften, die sich auch etwas fordern möchten

Die Tour bietet vielfältige Landschaftsbilder: die Selz und ihre Auen, Wiesen und kleine Wälder, hervorragende Weinlagen auf Löss und Kalk, bodennah am Terroir und Weitsichten über Rheinhessen, garniert mit einem knackigen Aufstieg über ca. 140 m vom Selztal auf den Westerberg.

Start/Ziel: Ingelheim-Großwinternheim an der Selz, westlich des Sportplatzes, GPS N 49°56.468‘ E 008°04.435‘

Parkplatz am Sportplatz in Großwinternheim, Anfahrt L428 Ingelheim – Nieder-Olm, Schlossbergstr. 23, 55218 Ingelheim

vom Bahnhof Ingelheim mit Buslinien 640 oder 643 zur Haltestelle „Großwinternheim-Ort“, insgesamt werktags 1- bis 2-mal je Stunde, Sa 1-mal, So 2-stündlich

11,7 km

3 Std. 15 Min.

214 m/214 m

96-243 m

Hiwweltour: weißes „h“ und Name auf blauem Grund, Zuwege schwarz-gelb

etwa je zur Hälfte naturnahe Wege und Strecken auf Hartbelägen

Weingut Schuck (km 1,8), Weingut Schloss Westerhaus (km 8,1), Zur Eulenschänke (km 11,1), Gutsausschank Breidscheid (800 m ab km 11,7)

Rastplatz (km 2,2), Walter-Zoth-Hütte (km 4,8), Tisch des Weines (km 9,6), Radweg-Rastplatz (km 10,3)

für ausdauernde Kinder, wenig ereignisreich

für Buggy geeignet

Wasser mitnehmen

Vom P Parkplatz am Sportplatz ist der **Start** an der Selz in 4 Minuten auf dem Zuweg erreicht.

Vom Startpunkt folgen Sie der Hiwwelmarkierung nach links und dem Flüsschen entgegen seiner Fließrichtung auf angenehmen natürlichen Wegen, begleitet von typischer Auenvegetation. Bereits die erste Brücke queren Sie auf das orografisch rechte Ufer und wandern durch das Naturschutzgebiet (NSG) Gartenwiese. Ein Asphaltweg führt Sie vom Fluss fort und nach einem Rechtsschwenk laufen Sie auf Schwabenheim zu, dessen Ortsrand Sie nach 1,8 km am **Weingut Schuck Sonnenhof ❶** erreichen.

Weingut Schuck Sonnenhof, Außerhalb 6, 55270 Schwabenheim, ☏ 06130/18 41, www.weingut-schuck.de, info@weingut-schuck.de, kleiner Garten, Selbstbedienung, nur bei trockenem Wetter

Entspannte Einkehr am Weingut Schuck

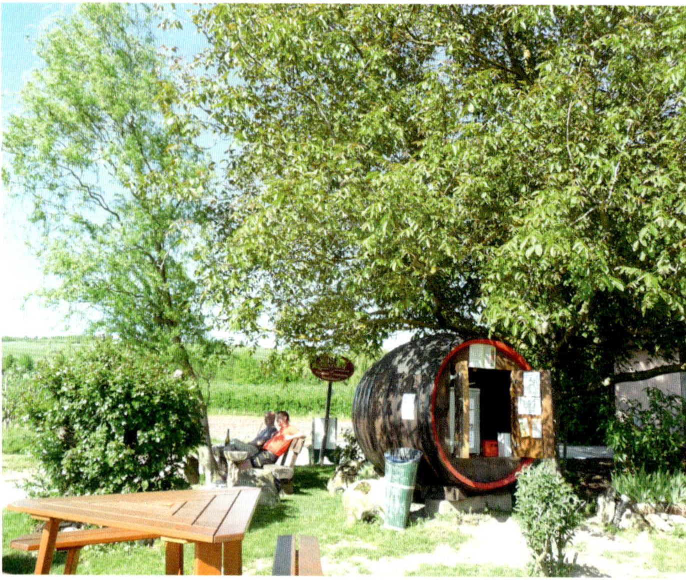

Ein Asphaltweg leitet vorbei an einem **Rastplatz** wieder zur Selz, wo Sie Ihre Auenwanderung fortsetzen. An einem Kleingartengelände biegen Sie links ab und laufen 150 m am winzigen Sauerbach entlang und am gegenüberliegenden Ufer wieder zurück. Am Wendepunkt treffen Sie nach 3 km auf den **südwestlichen Zugang ❷** nach Schwabenheim und zu Einkehrmöglichkeiten.

Um die Selz auf einem Steg überqueren zu können, müssen Sie von der Mündung des Sauerbaches fast 100 m flussaufwärts laufen. Selzabwärts kehren Sie dem Flüsschen in Höhe der bekannten Kleingärten den Rücken und sehen sich der Aufgabe gegenüber, bald ca. 140 m zum Westerberg aufsteigen zu müssen. Zunächst noch gemächlich schraubt sich die Hiwweltour zum Thalberg hinauf. Im Wäldchen kann an der **Walter-Zoth-Hütte ❸** nach insgesamt 4,8 km eine Pause eingelegt werden, bevor sich der Weg durch die Weinberge fortsetzt.

Sobald das Plateau des Tafelberges erreicht ist, ist Wandern auf Hartbelag angesagt. Der Weg läuft geradlinig auf das Winternheimer Wäldchen zu, das umrundet wird. Hier wird mit 243 m der höchste Punkt der Wanderung erreicht. Als nächstes steuern Sie auf das ✕ **Weingut Schloss Westerhaus** ❹ zu (8,1 km vom Start).

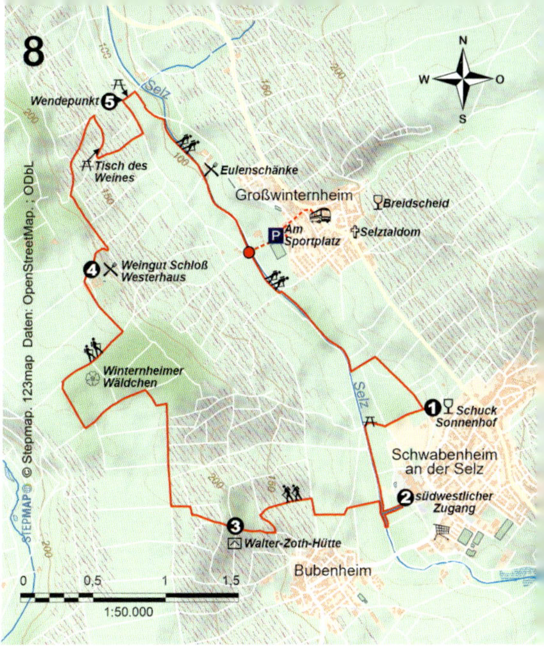

🍷 **Weingut Schloss Westerhaus** (VDP), Westerhaus, 55218 Ingelheim, ☏ 061 30/66 74, 💻 www.schloss-westerhaus.de, Vinothek: 🚪 Di-Fr 13:00-18:00, Sa 10:00-16:00, Weinproben, Frühjahrspräsentation um den 1. Mai, Schlossfest an Pfingsten nach Anmeldung

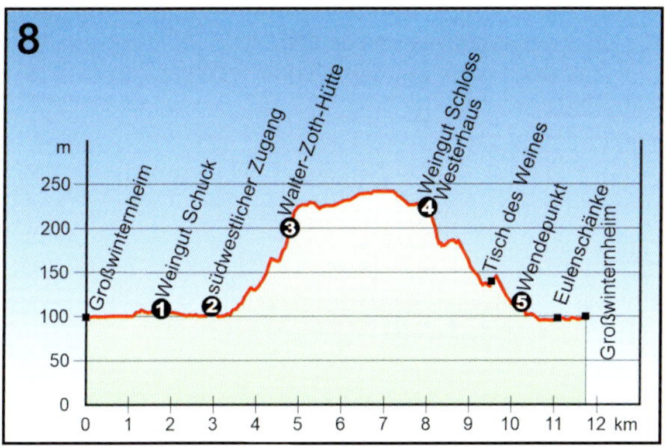

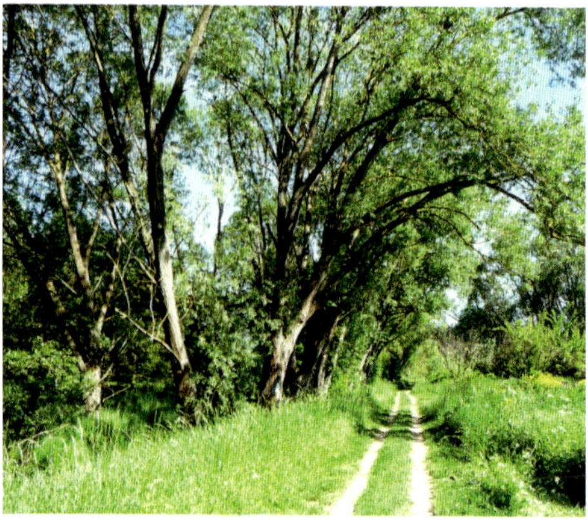

Unser Weg führt durch das NSG Gartenwiese

Bald geht es weiterhin aussichtsreich zum Teil steil, zum Teil hangparallel auf Erd-Gras-Wegen durch Rebengelände und Gehölze zurück ins Selztal. Sie verlassen die Kalkböden, die die Weinreben so sehr lieben. In die nun folgenden weichen Lössböden haben sich die Wege tief eingegraben und zunehmend zu Hohlwegen ausgebildet. An einer Wegkreuzung in einem Gehölz müssen Sie nach rechts noch einmal leicht ansteigen (weiter abwärts wäre Ober-Ingelheim zu erreichen). Bevor die Hiwweltour durch Hohlwege wieder abwärts abzweigt, lädt der ⩩ **Tisch des Weines** zur Rast.

Im Tal angelangt führt ein Asphaltweg nach links, dann an einer ⩩ Bank (**Wendepunkt ❺**) rechts zu einem ⩩ **Rastplatz** des **Selztal-Radweges** und schließlich flussaufwärts. Dabei werden teilweise naturnahe Wege genutzt. Im Landrestaurant Eulenschänke kann kurz vor dem Ende dieser abwechslungsreichen Wanderung eingekehrt werden.

✕ Landrestaurant Eulenschänke, Eulenmühle, 55218 Ingelheim, ☏ 061 30/55 49 390, 💻 www.eulenschaenke.com, 🚪 Di-Fr 17:00-22:00, Sa 14:00-22:00, So, Fei 12:00-22:00

Nach 11,7 km sind das **Ziel** an der Selzbrücke und wenige Minuten später der Parkplatz wieder erreicht.

☺ ↳ Der Gutsausschank Breidscheid ist mit dem Auto erreichbar: Vom **P** Schlossbergstraße zur L428/Schwabenheimer Straße, hier rechts und hinter der Kirche (Selztaldom) links den Dörleweg hinauf.

🍷 **Gutsausschank Breidscheid**, Außerhalb 15, 55218 Ingelheim-Großwinternheim, ☏ 061 30/71 80, 💻 www.weingut-breidscheid.de, 🚪 Fr, Sa ab 17, So ab 11:00, gute Weine, Weingarten, schöner Blick über das Selztal

9 Hiwweltour Bismarckturm

Tour für Natur- und Weinliebhaber

Dieser mit 68 Punkten bewertete Premiumweg bietet neben den für Rheinhessen typischen Rebenlandschaften und grandiosen Aussichten auch viele naturnahe Brachen, Ufervegetation entlang des Welzbachs und dem für Rheinhessen seltenen Hochwald. Die Wanderung kann durch eine Einkehr in eine der Weinstuben abgerundet werden.

- Start/Ziel: Am Bismarckturm, 55218 Ingelheim, GPS N 49°57.573‘ E 008°02.138‘
- Wanderparkplatz am Bismarckturm am Start/Ziel; Anfahrt: L428 Ingelheim – Stadecken-Elsheim, Abfahrt Kreisel Ingelheim-Süd
- Bf. Gau-Algesheim an der Strecke Mainz – Bingen: Zuweg-Süd: Bahnhofstraße – Langgasse – Markt – Neugasse – Welzbach – An der Layenmühle (2,2 km, empfohlen), Zuweg von Ingelheim-Bf.: Selztal-Radweg – Kreisel – Bismarckturm (3,6 km)
- 10,3 km
- 3 Std.
- 218 m/218 m
- 133-244 m
- Hiwweltour: weißes „h“ und Name auf blau-grünem Grund, Zuwege schwarz-gelb
- ca. 80 % Wald- und Weinbergswege, ca. 20 % Pfade
- Bergrestaurant Pension Waldeck und Brauser's Bergschänke am Start/Ziel, in Appenheim-Ort (500 m ab km 4,5), 100 Guldenmühle (km 4,6)
- GAGA-Pavillon (km 0,7), Gau-Algesheim-Süd (km 2,3), Appenheimer Grillhütte (km 4), Tisch des Weines (km 5,7), Jakobsbergblick (km 6,9), Rheingaublick (km 7,5)
- ab 7 Jahre geeignet, attraktiv: Bismarckturm, Welzbach, Salamanderlöcher, Tigergarten
- ungeeignet: eine lange, steile Treppe, teilweise steile Naturwege
- Wasser mitnehmen, längere Strecke im Naturschutzgebiet (NSG)

Startpunkt der Hiwweltour ist der namengebende **Bismarckturm** auf dem ca. 150 m über dem Rhein liegenden Westerberg. Nach einem Aufstieg im frei zugänglichen, 31 m hohen Turm bietet sich ein grandioser Panoramablick auf Ingelheim, den Rhein und den Rheingau. Auch wer sich den Aufstieg ersparen möchte, wird an der Hangkante mit ähnlichem Blick entschädigt.

Der Premiumweg wird gegen den Uhrzeigersinn beschrieben, es geht also zunächst zur Hangkante und dann durch Wald nach Westen.

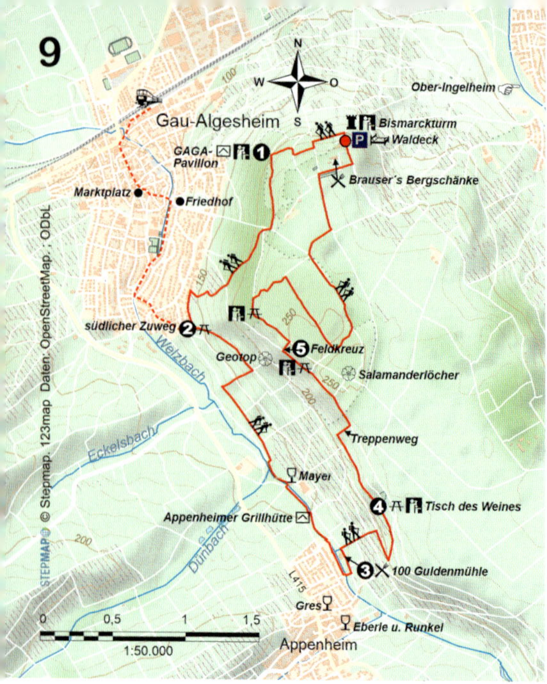

Bereits nach 700 m wird vom ⌂ ▮ **GAGA-Pavillon ❶** eine weitere grandiose Aussicht u. a. zum Rheindurchbruch bei Bingen geboten. Danach senkt sich der steinige Weg im Westhang durch Wald und Gehölze zum südlichen Ortsende von Gau-Algesheim. Dort kommt der **südliche Zuweg ❷** hinzu und Sie wandern (⛩ Rastplatz) durch Rebengelände wieder aufwärts. (☞ Wo die Hiwweltour rechts auf einem Grasweg direkt absteigt, kann links hinauf nach gut 100 m das Geotop „Kalktertiär“ des Geoökologischen Lehrpfads (Infotafel) besucht werden.)

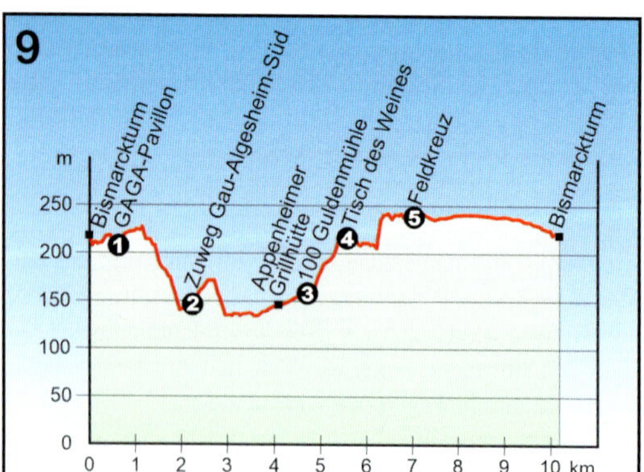

Sobald Sie die Talaue des Welzbachs erreicht haben, wandern Sie allmählich an diesem schmalen Bach auf Erd-Gras-Wegen und begleitet von Ufergehölzen aufwärts. Sein Wasser hat ausgereicht, um früher einige Mühlen anzutreiben. In der ersten Mühle befinden sich heute ein Weingut und ein Rehgehege. Hier wechseln Sie die Bachseite. Die **Appenheimer Grillhütte** und ein Spielplatz liegen sehr nah.

Am Ende des Weges können Sie rechts nach Appenheim hineingehen:

Weingut Eberle-Runkel, Straußwirtschaft, Niedergasse 25, ☎ 067 25/28 10, www.weingut-eberle-runkel.de, Mitte Mai-Mitte Sep Fr ab 18:00, Sa ab 17:00, So, Fei ab 16:00

♦ **Weingut Gres**, Gutsausschank, Ingelheimer Str. 6, ☎ 067 25/33 10, www.weingut-gres.de, Gutsausschank WE nach Fastnacht bis Pfingsten, Fr, Sa ab 17:00, So, Fei ab 15:00

Blick auf Appenheim

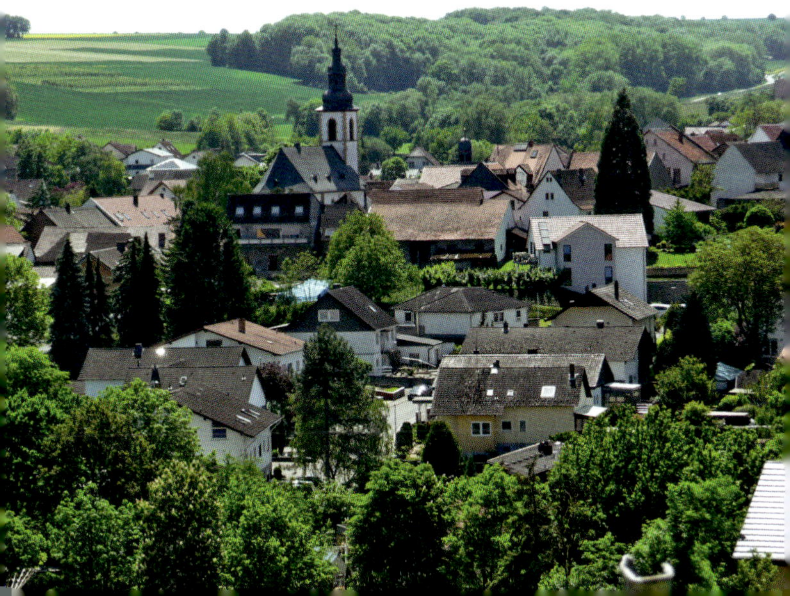

Die Hiwweltour quert am Abzweig den Bach und führt zurück zur ✕ **100 Guldenmühle ❸**.

✕ **100 Guldenmühle – Restaurant Eppard**, Mühle 2, 55437 Appenheim, ☏ 067 25/999 02 10, 💻 www.100guldenmuehle.de, Di-Sa ab 16:30, So, Fei ab 12:00, gepflegter Park, Feinschmeckerauszeichnung

Gegebenenfalls nach einer Einkehr steigen Sie auf dem Weg teilweise in direkter Linie ca. 60 Hm in der berühmten Weinlage Hundertgulden bis zum **Tisch des Weines ❹** auf (Relaxbank, Bodenprofil mit Infotafel). Dieser bietet Gelegenheit zum Verschnaufen. Danach geht es leicht in der Flanke des Westerberges weiter, bis Sie einen Treppenweg bezwingen müssen und die Hangkante erreichen. Sie laufen Richtung Rhein und tauchen in den Wald ein. (Rechts wird ein Abstecher zum Geotop der **Salamanderlöcher** des Geoökologischen Lehrpfads angeboten.)

Ein **Rastplatz** mit Blick auf den Jakobsberg wird passiert. An einem hölzernen **Feldkreuz ❺** dringen Sie rechts, dann links tiefer in den Wald ein und treffen auf Relaxbänke mit Aussichten auf den Rheingau und Jakobsberg. Sie durchlaufen das **NSG Gau-Algesheimer Kopf** in einer Rechts- und einer Linksschleife. Genießen Sie die Atmosphäre des Waldes, schließlich ist dies eine Rarität in Rheinhessen. Anschließend öffnen sich vom Waldrand wieder Weitblicke und Sicht auf das Hofgut Waldeck mit seinen Feldern und Koppeln. Durch heckengesäumte Felder erreichen Sie das Ziel, den Bismarckturm. Hier können Sie einkehren und gegebenenfalls die vier Bengaltiger im Tigergarten besuchen.

✕ **Pension Waldeck**, Waldeck 1 (Bismarckturm), 55218 Ingelheim, ☏ 067 25/43 13. 💻 www.waldeck-ingelheim.de, im Sommer Mi-Sa ab 12:00, So, Fei ab 11:00, im Winter Fr-So 12:00-18:00, November/Februar Betriebsferien, in einzigartiger Aussichtslage, angeschlossen ☞ Tigergarten

♦ **Brausers Bergschänke** mit Biergarten, Waldeck 3, ☏ 067 25/25 15, telefonisch erfragen

Tigergarten, ☏ 067 25/43 13, 💻 www.tiger-garten-waldeck.de, Mi-So 12:00-18:00

☺ Nach der Tour bietet sich für Gäste der Bahn ein Aufenthalt am sehenswerten Marktplatz von Gau-Algesheim an. Autofahrer treffen bei der Rückfahrt am Kreisel auf Ober-Ingelheim mit seiner Burgkirche und seinen Weinstuben.

⑩ Rochusberg

Tour für Liebhaber leichter, erholsamer Wanderungen

Der Rochusberg am Rheinnaheeck bildet den nordwestlichen Pfeiler Rheinhessens. Er bildet die Nabe von vier Weinbaugebieten: Rheinhessen, Nahe, Mittelrhein und dem Rheingau. Die Aussicht insbesondere in das Mittelrheintal, den Inselrhein und in den Rheingau sucht ihresgleichen.

Start/Ziel: Parkplatz Rochuskapelle, GPS N 49°57.969‘ E 007°55.503‘

Parkplatz an Start/Ziel, einzige Zufahrt aus dem Stadtzentrum Bingen über Rochusallee

Haltestelle Rochuskapelle, Stadtbuslinie 607, tägl. 8 Verbindungen von/zum Bahnhof Bingen-Stadt

6,3 km

2 Std.

176 m/176 m

167-242 m

keine Markierung

Waldwege, durch den Weinberg Schotterweg

Hildegard-Forum der Kreuzschwestern nahe Start/Ziel

Scharlachkopf-Rondell (km 2,3), Aussichtsbänke (km 3, km 3,3, km 4,8), großer Aussichtspavillon (km 5,1), Kemptner-Eck (km 5,8), Goethe-Ruhe (km 5,9)

gut geeignet

wenige flache Stufen

kein Wasser

☺ Nahe dem Start/Ziel können Sie im Hildegard-Forum der Kreuzschwestern einkehren.

Hildegard-Forum der Kreuzschwestern, Rochusberg 1, ☏ 067 21/181 00-0, www.hildegard-forum.de, Di-So 11:30-18:00, Mai-Oktober auch Mo

Als **Startpunkt** für die Wanderung über den Rochusberg empfiehlt sich der Parkplatz der Rochuskapelle. Die Bushaltestelle liegt nebenan. Nach dem Motto „das Beste zuletzt“ soll der Besuch der Kapelle zum Schluss erfolgen. Es wäre aber gut, sich zu erkundigen, wann die Kapelle aufgrund von Veranstaltungen nicht öffentlich zugänglich ist.

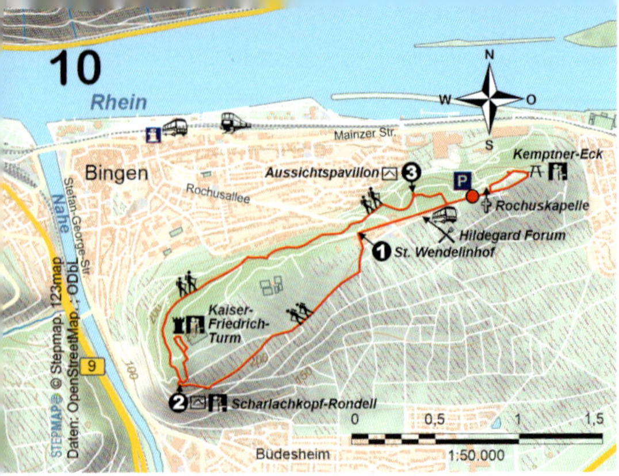

Sie entfernen sich von der Kapelle auf der schönen Josef-Krasenbrink-Allee, die durch den Parkplatz verläuft, Richtung Westen. Nach 500 m wird die Rochusallee gequert. Bei nächster Gelegenheit, Am Rosengartenweg, biegen Sie – vermutlich etwas naserümpfend – zwischen den landwirtschaftlichen Gebäuden des **St. Wendelinhofes ❶** links ab. Dann geht es rechts-links in dic Weinberge.

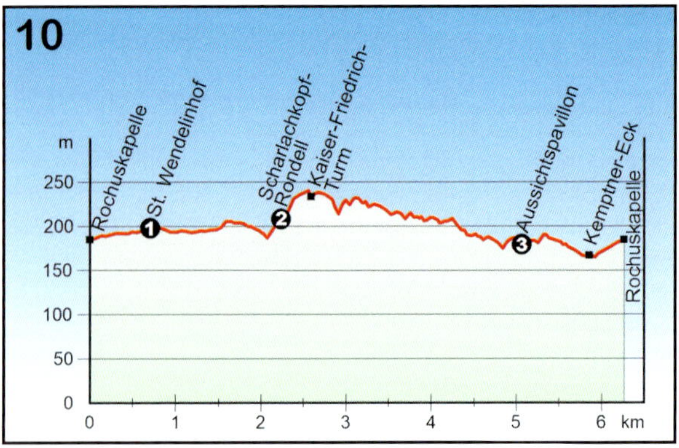

Wo Ihnen die Nordic-Walking-Strecke entgegenkommt, biegen Sie rechts ab und laufen am Rande der Reben nach Südwesten. An einer Verzweigung gehen Sie links anstatt rechts aufwärts. Anschließend steigen Sie auf Schotter im Rechtsbogen zum **Scharlachkopf-Rondell ❷** auf. Ein trefflicher Rastplatz! Von den Aussichtsbänken schweifen die Blicke ins Nahetal, hinein nach Rheinhessen und auf den östlichen Abschluss des Soonwaldes.

↳ Einen noch großartigeren Rundblick bietet der **Kaiser-Friedrich-Turm**, der als Abstecher vom markierten Weg kurz beschrieben wird: Sie gehen rechts an der Grillhütte vorbei und sogleich links, noch im Wald.

Dann laufen Sie etwas rechts versetzt am Waldrand entlang, wo der Turm bereits im Blick liegt. Etwa 100 Stufen sind zu bewältigen, dann öffnet sich ein vollkommener Rundumblick. Besonders reizvoll ist die Sicht auf den Beginn des Welterbes Oberes Mittelrheintal und den Rheingau mit Niederwalddenkmal und Rüdesheim.

Achtung, der Kaiser-Friedrich-Turm ist nicht immer geöffnet! Auskunft erteilt die Tourist-Information.

Tourist-Information Bingen, Rheinkai 21, ☏ 067 21/184-200, www.bingen.de/tourismus, Mo-Fr 9:00-16:00, Sa 10:00-14:00

Der Rückweg erfolgt über den kurzen Steig hinab zum Waldweg und dort links zum Scharlachkopf-Rondell, weil von dort der sehr angenehme Waldlehrpfad begangen werden soll. (Wer sich diesen kurzen Rückweg von 300 m ersparen möchte, geht am Waldweg rechts anstatt links und am nächsten Abzweig links hinab und stößt nach insgesamt etwas mehr als 500 m auf den Waldlehrpfad.)

Blick vom Kemptner Eck auf den Inselrhein

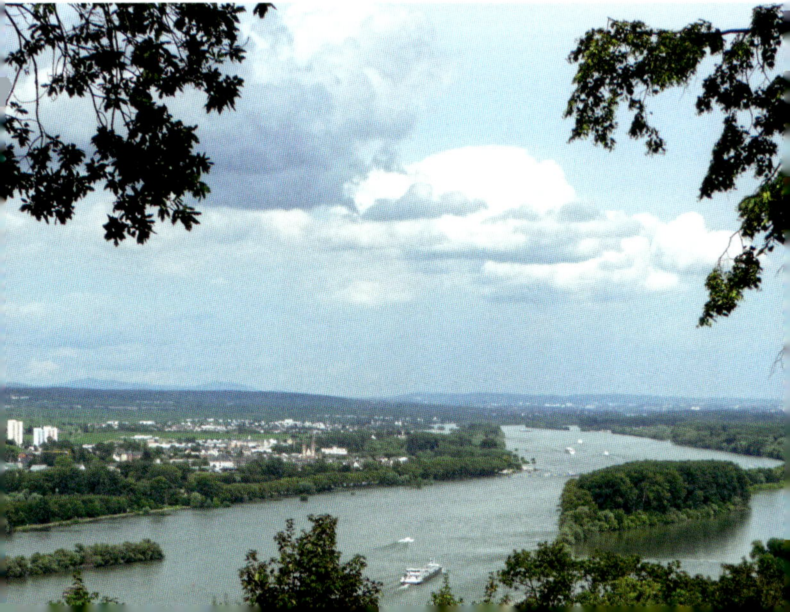

Vom Scharlachkopf- Rondell führt der Weg über den bereits erwähnten **Waldlehrpfad** zurück zur Rochuskapelle. Dieser ist nicht markiert, aber an seinen vielen weißen Stelen, die über den Wald und sein Tier- und Pflanzenleben informieren, gut zu erkennen. Der schattige Weg durch die bewaldete West-, dann Nordflanke des Rochusberges senkt sich leicht. An den Wegverzweigungen ist darauf zu achten, die weißen Stelen nicht aus den Augen zu verlieren. Nach ca. 1,7 km, also etwa 25 Minuten bei normalem Wandertempo, wird die Rochusallee gekreuzt.

Bald sind zweimal wenige Stufen zu bewältigen. Zwischen ihnen bietet eine Gruppe aus drei Bänken ihre Dienste an. Bereits nach weiteren ca. 250 m ist ein großer **Aussichtspavillon ❸** erreicht, dessen Aussicht leider ziemlich zugewachsen ist. Danach steigen Sie zur Josef-Krasenbrink-Allee auf. Über den Parkplatz sowie zwischen Rochuskapelle und der kleinen Bethlehemskapelle hindurch führt ein Kreuzweg um das östliche Ende des Plateaus herum.

Das **Kemptner Eck** bietet einen fantastischen Ausblick hinab auf den Inselrhein. Bei warmem und trockenem Wetter kann hier sogar auf dem Rasen gelagert werden. Auf dem Rückweg entlang der nördlichen Hangkante bietet der Kreuzweg an der Goethe-Ruhe nochmals Rast und Aussicht. Während einer Kur in Wiesbaden im Sommer 1814 besuchte Goethe den Rochusberg und die Rochuskapelle. Nun ist die letzte Gelegenheit, die Kapelle zu besuchen.

Rochuskapelle

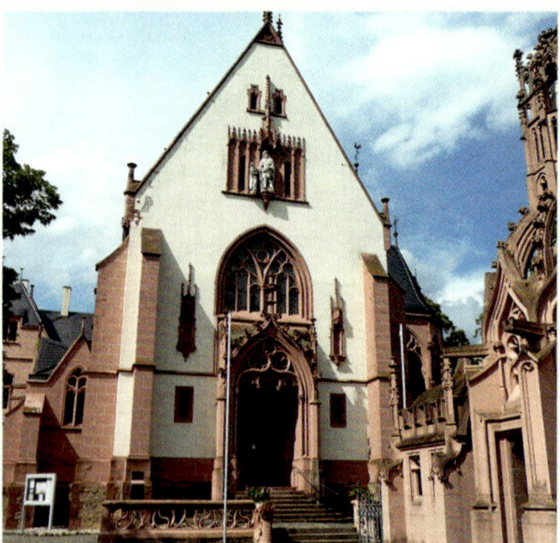

✝ Die heutige Rochuskapelle hatte einige Vorgänger. Nach dem Pestjahr 1666 wurde die erste Kapelle gebaut, die 1795 während der französischen Besatzung zerstört wurde. Nach der Typhusepedemie 1814 in Bingen, die durch von der Völkerschlacht bei Leipzig zurückflutenden Soldaten verursacht worden war, wurde die zweite Kapelle gebaut, die 1889 durch Blitzschlag abbrannte. Der heutige neugotische Bau wurde von 1893 bis 1895 errichtet.

⑪ Küstenweg Weinheimer Bucht

Tour für an Erdgeschichte Interessierte

Wo heute Reben wachsen, lag vor 30 Mio. Jahren die Küste eines tropischen Meeres. Der Küstenweg Weinheimer Bucht ist einer von drei Küstenwegen, an denen die Erdgeschichte Rheinhessens anhand geologischer Aufschlüsse präsentiert wird. Heute verläuft der Weg durch ein Meer aus Reben, überwiegend auf befestigten Weinbergswegen und gegebenenfalls der Sonne ausgesetzt.

Start/Ziel: Hauptstraße/Fritz-Erler-Straße/Bushaltestelle „Weinheim-Kapellenberg", GPS N 49°44.163' E 008°04.260'

P entlang der Straße Am Kapellenberg und Querstraßen Nieder-Wieser Straße und Am Weidenbaum

Haltestelle „Weinheim-Kapellenberg", Buslinien 428 und 429 ab Alzey Bf., sehr geringe Bedienung

9,7 km

2 Std. 45 Min.

226 m/226 m

198-272 m

oranges „K" auf stilisierter Küstenlandschaft

überwiegend befestigte Weinbergswege

keine Einkehrmöglichkeit unterwegs

Trift (km 0,9), Donnersbergblick (km 1,5), Weinkirche (km 2,1), Unterstand in Bauminsel (km 4,1)

für Kinder geeignet

für Buggys möglich

drei Straßenkreuzungen, Wasser mitnehmen

Sie starten an der Einmündung der Fritz-Erler-Straße in die Hauptstraße, ca. 300 m östlich der Kirche in Alzey-Weinheim, wo die Starttafel samt Karte über die Rundtour informiert. Da Sie den Weg entgegen dem Uhrzeigersinn begehen werden, folgen Sie dem dortigen Wegweiser Richtung „Trift". Sie treffen nach 50 m auf die Bushaltestelle „Weinheim-Kapellenberg" und biegen links in die Straße Am Heiligen Blutberg ein. Über Ihnen steht die Kapelle der Villa Heiligenblut aus dem 18. Jh. Der Weinbergsweg wird von hohen Mauern eingerahmt, hinter denen sich die Weinlage **Heiliger Blutberg** verbirgt. Mitten darin steht der Heiligenblut-Turm.

Es geht nun vollends in die Weinberge. Nachdem das Ende der Nieder-Wieser Straße berührt wurde, stehen Sie sehr bald vor dem geologischen Aufschluss der **Weinheimer Trift ❶**.

Weinheimer Trift

Durch Sandabgrabungen wurde eine ca. 150 m lange und 11 m hohe Wand freigelegt. Sie zeigt einen Querschnitt durch einen Meeresboden. Dieses Naturdenkmal ist durch einen Zaun geschützt. Sie erkennen Bankungen verschiedener Materialien und durch ein Teleobjektiv oder ein Fernglas Fossilien. Hier verlief vor etwa 30 Mio. Jahren die Küstenlinie eines tropischen Meeres, das das Mainzer Becken überflutete. Sande und Meereslebewesen wurden abgelagert und versteinerten. Eine Infotafel gibt nähere Erklärungen.

Nur etwa 600 m entfernt erwarten Sie am **Donnersbergblick** zwei Picknicktische und wenige Schritte weiter ein offenes Weinbergshäuschen. Eine idyllische Rastgelegenheit bietet die **Weinkirche Weinheim ❷** bereits nach weiteren 500 m. Ein Betonweg führt weiter durch den Weinbergshang, quert die K10 und wendet sich nach 1 km an einem **Unterstand** in einer **Bauminsel ❸** talwärts.

Heiligenblut-Turm

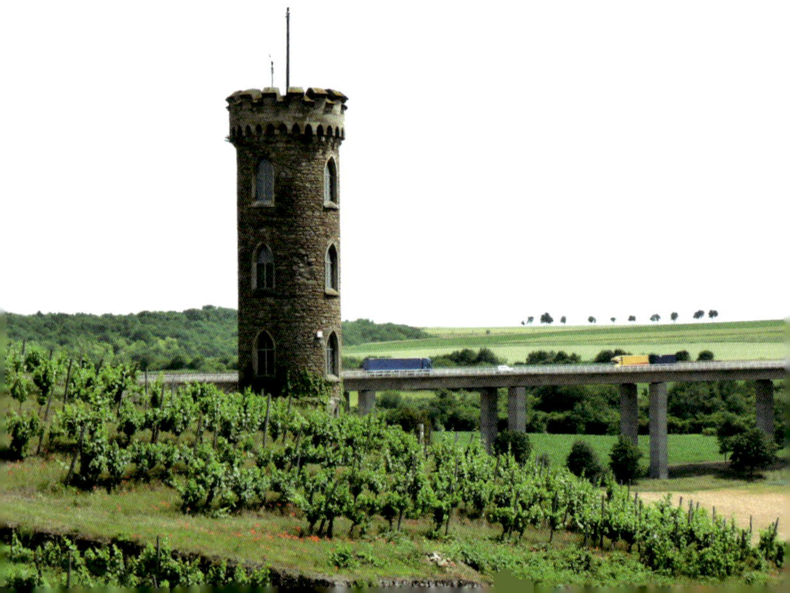

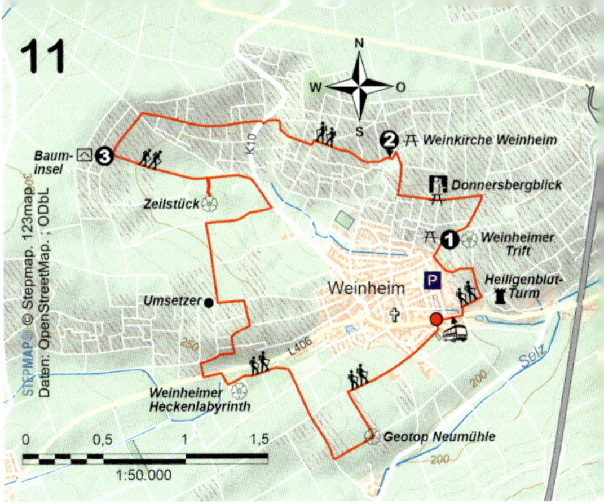

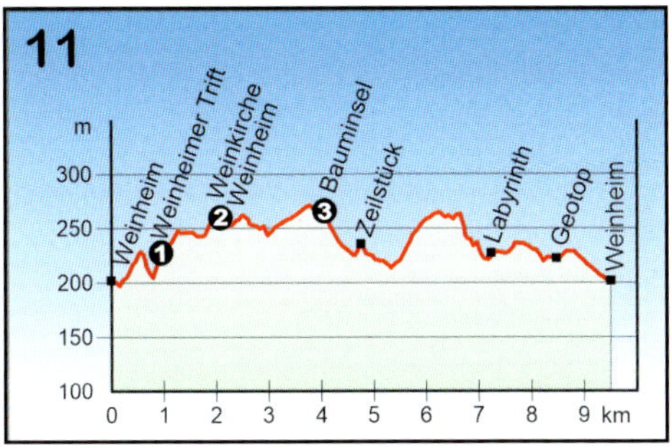

Nach 600 m machen Sie vor einem Gehölz einen Abstecher nach rechts zum **Zeilstück**. Dieses eingezäunte Geotop sieht man von einer Aussichtsplattform nur aus der Ferne. Die Meeresbrandung hatte hier Sandsteinfelsen ausgewaschen und Austernbänke gebildet.

Auf Gras wandern Sie parallel zur K10 und entfernen sich von ihr zu einem Gebüsch mit ⛩ Relaxbank. Dann halten Sie durch Getreidefelder auf einen Umsetzer (Funkumsetzer) zu. Wenige Meter bevor Sie ihn erreichen, geht es links. Der Weg mäandert durch das Rebengelände am Windberg, ein ⛩ Rastplatz liegt am Weg. Dann geht es an einer Wiese steil hinab zur L406. Am besten überqueren Sie die Straße sogleich und laufen knapp 100 m nach links auf Gras.

Entlang eines Gehölzes wird das Weinheimer Heckenlabyrinth passiert. Sie dürfen sich nun darauf freuen, fußschonend ganz überwiegend auf Gras zu laufen. Das dritte Naturdenkmal am Küstenweg, das **Geotop Neumühle**, weist Versteinerungen von Hai- und Rochenarten auf. Es wird deshalb auch scherzhaft „Hai-Society" genannt. (Fundstücke werden im Museum Alzey, Antoniterstr. 41, 55232 Alzey, ☏ 067 31/49 88 96, ✉ museum@alzey.de, 🚪 Mo-Fr 10:00-12:30, 13:30-16:30, Sa, So, Fei 10:00-12:00, 14:00-16:00, präsentiert, insbesondere die Seekuh Elsa.) Vom Wegweiser „nördl. Neumühle" unter einem majestätischen Nussbaum sind es durch Felder noch 1 km zurück nach Weinheim.

12 Hiwweltour Aulheimer Tal

Tour für Wanderer, die Landschaftswechsel lieben

Die Landschaft wird nun nicht mehr geprägt durch die Rheinhessischen Kalktafeln, sondern durch Sandstein und zahlreiche Sandsteinbrüche, deren Material in den umliegenden Dörfern verbaut ist. Wein, Wald, Hecken, Wiesen, Äcker und Sandsteinbänke wechseln sich ab. Von den Höhen bieten sich weiterhin die rheinhessischen Panoramen dar.

Start/Ziel: Ende der Adelbergstraße in Flonheim, GPS N 49°46.837' E 008°02.100'

P Parkplatz Adelberghalle, Berlinerstraße, 55237 Flonheim, markierter Zuweg zum Start ca. 500 m

Haltestelle „Flohnheim-Marktplatz“, Buslinie 446 von Alzey Bf., nur Mo-Fr!

13,3 km

3 Std. 45 Min.

335m/335m

147-272 m

Hiwweltour: weißes „h“ und Name auf blau-grünem Grund, Zuwege schwarz-gelb

ca. 85 % naturnahe Wege und Pfade

Aulheimer Mühle (km 3), Naturfreundehaus Flonheim (km 12,1), weitere Einkehrmöglichkeiten in Flonheim

Parkplatz Geistermühle (km 1,9), Flonheimer Trullo (km 3,8), Schutzhütte Eibach-Wäldchen (km 4), Lonsheimer Turm (km 7,9), am Parkplatz Auf der Hemm (km 8,1), Oswaldhöhe (100 m von km 9,9), Adam's Ruh (km 10,6), Sedanplatz (km 11,5), Naturfreundehaus (km 11,9)

für ausdauernde Kinder, die längere Wanderungen gewöhnt sind

Einige steile und holprige Weg- und Pfadabschnitte stehen dem Wandern mit Buggy entgegen.

Keine Verkehrsstraßen, NSG Aulheimer Tälchen, Wasser mitnehmen!

Vom P Parkplatz an der Adelberghalle führt ein etwa 500 m langer markierter Zuweg bis zum Ende der Adelbergstraße, am südlichen Ortsrand von Flonheim, dem **Start** der Hiwweltour (Bänke).

Sie wollen die Rundtour gegen den Uhrzeigersinn begehen und wenden sich deshalb nach **rechts** Richtung Geistermühle und laufen ca. 600 m parallel zu einer aufgegebenen Bahnstrecke, deren Gleise noch liegen. Dann führt Sie ein Schotterweg rechts abwärts ins **Wiesbachtal** bis vor den Ortsrand von Uffhofen.

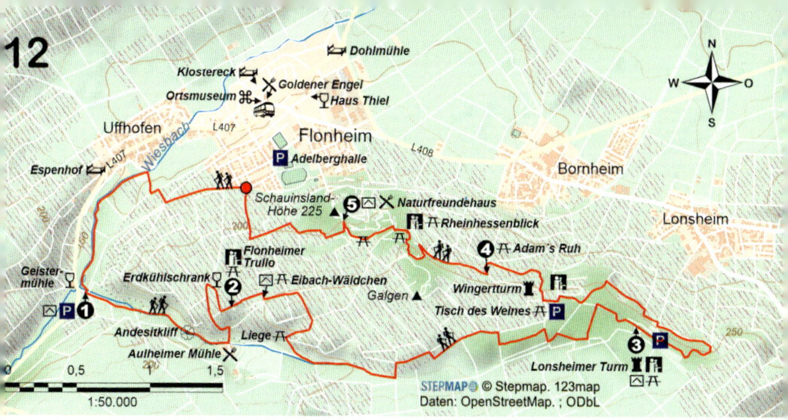

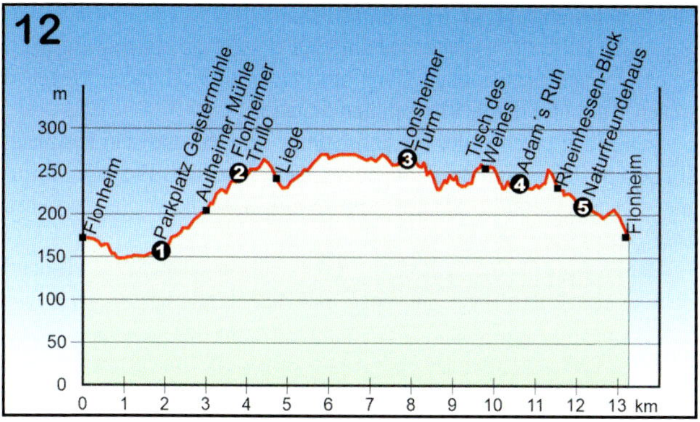

Hier wandern Sie 1 km auf naturbelassenem Weg am Wiesbach entlang, dessen Ufergehölze Schatten spenden, bis zum P ⌂ **Parkplatz** (mit Infoschild) nahe dem Weingut **Geistermühle ❶**. Hier biegt die Hiwweltour links in das Tal des Aulheimer Grabens auf einen von Hecken begleiteten Schotterweg ab. Sie passieren die Rabenkanzel, ein durch vulkanische Tätigkeit entstandenes Andesitkliff und einen Steinbruch (Infotafel), und kommen nach ca. 1 km zur ✕ Gutsschänke Aulheimer Mühle.

✕ Aulheimer Mühle 2, ☏ 067 34/14 70, 💻 www.aulheimermuehle.de,
🚪 aktuell zu erfragen, Biergarten

Nun steigt der Weg aus dem Tal auf Beton zum Adelberg und zum bereits sichtbaren Flonheimer Trullo auf. Etwa 500 m nach der Mühle biegen Sie rechts auf einen Weinbergsweg ab, passieren einen Erdkühlschrank (leider leer) und treffen auf den berühmten ⌘ **Flonheimer Trullo** ❷, der im Jahr 1756 von apulischen Gastarbeitern errichtet worden sein soll, mit drei Rastplätzen und mit Blick vom Donnersberg im Süden bis zum Taunus im Norden. Außerdem gibt es einen winzigen Weinlehrgarten, dessen Trauben ab dem 15. September genascht werden dürfen – solange der Vorrat reicht. Von dort geht es aussichtsreich durch Weinberge zu einem Gehölzriegel, in dem sich die **Schutzhütte Eibach-Wäldchen** und ein Rastplatz verstecken. Bald löst ein Nebenweg zwischen Hecke und Reben den Schotterweg ab. Sie steigen von der Kuppe wieder ins Aulheimer Tal ab, zuletzt ab einem Grenzstein und einer Liege auf einem Pfad durch ein Gehölz.

Der Talweg führt Sie entlang von Sukzessionsflächen, Reben und Äckern nach Osten. Der Wegweiser „östl. Aulheimer Mühle" markiert einen kleinen Schwenk. Eine Gruppe von Windrädern produziert Strom. Es geht am Nordrand eines Mischwaldes entlang, in den Sie nach knapp 300 m zunächst auf einem Betonweg, dann bei erster Gelegenheit links auf einem Pfad eintauchen. Sie erleben im Sommer einen genussvollen Gang auf Pfaden und schmalen Wegen durch den kühlen Wald und den heiß ersehnten Schatten.

Schließlich tauchen der **Lonsheimer Turm** ❸ und sein Festplatz (viele Tische und Bänke, großer Unterstand, Grillhütte) auf. Wer den Turm auf einer engen Wendeltreppe besteigen möchte, um über die Wipfel zu blicken, ist mit einer Stirn-/Taschenlampe gut bedient.

Der Weg quert einen Asphaltweg (P Wanderparkplatz Auf der Hemm) und vollzieht im bewaldeten Hang eine lange, sich absenkende Schleife. Der Rückweg verläuft in Gegenrichtung entlang des Schatten spendenden Waldrandes mit nun wieder beeindruckenden Weitblicken über die rheinhessische Weinlandschaft und Lonsheim im Vordergrund. Sie bewegen sich rund 1 km zwischen Wald und Weinbergen, bevor Sie links in den Wald einbiegen. Eine Lichtung und ein Weinberg sorgen für eine kleine landschaftliche Abwechslung, bevor Sie den Wald am **Tisch des Weines** und am Parkplatz Oswaldhöhe wieder hinein in eine Weinbergslandschaft verlassen. (Wer Schutz vor Starkregen sucht, findet ihn rechts am Waldrand entlang nach einem ca. 100 m langen Abstecher zum Festplatz auf der Oswaldhöhe.)

Nach ca. 200 m kann 50 m nach links der Wingertturm der Gemeinde Bornheim bestiegen und dort auch gerastet werden.

Die Hiwweltour windet sich entlang der für Rheinhessen so typischen Hecken durch die Rebenlandschaft. Bereits nach etwa 600 m treffen Sie auf den idyllischen **Rastplatz Adam's Ruh** ❹. An einer Hecke entlang geht es weiter. Sie öffnen ein Holztor und Pfade führen durch den Wald. Ein im spitzen Winkel nach links abzweigender Pfad darf nicht übersehen werden.

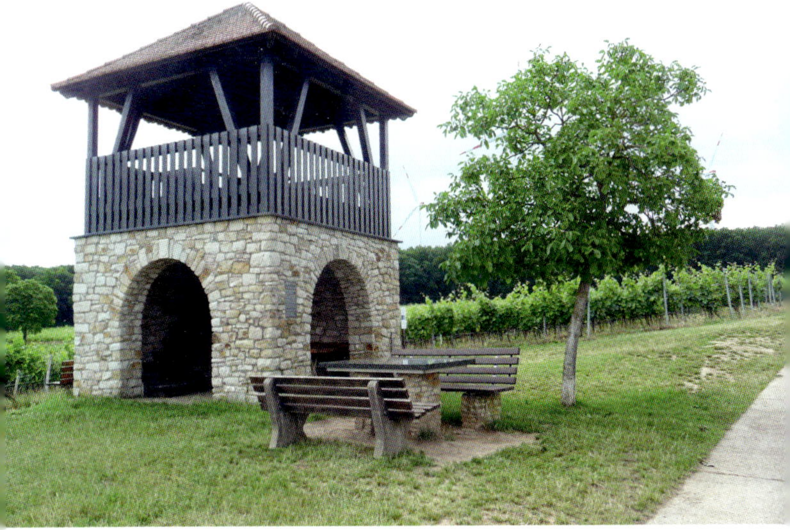

Wingertturm

Sie kommen nun in die ehemaligen Flonheimer Sandsteinbrüche mit manchmal etwas verzwickter Führung der Waldpfade (sorgfältig die Markierungen beachten!). Nachdem Sie einen Naturpfad nach rechts verlassen haben, ist der **Sedanplatz** erreicht. Eine kurze Treppe und der Schlangenpfad führen zum **Rheinhessenblick** (mit Bank).

Nach kurzem Zickzack-Abstieg leitet der Naturpfad weiter durch den Wald. Nach markierten Richtungsänderungen verläuft er dann nahe oberhalb der Abbruchkante eines aufgelassenen Steinbruchs. Bei Erreichen eines befestigten Weinbergweges gibt es nochmals Gelegenheit zum Rasten. Sie nutzen den parallel verlaufenden Naturpfad hinab zum **Flonheimer Naturfreundehaus** ❺ (mit WC und Infotafel).

✕ **Naturfreundehaus**, am Ende der Bahnhofstraße, www.naturfreunde-flonheim.de, 067 34/261 72 52 (Vorsitzender), Mai-Oktober So, Fei 13:00-18:00, Garten im Wald

Während das Sträßchen geradeaus ins Zentrum von Flonheim führt (empfohlen an heißen Sommertagen mit starker Sonneneinstrahlung), knickt die Hiwweltour hier scharf links ab zu Spielplatz und Wasserbehälter, um dann als Gras-Erd-Weg zwischen Wald und Wein nach Westen zu verlaufen. Schließlich leiten Weinbergswege vorbei an einem Jüdischen Friedhof aussichtsreich hinab nach Flonheim zum Ziel.

Der am Rande der Rheinhessischen Schweiz und am Wiesbach gelegene Weinort Flonheim mit seinem Ortsteil Uffhofen verfügt über ein stattliches Angebot an Winzerbetrieben sowie Einkehr- und Übernachtungsmöglichkeiten. Neben den Weinbergen sind die Sandsteinbrüche, die bereits die Römer betrieben, charakteristisch für die Landschaft. Sandsteinbauten prägen noch heute den Ort. Sehenswert sind das Rathaus von 1733 mit Treppenturm von 1587, das Wildgräfische Amtshaus von 1750 und Reste der Ortsbefestigung um 1300.

Infothek und Ortsmuseum geben einen virtuellen Blick in die Erdgeschichte und das Leben im subtropischen Meer. Neben Muscheln, Korallen u. a. haben Archäologen bei Uffhofen das Skelett einer Seekuh geborgen. Es werden auch Informationen zu den Weinlagen und zum Terroir gegeben.

⌘ **Marktplatz** 12, 55237 Flonheim, ☏ 067 34/913 06 57, Anfang Mai-Ende Oktober Sa, So, Fei 15:00-18:00

♦ **Museum/Galerie Eberhard & Barbara Linke Stiftung**, Erbes-Büdesheimer-Str. 7, ☏ 067 34/83 35, www.stiftung-linke.de, Atelier & Skulpturenpark Mai-Oktober Sa 14:00-18:00

✕ **Zum Goldenen Engel**, Marktplatz 3, 55237 Flonheim, ☏ 067 34/91 39 30, www.zum-goldenen-engel.com, Mo, Di, Fr 17:00-22:00, Sa, So 12:00-14:00, 17:00-22:00

♦ **Adelbergstube**, Berliner Str. 16, 55237 Flonheim, aktuell geschlossen (Stand Anfang 2022), Wiedereröffnung nach Renovierung voraussichtlich im Sommer 2022

♦ **Weinstube im Weingut Haus Thiel**, Wilhelm-Leuschner-Str. 17, 55237 Flonheim, ☏ 067 34/413, www.haus-thiel.de, Do ab 18:00, Fr-So ab 17:00, mit Innenhof

♦ **3-Sterne-Landhotel im Klostereck**, Klostereck 7, 55237 Flonheim, ☏ 067 34/96 24 22, www.strubel-roos.de, mit Veronikas Weincafé ab Februar Sa, So 14:00-18:00

♦ **Weinrestaurant-Landhotel-Weingut Espenhof**, Hauptstr. 81, 55237 Flonheim-Uffhofen, ☏ 067 34/940 40, www.espenhof.de, Weinwirtschaft Di, Do, Fr ab 17:00, Sa ab 13:00, So ab 12:00, mehrere Räume in ehemaligem Posthaus mit Innenhof

♦ **Restaurant/4-Sterne-Hotel/Weingut Dohlmühle**, An der Dohlmühle 1, 55237 Flonheim, ☏ 067 34/94 10 10, www.dohlmuehle.de, Mi-Mo ab 18:00, So, Fei auch 12:00-14:00

☺ **Weinmarkt** auf dem Marktplatz letztes WE im Mai

♦ **Rundwanderung im Weinberg** mit Weinprobe im September

♦ **Weinwanderung Trullo in Flammen** letzter Samstag im April

♦ **Weinausschank in den Rathausarkaden** samstags Mai-Oktober

13 Hiwweltour Heideblick

Tour für Natur- und Weinliebhaber

Neben Weingärten und Weitsichten bietet die Tour – für Rheinhessen ungewöhnlich – Heiden und weitere Naturschutzgebiete (NSG) sowie im Sommer bei gutem Wetter einen Weinausschank in Panoramalage. (Premiumweg, 69 Punkte)

Start/Ziel: Siefersheim, Portal nach Ende der Sandgasse, GPS N 49°47.637‘ E 007°57.163‘

P Wanderparkplatz Am Gänsborn, (Am Gänsborn, 55599 Siefersheim), Zuweg zum Start: Eckelsheimer Str. – Backhausstr. – Kirchgasse – Sandgasse

Haltestelle „Gemeindehaus“, Buslinie 440 Alzey Bf. – Bad Kreuznach Bf., stündlich

9,8 km

2 Std. 45 Min.

295 m/295 m

152-268 m

Hiwweltour: weißes „h“ und Name auf blau-grünem Grund, Zuwege schwarz-gelb

überwiegend Weinbergs- und Waldwege, ca. 10 % Pfade

Winzeralm (km 7,6), Tisch des Weines/Biggsestick (km 8,7), weitere Einkehrmöglichkeiten in Siefersheim

Wonsheimer Hölle (km 1,1), Ajaxturm (km 3), Portal und Parkplatz Katzensteigermühle (km 5,8), Winzeralm (km 7,6), Tisch des Weines (km 8,7), Rastplatz (km 9,2)

für Kinder geeignet

für Buggy ungeeignet, steinige Wege und Pfade und wenige Treppen

Wasser mitnehmen! Anleinzwang in den Naturschutzgebieten

Wer am P **Wanderparkplatz Am Gänsborn** in Siefersheim parkt, folgt dem schwarz-gelben Zuwegweiser der Hiwwelroute Heideblick quer durch den Ort: Eckelsheimer Straße – Backhausstraße – Kirchgasse – Sandgasse.

Es wird empfohlen, die Tour im Uhrzeigersinn zu erwandern, deshalb wenden Sie sich am offiziellen **Startpunkt** in der verlängerten Sandgasse links Richtung **Höll**. Ein Schotterweg bringt Sie durch Weinberge hinauf zu einem Weinbergshäuschen und an den Rand des NSG (hier verlaufen verführerische Pfade, sie sind für Sie jedoch tabu). Von der Kuppe der Höll in 226 m Höhe können Sie von einer Bank im Schatten die Aussicht über das Hügelland genießen.

Sie steigen in Kehren ab zum sonnigen Rastplatz **Wonsheimer Hölle** und setzen nun die Wanderung über eine längere Strecke in Südhängen nach Westen fort.

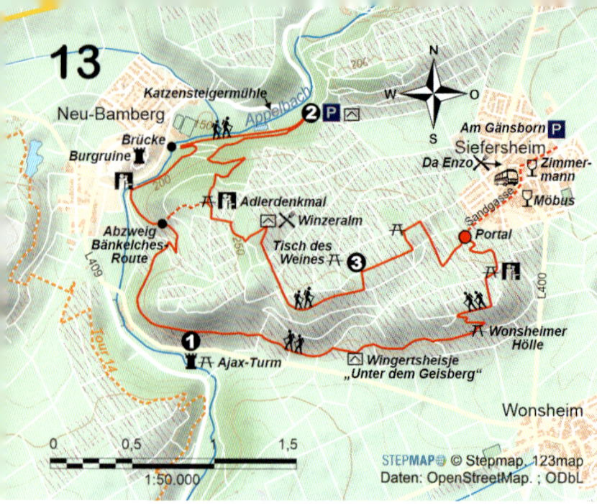

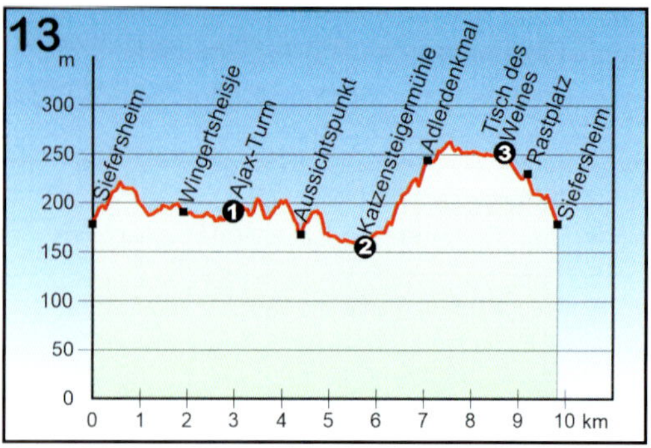

Rebflächen, Hecken und Wiesen, Gehölze und Niederwald wechseln einander ab. Nach ca. 800 m erreichen Sie das hölzerne **Wingertsheisje unter dem Geisberg**. Hier finden Sie gegebenenfalls Schutz und manchmal auch etwas Trinkbares (auf www.kirchberg-hof.de/termine). Nach einem weiteren Kilometer stehen Sie vor dem 1865 erbauten **Ajaxturm ❶**, um den sich eine tragische Liebesgeschichte à la Romeo und Julia rankt. Danach überwiegen Sukzessionsflächen, die ersten Heiden und Rosseln (Blockschutthalden) tauchen auf. Der Weg biegt allmählich in der Flanke des Galgenberges nach Norden ab und Neu-Bamberg kommt in Sicht.

(Wo erstmals ein Weg nach Neu-Bamberg hinabführt, befindet sich rechts ein Abzweig zur Bänkelches-Route, die letztlich auf gleicher Trasse 1,5 km zurück nach Siefersheim abkürzt.) Die Hiwweltour steigt im Zickzack zu einem höheren Weg und zu einem Aussichtspunkt auf. Etwa 300 m weiter, vor der **Brücke über den Appelbach**, ist eine Entscheidung zu treffen: weiter auf der Hiwwelroute oder alternativ auf dem Zuweg durch Neu-Bamberg und zur Burgruine?

Die Raugrafen auf der (Alten) Baumburg errichteten ihre neue **Burg Neubaumburg** bis 1253. Später war der Besitz zwischen Kurmainz und Kurpfalz aufgeteilt. In einem Zwist zwischen beiden wurde die Burg 1668 zerstört. Der Ort war bis zur Franzosenherrschaft im Besitz von Kurmainz und wurde auf dem Wiener Kongress Rheinhessen und damit dem Großherzogtum Hessen zugeschlagen.

Sie betreten **Neu-Bamberg** durch das erhaltene südwestliche Stadttor, die gotische **Kandelpforte**. Hier liegen Flyer einschließlich Stadtplan für einen Stadt- und Burgrundgang aus. QR-Codes erläutern Sehenswertes. Führungen finden jeden ersten Sonntag im Monat von März bis Oktober um 11:00 Uhr ab der Kandelpforte statt. Am nordwestlichen Ortsrand kann wieder in die Hiwwelroute eingestiegen werden.

Vor der Brücke über den Appelbach führt die Hiwwelroute rechts im Wald aufwärts und eröffnet über das Appelbachtal hinweg Ausblicke auf den Burgberg. Danach steigt der Weg im Linksbogen ins Tal ab bis zur ehemaligen Bahnstrecke. (Von links kommt der Weg von den Parkplätzen und von Burg Neubaumburg heran.)

Die Hiwweltour führt rechts auf der ehemaligen Bahntrasse parallel zum Appelbach durch schattigen Wald. Ein Fischteich wird passiert, bevor Sie vor dem P ⌂ Parkplatz und Portal unweit der **Katzensteigermühle ❷** wenden. Dies ist der tiefste Punkt der Wanderung, d. h., nun geht es aufwärts. Mal bequem, mal steil ist der Aufstieg durch Wald, bevor nach 1,2 km und 90 Hm das ⊼ **Adlerdenkmal** auf dem Mühlberg erreicht ist. Hier kann von einer Relaxliege über eine Wiese hinweg die Aussicht genossen werden.

Herrliche Aussicht von der Relaxliege

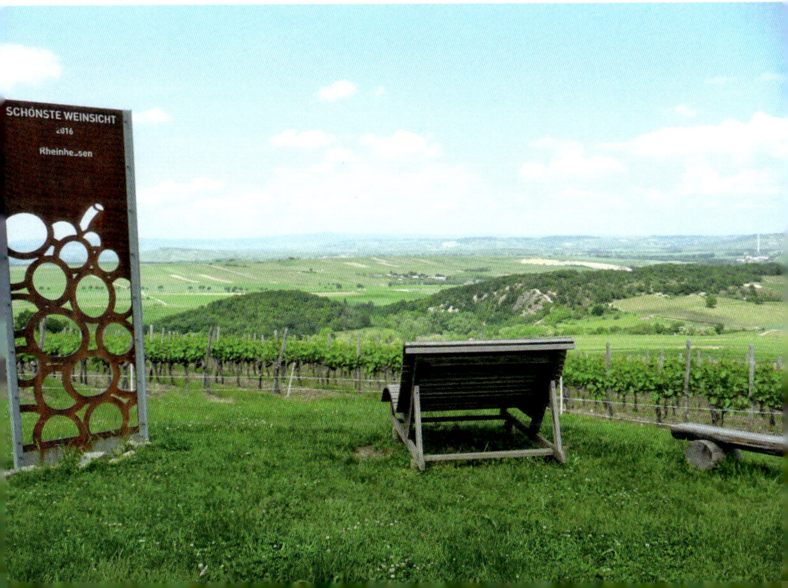

Das nächste Ziel ist das NSG Horn bei Siefersheim. Hier dominieren Heide, Birken, Gräser und Steine – am schönsten anzusehen im August, wenn die Erika blüht. Dann ist das „Ende der Durststrecke" an der Winzeralm erreicht – jedenfalls bei gutem Wetter im Sommer: „Wenn die Fahne schwenkt, wird ausgeschenkt." (Die Fahne ist von Siefersheim aus zu sehen und dient somit auch als Wettervorhersage.)

Winzeralm, Weingut Zimmermann, ☏ 067 03/96 03 20, www.weingut-zimmermann.de, Mai-Oktober Sa, So 13:00-18:00 bei gutem Wetter und Temperaturen bis 30° C, Getränke, kleine Snacks, „Schönste Weinsicht Rheinhessen 2016"

Nach verdienter Pause führt Sie die Hiwweltour der Sonne entgegen. Abwechselnd begleiten Sie Reben, Heiden, Niederwald und Gehölze. Nach 1,1 km kommen Sie zum Tisch des Weines (❸), der manchmal bewirtschaftet ist.

Tisch des Weines/Biggsestick, Mai-Oktober 1. So im Monat, Getränke und Speisen für den kleinen Appetit

In ähnlicher Weise setzt sich die eckige Wegführung vorbei an einem weiteren Rastplatz bis **Siefersheim** hinab fort. Hier können Sie die Wanderung gebührend ausklingen lassen.

Da Enzo – Hotel Trattoria Pizzeria, Wöllsteiner Str. 17, 55599 Siefersheim, ☏ 067 03/307 60 88, www.daenzo-siefersheim.de, Mi-Mo 11:45-14:00, 17:30-22:30, Di Ruhetag, Betriebsferien im September, Kuhkapelle

Weingut Zimmermann, Backhausgasse 3, 55599 Siefersheim, ☏ 067 03/96 03 20, www.weingut-zimmermann.de, Hofausschank mit kleinen Speisen im Sommer Sa, So ab 17:00

♦ **Weingut M. Moebus**, Wonsheimer Str. 13, 55599 Siefersheim, ☏ 067 03/665, www.weingut-moebus.de, Di-Sa 10:00-18:00, So 13:00-17:00, mediterraner Innenhof, Straußwirtschaft in Kuhkapelle. Wildkräuterküche, Wildkräutergarten, Frühlingsweinprobe Mitte April, weitere interessante Veranstaltungen, Kräuterhexenwanderungen

♦ **Schnabels Weinschirm Hofausschank**, St. Martinshof, 55599 Siefersheim, ☏ 067 03/307 07 08, www.stmartinshof.de, jeden 3. So ab 15:00

☺ **Kräuterführungen** auf dem Kräuterlehrpfad, April-September am 1. So im Monat (www.kraeuter-hexen.de)

♦ **Weinfest** letztes WE im August

♦ **bewirtschaftete Bänkelches-Route** letztes WE im September

♦ **Herbstmarkt der Landfrauen** Mitte Oktober

14 Hiwweltour Eichelberg

Tour für geologisch Interessierte

Die Tour präsentiert dem Wanderer eine erstaunlich abwechslungsreiche Landschaft aus Wald, Wein, Wiesen und Feldern. Die geologischen Aufschlüsse der Steinbrüche geben Einblicke in das Erdinnere und die Anpassungen der Natur nach Eingriffen durch den Menschen. (Premiumweg, 53 Punkte)

- Start/Ziel: Wanderparkplatz Alter Bahnhof an der L409 zwischen Neu-Bamberg und Frei-Laubersheim, GPS N 49°47.956‘ E 007°54.915‘
- P am Start/Ziel, Anfahrt: A61 Bingen – Alzey/AS 52 Gau-Bickelheim, Richtung B420 Wöllstein – Frei-Laubersheim, abbiegen auf L409 Richtung Neu-Bamberg
- vom Bahnhof Bad Kreuznach Buslinie 224 nach Neu-Bamberg, Haltestelle „Bahnhof“, Mo-Fr Stundenrhythmus, Sa 7 Verbindungen, So eine am Nachmittag (Fahrpläne: www.rnn.info)
- 11,5 km
- 3 Std. 45 Min.
- ↑ ↓ 420 m/420 m
- ⇧ 161-309 m
- Hiwweltour: weißes „h“ und Name auf blauem Grund, Zuwege schwarz-gelb
- gut 10 % Hartbelag, sonst Wege und Pfade
- Keine Einkehr am Weg! Ca. 1,5 km vom Start/Ziel: Gaststätte Zur Junkermühle, An der Junkermühle, 55546 Neu-Bamberg, ☏ 067 03/10 37, www.junkermuehle.net, April-Oktober Mo, Mi-Fr ab 17:00, Sa, So ab 11:00, Di Ruhetag, November-März Mo und Fr ab 17:00, Sa, So ab 11:00, sehr einladend, rustikale Küche auf Bauernhof, Biergarten unter Weinlaub, Gewölbekeller
- Schutzhütte in Spitzkehre (km 2,7), Rastplatz über Fürfeld (km 4), Wingertshaus In der Berggrube (km 8,3), Tisch des Weines (km 9,3).
- ab 10 Jahre geeignet, attraktiv: Wald und schmale Pfade
- ungeeignet, schmale, teilweise felsige Pfade, ein wegloser Aufstieg
- unterwegs kein Wasser

Die Hiwweltour startet am P **Wanderparkplatz am Alten Bahnhof** zwischen Frei-Laubersheim und Neu-Bamberg, wo eine Karte über die Tour informiert. Sie wandern gegen den Uhrzeigersinn nach Westen auf der ehemaligen Bahntrasse zwischen im Frühjahr blühenden Hecken hindurch. Sie passieren die Einfahrt zum Steinbruch und steigen am Rand eines Neubaugebietes in den Wald.

Der Weg quert die Wiese der **Waldbühne ❶**. Ein Waldpfad schlängelt sich durch Wald.

Ein 100-m- Abstecher zum **Aussichtspunkt Alter Steinbruch** ist empfehlenswert. Hier haben sich ein See und ein Feuchtbiotop gebildet, die von Enten, Schwänen und Fröschen in Besitz genommen wurden.

Der weitere Abstieg ins Ellerbachtal führt erneut zur ehemaligen Bahntrasse hinab, der Sie nach links folgen.

Sie erreichen freies Feld und treten nach gut 500 m in den nächsten Wald ein, wo Sie links abbiegen. Eine Betriebsstraße mit werktags reichlich Lkw-Verkehr wird gekreuzt, dann leitet ein breiter Waldweg hinauf Richtung Eichelberg. In einer Spitzkehre liegt eine **Schutzhütte ❷**. Etwa 400 m weiter hat das gemütliche Wandern ein Ende. Weglos geht es „querwaldein" auf einer Blockschutthalde beschwerlich hinauf zum **Nordpfalzblick**, wo Sie auf einer Bank verschnaufen können. Danach entschädigt ein leichter Weg durch Kiefern-Eichen-Wald über die Kuppe des **Eichelberges** (322 m), des höchsten Berges Rheinhessens.

Blick vom Waldrand auf Fürfeld

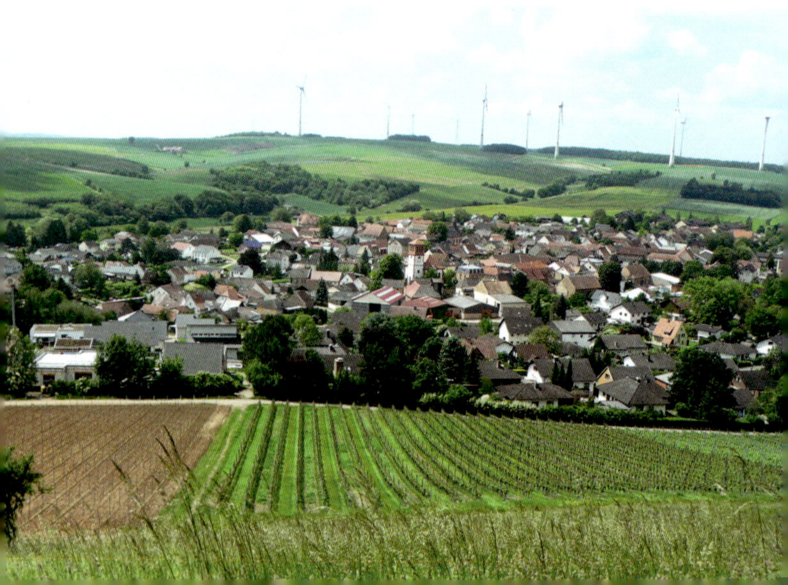

Unweit eines Hochsitzes biegen Sie in einen steilen, bewaldeten Hang ab, in dem jeder Wanderer seine individuelle Spur in Form von Abschneidern hinterlassen hat. Vorbei an der felsigen Rabenkanzel wird am Waldrand ein ⛼ **Rastplatz ❸** über **Fürfeld** erreicht. Die Hiwweltour verläuft nun aussichtsreich am Waldrand mit seinen Eichen und Heckenrosen entlang und senkt sich durch einen grünen Tunnel zum östlichen Ortsrand von Fürfeld, wo Wanderer, die den Ort besucht haben, wieder in die Route einsteigen können. Der Weg führt fast ausschließlich auf Gras etwas eckig im Südhang über dem Fürfelder Bach und streckenweise entlang alter Trockenmauern nach Osten Richtung Thalermühle. Nach einer Waldpassage blicken Sie hinab auf die ehemalige Wasserburg **Hof Iben** und den filigranen Turm der Templerkapelle.

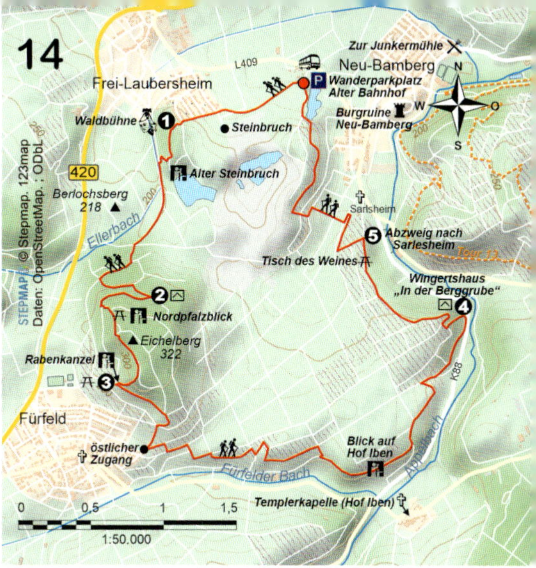

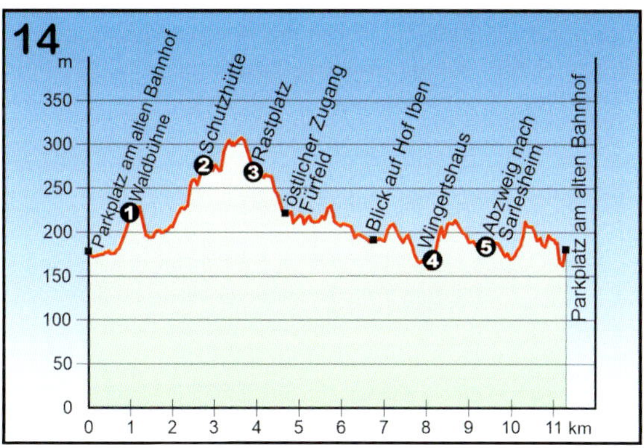

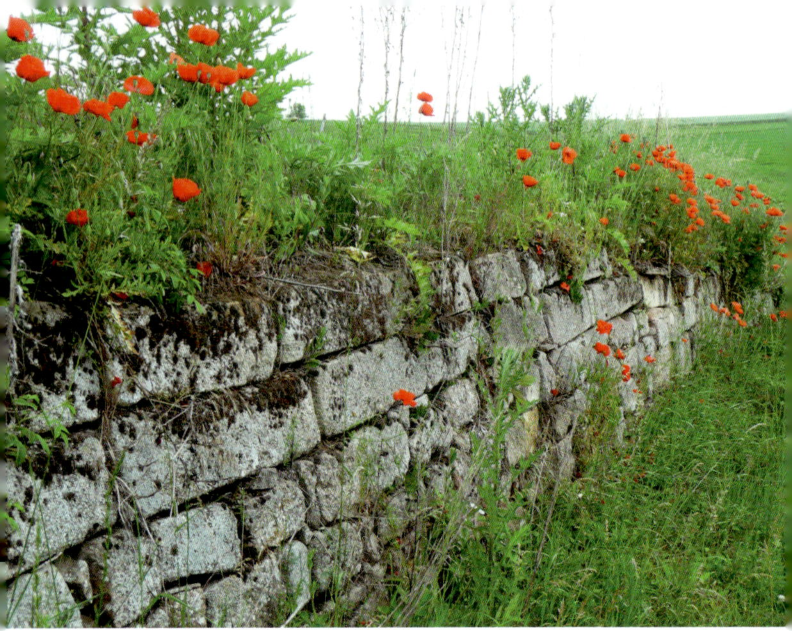

Mohnrote Wiesen bei Hof Iben

Der Weg wendet sich nach Norden in das Appelbachtal. Die Landschaft besteht sehr abwechslungsreich aus Wald, Gehölzen, Wiesen, Rebflächen und Feldern. In leichtem Auf und Ab wird schließlich fast die K88 berührt. Ab dem ⌂ **Wingertshaus In der Berggrube** ❹ steigt der Weg aus dem Appelbachtal hinaus steil auf. Zwischen Reben und Waldrand kommen Sie zum ⩩ **Tisch des Weines** mit Blick auf Neu-Bamberg. Nach weiteren ca. 180 m, wo die Hiwweltour links abbiegt, liegt der **Abzweig Sarlesheim** ❺.

↳ Geradeaus können nach etwa 200 m die (geschlossene) St.-Georgs-Kirche und der Friedhof des untergegangenen Dorfes Sarlesheim besucht werden.

Nach Queren eines Tales geht es gut 30 Hm steil im Hang hinauf. Nun ist es nur noch 1 km bis zum Ziel. Aus höherer Warte eröffnen sich wieder Blicke auf Neu-Bamberg mit seiner Burgruine und die benachbarte Hiwweltour Heideblick. Zu guter Letzt bietet die Tour noch ein Highlight: der Tiefblick auf einen See, der sich in einem ehemaligen Steinbruch gebildet hat. Danach senkt sich der Weg weiter zum nahen **Wanderparkplatz Alter Bahnhof**.

15 Hiwweltour Tiefenthaler Höhe

Tour für Genießer, die die Ruhe des Waldes suchen

Die Tour verläuft für Rheinhessen eher untypisch durch schattigen Wald und entlang von Waldrändern mit beeindruckenden Panoramasichten. Historische Grenzsteine zeugen von der nach dem Wiener Kongress gezogenen Grenze zwischen der bayerischen Pfalz und Rheinhessen. (Premiumweg, 58 Punkte)

- Start/Ziel: Wanderparkplatz in 55546 Tiefenthal, GPS N 49°45.637' E 007°54.341'
- P am Start/Ziel, Anreise: A63 AS9 Erbes-Büdesheim – L409 bis Wonsheim – L400 nach Tiefenthal-Ortseingang
- Haltestelle „Tiefenthal", Buslinie 224 vom Bahnhof Bad Kreuznach, Mo-Fr, maximal 3 x, sehr früh, mittags, spät nachmittags
- 12,7 km
- 3 Std. 30 Min.
- 285 m/285 m
- 172-327 m
- Hiwweltour: weißes „h" auf blau-grünem Grund, Zuwege: schwarz auf gelb
- ca. 90 % Erd-Gras-Wege und -pfade
- Speisegaststätte Hof Pfalzblick (800 m ab km 7,4)
- Grillhütte Steinkaute (km 3,8), Rastplatz an K3 (km 4,8), Tisch des Weines (km 8,9), Schutzhütte und Rastplatz (km 11,4) sowie Bänke und Relaxliegen
- keine besonderen Attraktionen für Kinder
- Viele Graswege, Feuchtgebiet bei hohem Grundwasserstand problematisch. Dunzelloch und Schlucht am Ende müssten ausgelassen werden.
- Wasser mitnehmen!

Startpunkt ist der **P Wanderparkplatz in Tiefenthal**, wo die L400 eine S-Kurve vollzieht (Parken, Haltestelle der Buslinie, Unterstand, Wanderkarte). Der Appelbach wird gequert, wo eine Schautafel über die Tour informiert. Der Zuweg führt durch den Kirchweg zum Friedhof, wo sich an dessen südöstlicher Ecke der **Beginn der Hiwweltour** befindet. Sie begehen den Premiumweg nach links im Uhrzeigersinn.

Sie umgehen den Friedhof, kommen wieder auf den asphaltierten Talweg und biegen nach ca. 200 m links auf einen Pfad ab, der in einer Schleife durch das Binsenmeer eines **Feuchtbiotops** zieht und einen Teich berührt. Danach steigen Sie – schon fast in Gegenrichtung – am Waldrand auf und am ersten Querweg in den Wald.

Mit moderater Steigung geht es etwa 1 km auf einem Erdweg durch den kühlen Laubwald. Sobald der Waldrand wieder erreicht ist, schweifen die Blicke über die Rheinhessische Schweiz mit Hof Iben und dem Appelbachtal im Vordergrund. Aussichtsbänke laden ein. Waldrand- und Waldpassagen wechseln sich ab. Am Wegweiser **„Auf den zwanzig Morgen“ ❶** mit Aussicht, Bank und Schautafel führt ein Pfad in den Buchenwald. Danach wartet eine Relaxbank am Waldrand. In einem Gehölz verbirgt sich die **Grillhütte Steinkaute**.

Historische Grenze Pfalz – Rheinhessen seit 1816

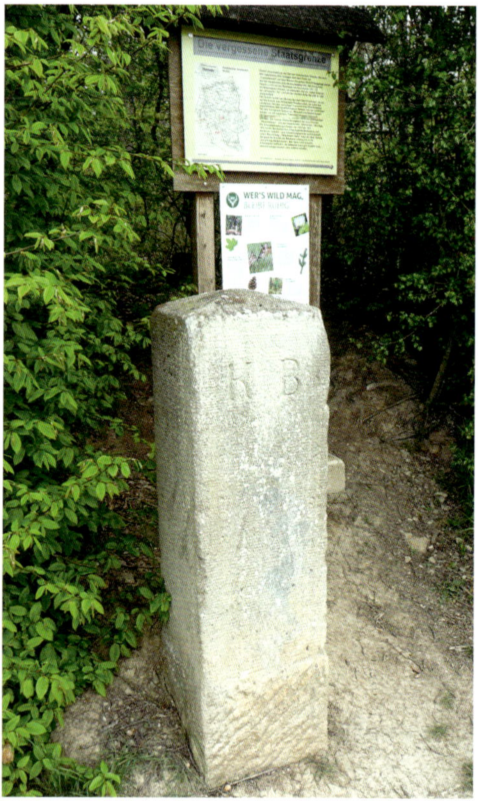

Danach nehmen Sie kurz mit dem Randstreifen der K3 vorlieb, bevor es wieder in den Wald geht. Zum **Dunzelloch ❷**, einem vom Wald überwucherten ehemaligen Sandsteinbruch, führt ein schmaler, steiler Pfad hinab, der am Ruheforst wieder in den Hauptweg mündet. Eine Tafel des Walderlebnispfades Stein-Bockenheim weist auf früheren Quecksilberabbau hin. Ein moderater Anstieg wird leicht bewältigt und bald tritt der Weg aus dem Wald aus.

Die Hiwweltour führt nun etwa 2 km am Waldrand entlang. An einem **Grenzstein ❸** mit Relaxbank wird über die Grenzziehung zwischen Rheinhessen und der bayerischen Pfalz nach dem Wiener Kongress aufgeklärt.

Die ganze Zeit können die Blicke über das Nordpfälzische Bergland und die alles überragende, 687 m hohe Kalotte des verhinderten Vulkans Donnersberg schweifen. Im Nahbereich fallen die Blicke auf Mörsfeld und den Daimbacherhof. Dank einiger ⛩ Bänke im Verlauf des Weges kann die Szenerie in Ruhe eingefangen werden.

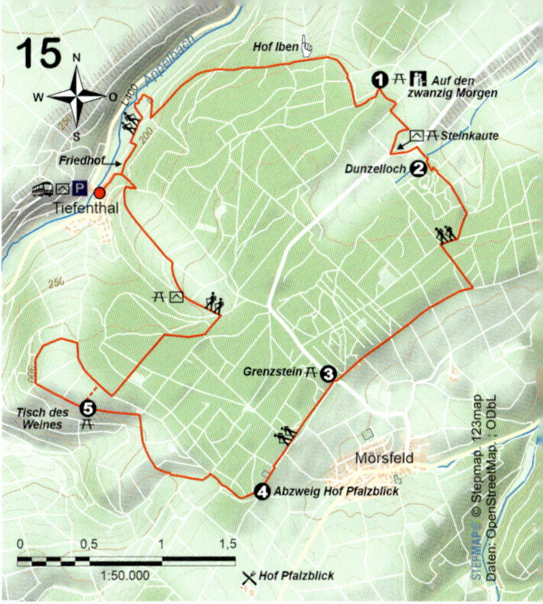

Die K3 wird an einem ⛩ Rastplatz gequert. Der Weg verläuft nun schattig hinter dem Waldrand. Nachdem das Forsthaus Jägerlust passiert wurde, biegt der Weg rechts ab in den Wald. Dieser Punkt ist der ↳ Abzweig ❹ zum ca. 800 m entfernten ✕ **Hof Pfalzblick** (der Weg ist beschildert).

✕ **Speisegaststätte Hof Pfalzblick**, Pfalzblick 1, 67808 Mörsfeld, ☏ 063 58/218, 💻 www.hof-pfalzblick.de, 🚪 Di-So ab 10:00

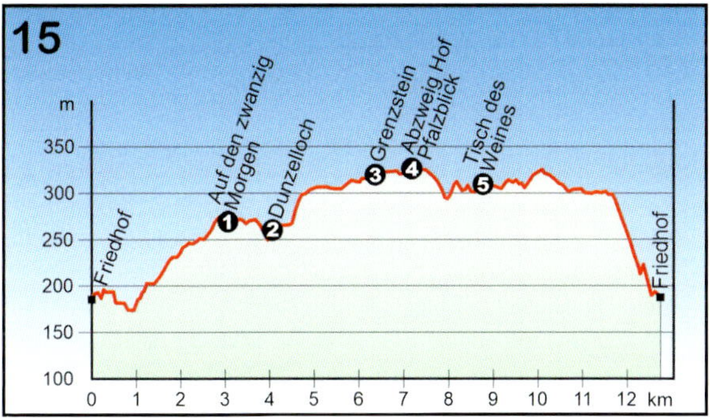

Die Hiwweltour führt nach einer kurzen Waldpassage und ca. 100 m entlang des Waldrands ins freie Feld. Windmühlen tauchen auf. Die Fernblicke richten sich vornehmlich nach Westen. Graswege leiten angenehm durch die Flanke des Hombergs und oberhalb von Niederhausen a. d. Appel zum aussichtsreichen **Tisch des Weines ⑤** über einem kleinen Weinberg. Hier könnte der aufsteigende Weg die Wanderung notfalls um etwa 20 Minuten verkürzen, denn die Hiwweltour führt in weitem Rechtsbogen durch Felder und Wiesen und an Waldrändern entlang fast zurück, um dann in den Wald einzutauchen. Gut 500 m geht es dort immer geradeaus, bevor ein breiter Waldweg zum Waldrand leitet. Nach weiteren 250 m laden **Schutzhütte** und **Picknickplatz** am Rande einer großen Rodungsinsel zu erneuter Rast ein.

Frühling im Laubhochwald

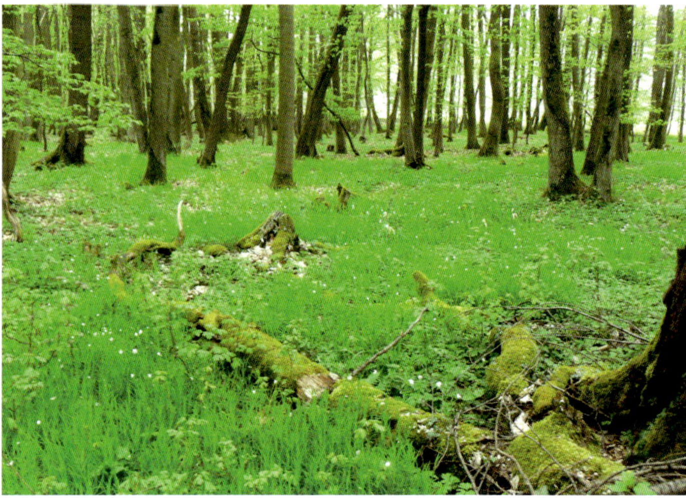

Der Feldweg senkt sich Richtung Tiefenthal bis zu einem breiten Talweg. Ihm nach links folgend könnte bequem auf dem Hohler Weg in den Ort abgestiegen werden. Die Hiwweltour biegt allerdings rechts ab, dann geht es links im Wald auf einem steilen Treppenpfad in eine kleine Schlucht hinab und zum Friedhof. Auf dem Hinweg gelangen Sie zurück zum **Wanderparkplatz** in Tiefenthal.

Weinland Nahe

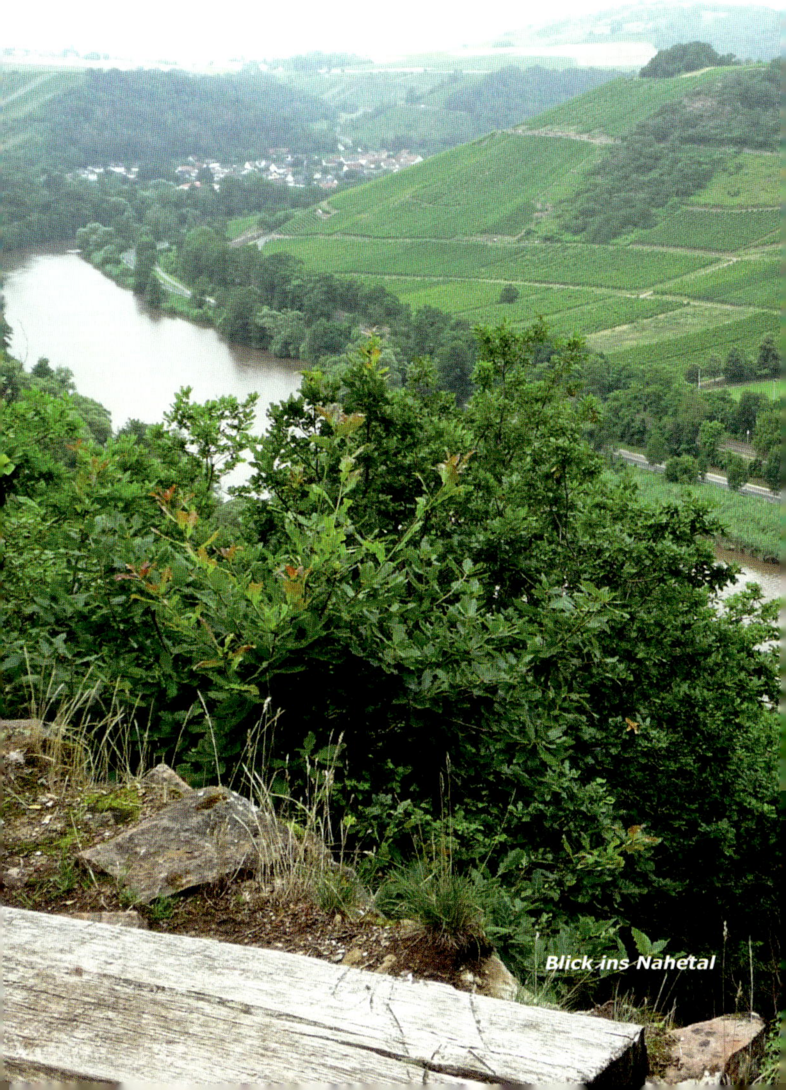

Blick ins Nahetal

16 Michels Vitaltour

Tour für Wandersleute, die das Wechselspiel verschiedener Landschaftselemente und -formen lieben

Diese Vitaltour bietet eine sehr abwechslungsreiche Landschaft aus Wäldern, Wiesen, Weinbergen, Bachtälern und der kleinen Schlucht des Schindelbachs. Das ist zu erleben auf ganz überwiegend natürlichen Wald- und Wiesenwegen und -pfaden. Die Rundtour ist benannt nach dem deutschen Michel, der auf Hans Michael Elias von Obertraut, den späteren Reitergeneral und Heerführer im Dreißigjährigen Krieg, der im Jahr 1574 auf der benachbarten Stromburg geboren wurde, zurückgehen soll. (Premiumweg, 58 Punkte)

- Start/Ziel: Wanderparkplatz Michels Walderlebnis in 55442 Stromberg-Schindeldorf, GPS N 49°56.069‘ E 007°46.356‘
- P: Parkplatz am Start/Ziel, Anfahrt über die A61, AS Stromberg, Richtung Stromberg, gut beschildert mit „Schindeldorf“ durch den Ort hindurch, zum Parkplatz Michels Walderleben vor dem Land- und Golfhotel rechts abbiegen (beschildert)
- Regiobuslinie 230 von Bingen Hbf. (werktags stündlich, Sa, So, Fei 2-stündlich.) und Regiobuslinie 240 von Bad Kreuznach Bf. (werktags stündlich, Sa 2- stündlich, So, Fei 5 Verbindungen) nach Stromberg, Haltestelle „Gerbereiplatz“, von dort ca. 1 km markierter Zuweg
- 13,1 km
- 4 Std. 30 Min.
- ↑ ↓ 477 m/477 m
- ⇧ 186-442 m
- rotes Vitaltour-Logo
- überwiegend naturnahe Wege und Pfade
- keine
- am Start (km 0), bei km 2,2, Hildegards Garten (km 3,4), Tisch des Weines (km 3,9), bei km 5,3, bei km 6,3, Schöne Aussicht (km 10,6)
- für ausdauernde Kinder geeignet, viele Pfade, Hexenhaus, Bäche
- wegen Stufen und Felsenpfad in der Klamm nicht geeignet
- geeignet, Wasser nur zum Ende am Schindelbach

Sie starten am P **Wanderparkplatz Michels Walderlebnis** und laufen gegen den Uhrzeigersinn, d. h. zunächst auf dem Forstweg nach links (Norden) über die Holzbrücke über den Schindelbach in den Laubwald, begleitet vom Trimmpfad.

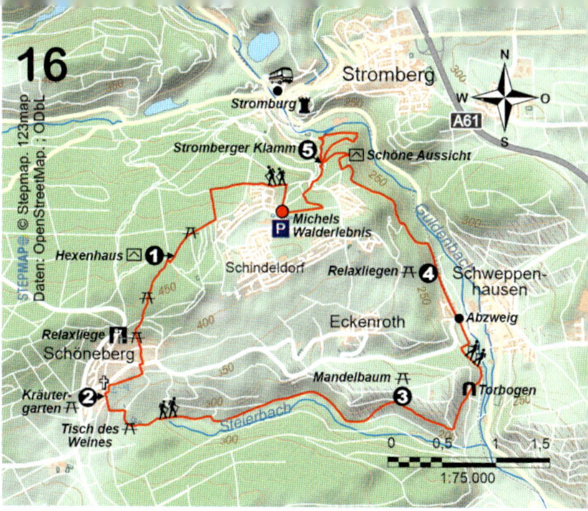

Das Schindeldorf wird nördlich umgangen. Nach 1,5 km bietet die erste Bank an einer Wegkreuzung ihre Dienste an. Kurz danach überraschen die Hexe und das **Hexenhaus** ❶, das notdürftigen Wetterschutz bieten kann. Nach einem sehr kurzen Versatz auf Schotter führt ein Waldpfad zu einem schattigen Rastplatz (km 2,2). Bereits 500 m weiter lädt am **Waldrand** eine **Relaxliege** ein. Der Blick schweift von hier über das Zwischenziel Schöneberg hinweg nach Süden bis zum Donnersberg, dem höchsten Berg der Pfalz.

Sie laufen abwärts nach **Schöneberg** und durch den Ort hindurch. Ab einem Transformator kommen Sie wieder in die freie Natur. Auf einem schönen Pfad wird die Kirche angepeilt. Ein winziger **Park** mit einer Relaxbank empfängt Sie. Nachdem Sie wenige Schritte weiter ein Holzbrücklein passiert haben, sehen Sie, was sich verbirgt: Ein wunderschöner, idyllischer **Kräutergarten** im Sinne von **Hildegard von Bingen** ❷ wurde von der Ortsgemeinde angelegt. Sie können viel lernen, da die Pflanzen mit Namensschildern versehen sind. Bänke, sprudelndes Wasser und blühende Pflanzen schaffen einen Ort des besinnlichen Verweilens.

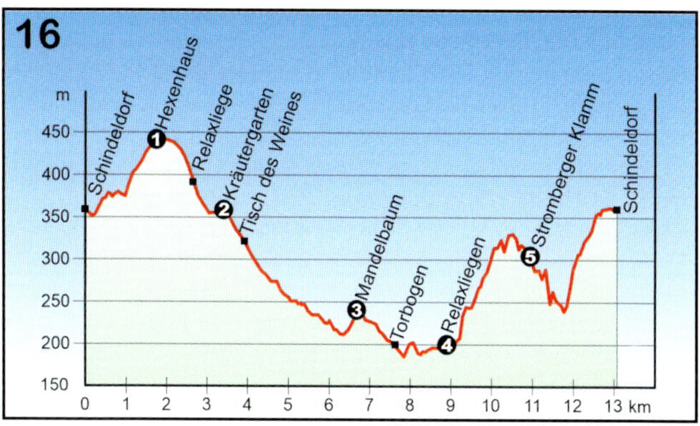

Wenige Meter außerhalb des Gartens bieten sich zwei ⛼ Picknickgarnituren zum Rasten an. Schräg gegenüber werden Sie darüber aufgeklärt, dass dort einmal die **Schonenburg** gestanden hat, deren Geschlecht sogar einen Erzbischof hervorbrachte. Das **Burghaus** aus dem Jahr 1686 steht noch.

Nun geht es lange auf Gras hinab und durch das Wiesental des **Steyerbachs**. Ein ⛼ **Tisch des Weines**, an dem auch eine größere Gruppe Platz findet, empfängt Sie. Ein Urwald, der Auwald des Steyerbachs, wird in Begleitung vielstimmigen Vogelgesangs durchschritten. Infotafeln klären über Flora und Fauna auf. Inmitten des von Wald eingerahmten, blühenden Wiesentals können Sie auf einer ⛼ Relaxliege unter einem Nussbaum die Szenerie auf sich wirken lassen.

Der nächste ⛼ Rastplatz lässt nicht lange auf sich warten. Es folgt erneut eine Passage durch einen Auwald. Nach dem letzten ⛼ Rastplatz im Tal steigen Sie in die Talflanke auf. Hier befinden Sie sich in den Weinbergen des Weinorts Eckenroth, der für Sie nicht sichtbar auf der Höhe liegt. Der Aufstieg endet bereits an einer Wendestelle für die Fahrzeuge der Winzer, an der eine ⛼ **Bank unter einem Mandelbaum ❸** steht. Der Weg verläuft weiter ohne große Höhenunterschiede im Hang bis zum **Wegweiser Steyerberg**. Hier öffnen sich Fernblicke und der Blick auf Windesheim im Guldenbachtal.

Nun führt die Vitaltour an einer ⛼ Bank entlang und unter einem Torbogen hindurch sanft hinab ins Guldenbachtal. Nachdem der Weg ein zweites Mal die Gleise der Hunsrückbahn fast berührt hat, ↳ kann ca. 5 Minuten später der Weinort **Schweppenhausen** besucht werden. Der Hauptweg führt weiter schnurgerade parallel zu den Gleisen. In einer Wiese stehen ⛼ **zwei Relaxliegen** und ein **Insektenhotel ❹**.

Bald danach steigen Sie auf einem Pfad im Wald auf. Dieser Wegabschnitt wird leider nicht gepflegt, was das Fortkommen beeinträchtigt. Bei der Begehung versuchen Brombeerranken den Pfad zu erobern. Besorgen Sie sich einen Knüppel, um sie niederzuschlagen. Ein gefallener Baum liegt über dem Weg. Die Holzstege sind beschädigt. Laufen Sie dort, wo die Bretter auf den tragenden Balken aufliegen, damit Sie nicht durchbrechen und sich möglicherweise schwere Verletzungen zuziehen. Es folgen ein paar Treppenstufen, bevor die Steigung nachlässt. Eine ⛼ Bank kommt zu spät, um dem Verschnaufen zu dienen.

Der Weg zieht in Schleifen durch den Wald. Es wird an das untergegangene Dorf Schindelberg erinnert. Dann ist die ⌂ Schutzhütte an der Schönen Aussicht erreicht. Die Sicht ist leider sehr eingeschränkt. Von hier geht es hinab zur sogenannten **Stromberger Klamm ❺**. Der Steig durch die Klamm wurde im Juni 2021 durch Hochwasser zerstört. Eine Umleitung ist während der Reparaturzeit eingerichtet.

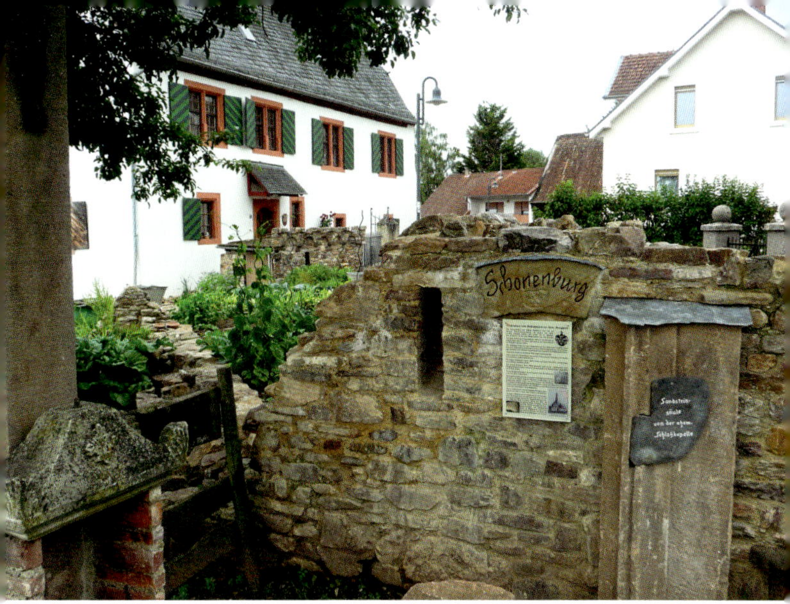

Reste der ehemaligen Schonenburg

↳ Der Bogen durch die kleine Schlucht kann ausgelassen werden, denn er endet wieder an Ihrem Standort. Dazu gehen Sie vor der Schlucht links oder – schöner – queren die Schlucht (dieser kurze Abschnitt ist bereits wieder hergestellt) und gehen dann links Richtung Schindeldorf.

Durch die **Stromberger Klamm** folgen Sie vor dem Schindelbach der Markierung auf einem Waldweg hinab. In einem leichten Rechtsbogen, dann in einem Linksbogen überqueren Sie nach fast 1 km den Schindelbach. Über Felsen und Stege kraxeln Sie in seinem Bachbett etwa 70 Hm wieder hinauf. Dabei ist Trittsicherheit auf nassen Felsen und Holz deutlich von Vorteil. Oben an bekanntem Ort wieder angelangt folgen Sie der Markierung zum Schindeldorf.

Es geht weiter am Schindelbach aufwärts. Die Zugangsstraße zum Schindeldorf wird gequert. Etwa 100 m danach wird der Schindelbach auf einem Holzsteg überschritten und aus dem Bachtal ausgestiegen. Die letzten knapp 400 m zurück zum **Wanderparkplatz** teilt sich die Vitaltour mit dem Trimmpfad, wobei drei Holzhütten mit Trimmgeräten passiert werden.

17 Vitaltour Wald, Wein & Horizonte

Tour für ausdauernde Wanderer – mit Abkürzungsmöglichkeiten

Der Name der Tour weist bereits auf die Erlebniselemente hin. Die Wanderung ist eine abwechslungsreiche Tour auf Wegen und Pfaden durch den Langenlonsheimer Wald und die Weinberge über dem Guldenbachtal. Stimmungsvolle Waldpassagen und sonnendurchflutete Weinberge wechseln einander ab. Eindrücklich sind die weiten Ausblicke in alle Himmelsrichtungen. (Premiumweg, 57 Punkte)

- Start/Ziel: Die Beschreibung beginnt am Friedhof Heddesheim in Guldental, da dieser Startpunkt auch gut mit dem Bus erreichbar ist, GPS N 49°53.600' E 007°50.812'.
- P: Wanderparkplatz am Friedhof Heddesheim in 55452 Guldental, Zufahrt von der Naheweinstraße in Guldental (L242) über Friedhofstraße. Weitere Startpunkte: Langenlonsheimer Forsthaus, Zufahrt von Langenlonsheim, Naheweinstraße über Waldstraße 2,2 km; Waldparkplatz Schützenhaus Windesheim, Zufahrt von Guldenbachstraße (L242) über Goldgrube, erster Weg rechts
- Buslinie 240 von Bad Kreuznach Bf. nach Stromberg, Mo-Sa 1-2 Verbindungen/Stunde, So und Fei 5 Verbindungen, Haltestelle „Guldental-Raiffeisen", von dort 250 m Fußweg
- 17 km
- 5 Std.
- 500 m/500 m
- 151 m-296 m
- dunkelrotes Logo Vitaltour und Name „Wald, Wein & Horizonte"
- überwiegend Waldwege und -pfade, Weinbergswege z. T. auf Gras
- Keine Einkehrmöglichkeit am Weg! Einkehr in den umliegenden Orten Guldental, Langenlonsheim, Windesheim.
- Friedhof Heddesheim am Start/Ziel, Schutzhütte (km 3,4), Forsthaus Langenlonsheim (km 3,8), Mariannenhütte (km 3,8), Petry-Eiche (km 7,7), Werner-Proske-Eiche (km 8,7), Bergkapelle (km 10,8), Kreuz über Guldental (km 15,5), Sonnenberghütte (nur Wetterschutz, km 15,9)
- für Kinder zu lang, Kurztouren geeignet, insbesondere Waldspielplatz und Trimm-dich-Pfad am Forsthaus Langenlonsheim einbeziehen
- ungeeignet
- Ungeeignet. Teilweise NSG, kein Wasser!

☺ Die lange Tour kann an mehreren Punkten abgekürzt werden. Die Abkürzungspunkte und abkürzende Wege sind in der nebenstehenden Karte dargestellt. In der Natur sind die Abkürzungspunkte vorbildlich durch Wegweiser gekennzeichnet und aus einer Infokarte lassen sich Hauptweg und Abkürzungen ablesen.

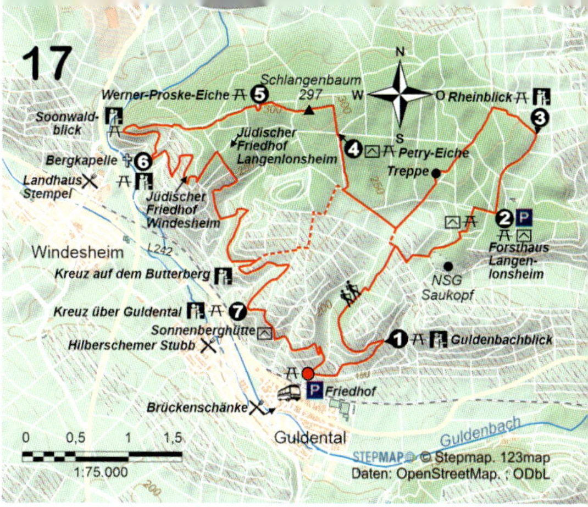

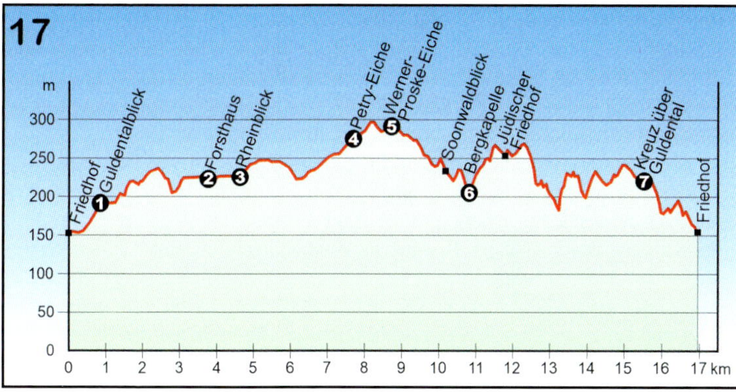

☺ Geführte Themenwanderungen an der Vitaltour: Walderlebniswanderungen (Geologie, Flora und Fauna), Hügelgräber und ihre Geheimnisse, Jüdische Bestattungskultur, Kräuter, Wein und altes Wissen, Kräuterwanderung mit der Kräuterhexe; Info und Buchung:

- Touristinformation Langenlonsheim-Stromberg, Binger Str. 3a, 55442 Stromberg, ☏ 067 24/274, 💻 www.langenlonsheim-stromberg.de/tourismus, ✉ touristinfo@vg-ls.de

Da der Startpunkt am **Friedhof Heddesheim** gut mit dem Bus erreichbar ist, beginnen Sie die Wanderung gegen den Uhrzeigersinn hier. An der Nordostecke des Friedhofs gibt eine Infotafel Auskunft. Sie folgen der Zugangsmarkierung nach rechts am Mundraubweinberg, dessen Trauben genascht werden dürfen, entlang. Nach 200 m treffen Sie auf einen Wegweiser, der in den Weinberg hinaufweist. Der Weinbergsweg führt zum ersten Aussichtspunkt, dem **Guldentalblick ❶** (Relaxliege).

Der Weg dreht die Richtung, steigt höher und durchstreift einen Eichen-Buchen-Wald. Durch wechselnde Landnutzungen geht es hinab zum NSG Saukopf.

Vorher weist bei einem Rechtsschwenk am Rande eines Weinbergs ein Wegweiser auf eine Abkürzungsmöglichkeit hin. Sie lässt die Schleife über Langenlonsheimer Forsthaus und Rheinblick aus und verkürzt die Wanderung um fast 4 km.

Der Hauptweg zieht auf Waldwegen vorbei an einer Schutzhütte und einem Rastplatz zum **Langenlonsheimer Forsthaus ❷**. Hier befinden sich das Hauptportal der Vitaltour, ein Wanderparkplatz, die Mariannenhütte, schattige Rastplätze, ein Waldspielplatz und der Beginn eines Trimmpfades. Ab dem hölzernen Eingangstor läuft der Weg geradlinig durch den Wald und dann am Waldrand entlang zum **Rheinblick ❸**. Von der Relaxliege schweift der Blick vom Niederwalddenkmal über den Taunus bis zum Jakobsberg.

Vom Waldrand taucht der Weg bald wieder als Forstweg in den Wald ein. Das Ausbrechen auf einen Pfad mit wenigen Stufen nach rechts bleibt eine Episode. Mit Blick auf den Donnersberg wird der Wald verlassen. Ein Wegweiser zielt wieder Richtung Wald. An einer Bank am Waldrand geht es wieder in den Wald.

Hier zeigen Wegweiser und Karte eine Abkürzung an, die zum Butterberg führt und ca. 6 km abkürzt. Der erlebnisreiche nördliche Bogen der Hauptroute mit u. a. Soonwaldblick und Bergkapelle wird ausgelassen.

Von der Bank leitet rechts neben dem Waldweg ein schöner Waldpfad zur **Petry-Eiche ❹** mit Pilz als kleinem Unterstand.

Ein Waldweg führt geradewegs weiter, bis Sie an einer Buche links in einen Waldpfad zu Hügelgräbern abbiegen. Ein Teerweg wird gekreuzt. Nach einem kurzen Stück auf einem Waldweg führt an der Werner-Proske-Eiche ❺ ein Pfad zur ehemaligen Ausgrabung des sogenannten Fürstengrabes und wieder zurück auf den Waldweg. Ab dem nächsten Querweg leitet ein langer Pfad bis zum Rettungspunkt (RP) 6012-535. Nun geht es am Waldrand entlang zum **Soonwaldblick** (Relaxliege, Blick u. a. auf Windesheim).

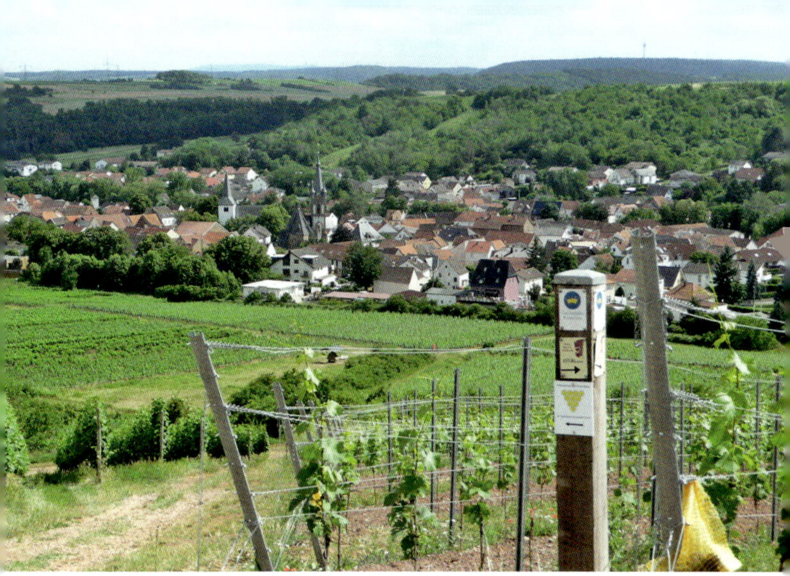

Blick auf Guldental

Ein Grasweg, abschnittsweise begleitet von Trockenmauern, führt weiter. Zur Bergkapelle steigen Sie steil auf Gras ab. Vorsicht bei nassem Gras. Die **Bergkapelle 6** liegt auf einem kleinen Sporn über Windesheim. Danach geht es im Auf und Ab auf breiten Wegen durch die Weinlage Römerberg, zuletzt auf Gras in gerader Linie steil hinauf zum Waldrand. Ein Grasweg leitet am Waldrand bis zum **Wegweiser Jüdischer Friedhof Windesheim**.

Hier dringt ein Pfad vorbei am Jüdischen Friedhof in den Wald ein. Nach dem Pfad führt ein Waldweg bis zum **RP 6013-764**. Vor der Kreuzung liegt der Jüdische Friedhof Heddesheim-Waldhilbersheim, hinter ihr derjenige von Langenlonsheim, der von der Vitaltour jedoch nicht erreicht wird. Ein geradliniger Weg führt aus dem Wald hinaus. Zwischen Reben und Sukzessionsflächen geht es an einer Hangkante entlang, danach wird auf steilen Wegen ein Tälchen gequert. Anschließend geleitet der Weg durch die Flanke des Neuerberges. Dann geht es hinauf.

Oben an der Wegspinne weisen Abkürzungswegweiser und Karte die am Waldparkplatz Windesheim Gestarteten auf eine Abkürzungsmöglichkeit hin. Dabei wird nur die 8,5 km lange Nordschleife begangen.

Vom Hauptweg kann geradeaus nach etwa 70 m abseits des Weges das **Kreuz** auf dem **Butterberg** mit Ausblick in das Guldenbachtal besucht werden.

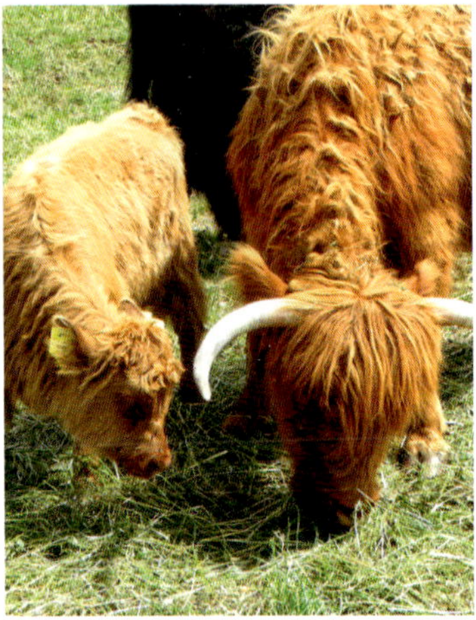

Rustikale Rasenmäher

Jenseits eines Tälchens mit auffallend vielen aufgegebenen Weinbergen steht ein weiteres **Kreuz über Guldental** ❼ mit einem Rastplatz in einer Grünfläche. Nach etwas mehr als 5 Minuten ist die **Sonnenberghütte** erreicht, die leider verschlossen ist. Sie kann für Veranstaltungen gemietet werden und ist mit dem Auto erreichbar. Jetzt senkt sich die Route steil hinab. Dann wird eine Hütte passiert. Kurz danach kreuzt der Weg das Zufahrtssträßchen von Guldental zur Sonnenberghütte. Auf ihr könnte der Parkplatz am Friedhof direkt erreicht werden.

Die Vitaltour steigt in engen Schleifen ab und erreicht einen Talgrund in der Nähe eines darüber liegenden Hauses. Von hier liegt das **Ziel**, der **Friedhof**, nur noch gut 200 m entfernt. Sie müssen noch 200 m weiter durch den Weinberg bis zum Einstiegspunkt laufen. Für den Abschluss der Wanderung steht an der nordwestlichen Ecke des Friedhofs ein Rastplatz in Form eines Round Table bereit.

☺ In den umliegenden Orten Guldental, Langenlonsheim und Windesheim finden Sie Einkehrmöglichkeiten:

- **Hilberschemer Stubb**, Zehnthofstr. 2, 55452 Guldental, ☏ 067 07/96 06 66, www.hilberschemer-stubb.de, Fr, Sa 18:00-24:00, So 10:00-14:00 und 17:00-23:00 (Juni/Juli Sommerpause)
- **Brückenschänke**, Trillesstr. 1, 55452 Guldental, ☏ 067 07/87 54, Mo-Sa ab 16:30, So, Fei 10:00-14:00
- **Gutsausschank Sitzius**, Naheweinstr. 87, 55450 Langenlonsheim, ☏ 067 04/13 09, www.sitzius.com, März-November Fr, Sa 18:00-23:00, So 17:00-23:00, umfangreiche Speisenkarte
- **Gutshof Höhn-Zimmermann**, Naheweinstr. 195, 55450 Langenlonsheim, ☏ 067 04/935 00, www.hoehn-zimmermann.de, Mai/Juni Fr, Sa ab 18:00, So ab 16:00, Straußwirtschaft
- **Landhaus Stempel**, Hauptstr. 32, 55452 Windesheim, ☏ 067 07/913 10, www.landhaus-stempel.de, Fr- So 18:00-22:00

18 Vitaltour Eremitenpfad

Tour für Interessierte an kompakter, schöner und abwechslungsreicher Natur und an Kulturgeschichte

Die Vitaltour Eremitenpfad ist eine relativ kurze Tour mit hohem Erlebniswert, abwechslungsreichen Wegen und Pfaden sowie schönen und aussichtsreichen Rastplätzen. Das Highlight ist die Felseneremitage. (Premiumweg, 68 Punkte)

Start/Ziel: Kronenberghalle, Winzenheimer Str. 29, in 55559 Bretzenheim, GPS N 49°52.584' E 007°53.275'

kostenfreies Parken an der Kronenberghalle, erreichbar von der B48 Bad Kreuznach – Bingen in Bretzenheim, Kreisel in Richtung Bad Kreuznach, Hinweis „Kronenberghalle" folgen

Bahnhof Bretzenheim an der Strecke Bingen – Bad Kreuznach (Stundentakt), von dort 800 m Fußweg durch Bahnhof- und Winzenheimer Straße

Regiolinie 240 von Bad Kreuznach-Bf. nach Stromberg, Haltestelle „Bretzenheim-Haus Riedle", Mo-Sa 1- bis 2-mal je Stunde, So und Fei 5 Verbindungen, durch Winzenheimer Str. 0,6 km zum Start

9,2 km

2 Std. 30 Min.

277 m/277 m

121-215 m

weinrotes Logo Vitaltour mit Gestalt eines Pilgers

ganz überwiegend naturnahe Wald- und Weinbergswege

Einkehr am Campingplatz (km 5,4) in der Sommersaison ab 17:00 Uhr, Rucksackverpflegung aufgrund der besonders schönen Picknickplätze empfohlen

am Beginn des Eremitenpfades Nähe Wasserwerk (km 1,1), Sandsteinbruch (km 2,3), Rastplatz Im Lindel (km 5,6), Rheinhessenblick (km 7,9), Rheingaublick (km 7,3), Panoramabank (km 7,5), Ende der Rundtour (km 8,1)

für Kinder sehr geeignet, kurze Tour mit hohem Erlebniswert

aufgrund schmaler und zum Teil steiler Pfade sowie Treppenstufen nicht geeignet

geeignet, Wasser mitnehmen

Startpunkt für diese Vitaltour ist die **Kronenberghalle in Bretzenheim**. Vom mächtigen Portal an der Straße führt der Zuweg im rechten Winkel in die Felder, die bald durch Reben abgelöst werden. Sie werden dabei von der Gestalt eines Eremiten geleitet. Nach etwa 1 km trifft der Zuweg in der Nähe eines Wasserwerks auf den **Beginn der Rundtour** ❶ (Rastplatz).

Da die Runde entgegen dem Uhrzeigersinn gelaufen wird, folgen Sie dem Wegweiser vorbei am Wasserwerk leicht ansteigend in die Weinberge. An einem Gehölzriegel entlang, hinter dem sich ein Steinbruch verbirgt, steigen Sie wieder ab bis vor ein **Feldkreuz** und links im spitzen Winkel an der Rückseite des Gehölzes wieder leicht auf. Wenn das zweite Gehölz passiert ist, biegt der Weg sehr scharf links ab und umrundet fast einen Weinberg, der in einem **Steinbruch** liegt. Dabei steigen Sie auf einem Erdweg in einem Gehölz auf und wandern an der senkrechten Wand des Sandsteinbruchs entlang.

Bald geht es auf einem stufigen Erdpfad an einem Weidezaun entlang auf eine höhere Etage. Ein ebener Grasweg führt, begleitet von Bäumen und Büschen, weiter, bis wiederum ein Pfad mit einigen Stufen durch Wald hinableitet. Dieser Weg ist als Weg der Entschleunigung ausgewiesen. Kurzweilig wird das Zufahrtssträßchen zur Wohnungslosenhilfe der Kreuznacher **Diakonie** erreicht. Auf dem Diakoniegelände machen Sie nach halb links auf einem Weg, der durch einen Pfahl für den Fahrverkehr gesperrt ist, ein kurzer Abstecher zur **Felseneremitage ❷**.

Eremitage

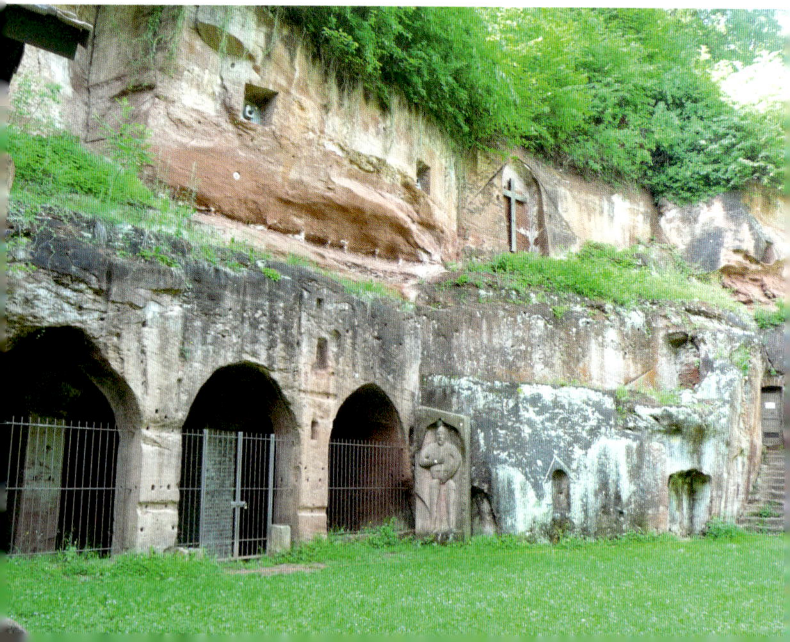

Die Ursprünge der Eremitage liegen im Dunkel der Geschichte. Möglicherweise war es bereits eine heidnische Kultstätte. Die Römer nutzten den Platz als Tempel des Mithras-Kultes. Zwischen dem 6. und 8. Jh. zogen die ersten Christen ein und begannen, ihre Klausen in den roten Fels zu schlagen. Im Jahr 1043 n. Chr. wurde die Kirche des hl. Antonius erstmals urkundlich erwähnt. Die Anlage gilt als einziges Felsenkloster nördlich der Alpen. Heute ermöglichen einige Bänke dem Wanderer während einer besinnlichen Ruhepause den Versuch, sich in diese Zeiten zurückzuversetzen.

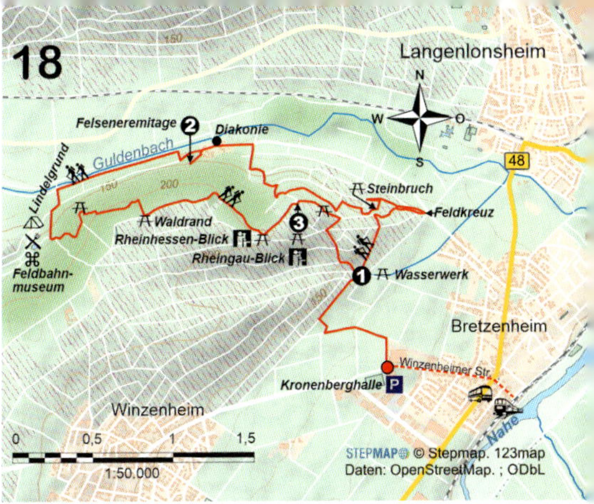

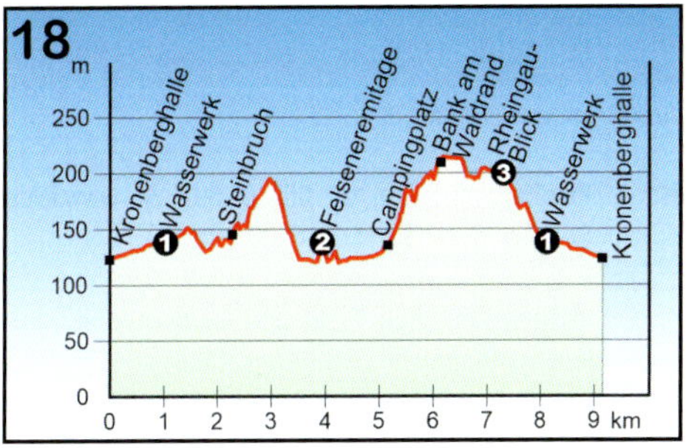

Zurück auf der Vitaltour biegen Sie von der Straße nach dem letzten Gebäude rechts in einen Grasweg zum Guldenbach ab. Hier führt der Eremitenpfad über den flachen Deich zwischen einer Wiese und der Ufervegetation aus den unterschiedlichsten Baum- und Straucharten entlang. Vogelgezwitscher und das Plätschern des Baches liefern die Begleitmusik. In Höhe der Lindelgrundbrücke endet dieser angenehme Erd-Gras-Weg. Sie erreichen den Zugang zum **Campingplatz Lindelgrund**. Im Sommer kann hier später am Tag eingekehrt und sonntags auch das Feldbahnmuseum besucht werden.

Restaurant Feldbahndepot, Campingplatz Lindelgrund, Lindelgrund 1, 55452 Guldental, ☏ 067 07/633, www.lindelgrund.de, info@lindelgrund.de, täglich in der Sommersaison 17:00-22:00

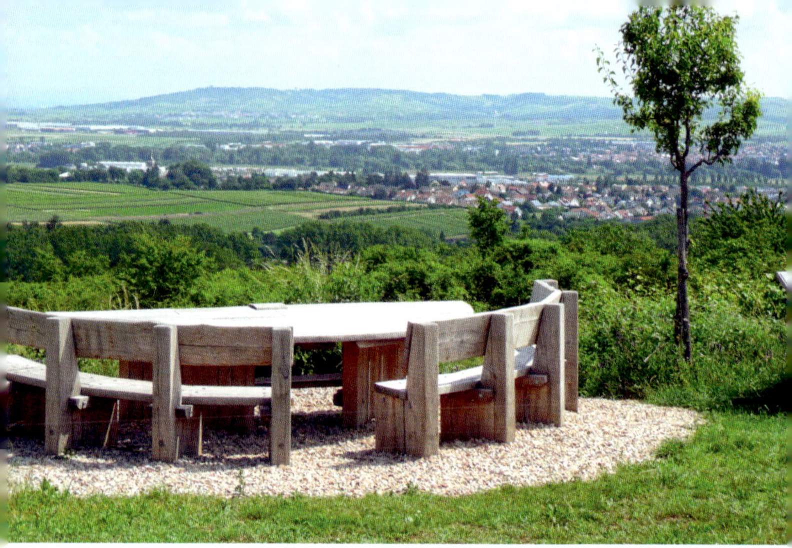

Am Rheingau-Blick

⌘ **Feldbahnmuseum,** ☏ 067 07/692, 💻 www.feldbahnmuseum.9gg.de, in der Sommersaison So 11:00-17:00

Sie steigen zwischen Wald und Campingplatz auf und sehen sich einem steil aufsteigenden Waldweg gegenüber. Diesem Weg folgen Sie aber nicht! Stattdessen leitet Sie die Markierung links in einen Pfad, der Sie im Auf und Ab durch den Wald des Lindels am „Ort der Geborgenheit" zu einem Rastplatz mit Blick nach Norden bringt. An einer **Bank am Waldrand** treten Sie wieder aus dem Wald aus. Sie folgen dem Waldrand auf dem mit Reben bewachsenen Plateau. Dann taucht der Weg nochmals in den Wald ein und kommt zum **Rheinhessen-Blick**. Zurück zur Kronenberghalle sind es nun noch 2,2 km oder ungefähr 30 Minuten. Sie werden weitere wunderschöne, in der Sonne liegende Aussichtspunkte erleben, an denen Sie rasten können.

Bereits 5 Minuten später ist der mit einem halbrunden Tisch ausgestattete **Rheingau-Blick** ❸ erreicht. Sie erkennen in der Ferne u. a. den Rochusberg und links darüber das Niederwalddenkmal. Gleich darauf kommen Sie zur **Panoramabank**, die ihren Namen zu Recht trägt. Die Blicke reichen über Rheinhessen hinweg bis zur Kalotte des Donnersbergs. Nun geht es durch die Weinberge hinab bis zu einem Feldkreuz und schließlich zum Rastplatz in der Nähe des Wasserwerks, wo sich der Kreis des Eremitenpfades schließt. Auf dem vom Hinweg bekannten Weg laufen Sie zurück zur Kronenberghalle.

⑲ Vitaltour Kuckucksweg

Tour für Freunde einer leichten Wanderung mit viel landschaftlicher Abwechslung

Diese leichte Halbtagestour umrundet das Dörfchen Hergenfeld in typisch ländlicher Umgebung. Sie bietet eine Vielfalt landschaftlicher Eindrücke: Wald, Waldränder, Wiesen, Felder und Weinberge mit vielen Aussichtspunkten. Am schönsten ist die Wanderung im späten Frühjahr, wenn die Acker- und Wiesenraine in voller Blüte stehen, und im Herbst, wenn sich das Laub der Bäume und Reben verfärbt. (Premiumweg, 68 Punkte)

- Start/Ziel: Parkplatz am Sportplatz Hergenfeld, GPS N 49°54.444‘ E 007°45.761‘
- Wanderparkplatz am Sportplatz Hergenfeld, Anfahrt von der A61 AS Waldlaubersheim über Windesheim oder von der B41 Hargesheim – Wallhausen und der K45 nach Hergenfeld
- unzureichende Verbindungen (www.rnn.info.de)
- 7,9 km
- 2 Std. 15 Min.
- 212 m/212 m
- 256-362 m
- weinrotes Vitaltour-Logo
- Wald- und Feldwege, überwiegend naturnahe Gras- und Erdwege, zweimal schmale Pfade
- Keine Einkehrmöglichkeit! Essen und Getränke mitnehmen! Das ca. 500 Einwohner zählende Hergenfeld verfügt seit 2007 über einen Dorfladen (Im Schönblick, ☏ 067 06/915 06 44) mit begrenzten Öffnungszeiten, Mi geschlossen.
- Wetterschutz unter der Tribüne am Sportplatz (km 0)
- für Kinder geeignet, ohne Höhepunkte
- nicht möglich, zwei sehr steile Waldpfade
- geeignet, Wasser nur am Limbach

Sie starten am **P Parkplatz des Sportplatzes**, laufen über die Tribüne und folgen dem Waldrand. Schon bald ergeben sich die ersten Weitblicke bis zum Donnersberg, der höchsten Erhebung in der Pfalz, und zum Heimbergturm auf dem Lemberg. Der Weg wendet sich vom Waldrand in die Wiesen, die im späten Frühjahr in voller Blüte stehen. Hier nehmen Sie 1,1 km nach dem Start mitten in den Wiesen einen **Richtungswechsel ❶** vor (Achtung, unscheinbare Markierung am Weidezaun) und queren damit das flache Tal zum gegenüberliegenden Waldrand.

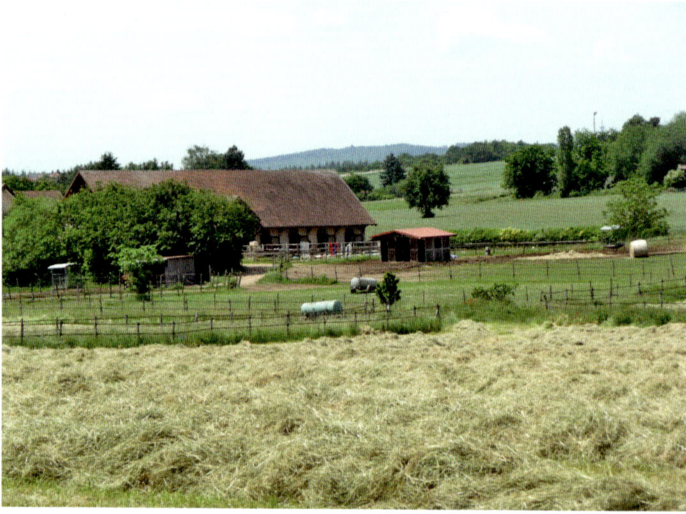

Landwirtschaft auf der Hochfläche

Auch hier folgt der Weg wieder dem Waldrand mit Blick auf einen Bauernhof und seine Wirtschaftsflächen.

Der Weg kreuzt die K47. Durch Wiesen gelangen Sie weiterhin auf Graswegen zum ersten Weinberg, der Weinlage Am Himmelberg. Der Weg macht eine scharfe Rechtskurve und führt auf Teer zur **K45** hinab. Hier fehlt eine Markierung! Die nächste findet sich ca. 50 m entfernt links unterhalb an der Straße und weist hinter einer Hecke einen Grasweg aufwärts. Sie werden anschließend durch Wiesen und Weinberge nach Süden geführt, in einem schönen Bogen Richtung K45 und bevor sie erreicht ist, geht es das Raubachtal hinab.

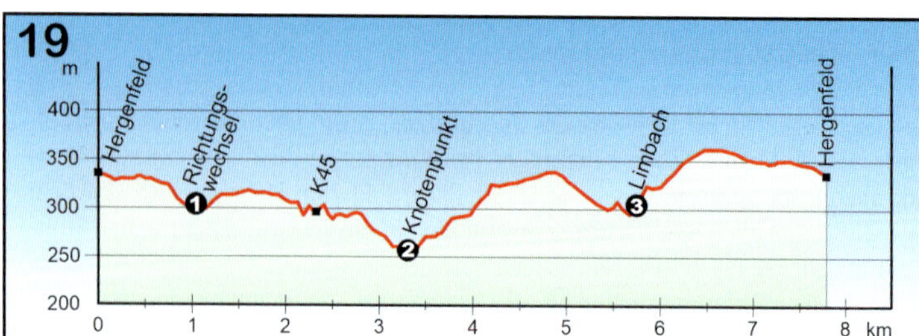

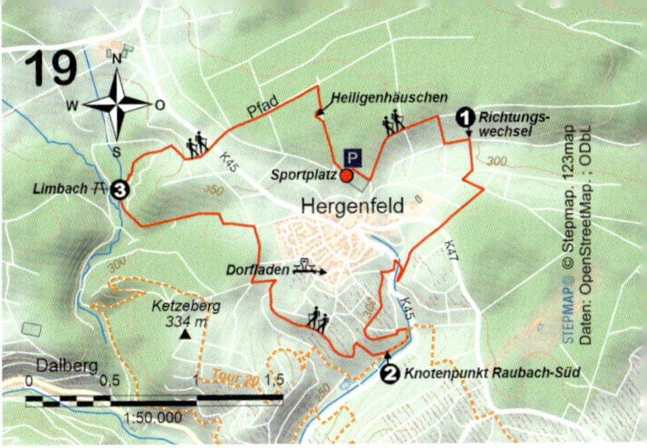

Sie treffen auf die Vitaltour Stein, Wein, Farbe und auf den **Knotenpunkt Raubach-Süd ❷**. Hier scheren Sie rechts aus und wandern wieder auf Naturwegen bei sanfter Steigung zurück auf die Höhe. Sie durchschreiten eine Apfelbaumallee und setzen die Umrundung von Hergenfeld auf breiten Kieswegen fort.

Achtung! Mitten in den Feldern westlich von Hergenfeld biegt die Route links in einen Grasweg ein und läuft sanft hinab ins Limbachtal.

Im Wald zweigt ein Pfad zum **Limbach ❸** ab, der sich als Graben darbietet. Von einer Bank im Schatten der Bäume lauschen Sie dem Vogelgezwitscher und sehen den Pferden auf der Koppel zu.

Ein Serpentinenpfad bringt Sie höher auf einen Waldweg, wieder geht es durch Felder und die K45 wird gekreuzt. Am nächsten Waldrand kann erneut die Aussicht genossen werden. Einem tiefgründig morastigen, oft nicht begehbaren Waldweg muss auf einem Pfad ausgewichen werden, der sich zwischen den Bäumen hindurchschlängelt. Die Vitaltour biegt rechts ab und macht bald einen 50-m-Schlenker zum **Heiligenhäuschen**, ein Platz der Ruhe und inneren Einkehr. Nach gut 300 m ist der Parkplatz am Sportplatz wieder erreicht.

Heiligenhäuschen

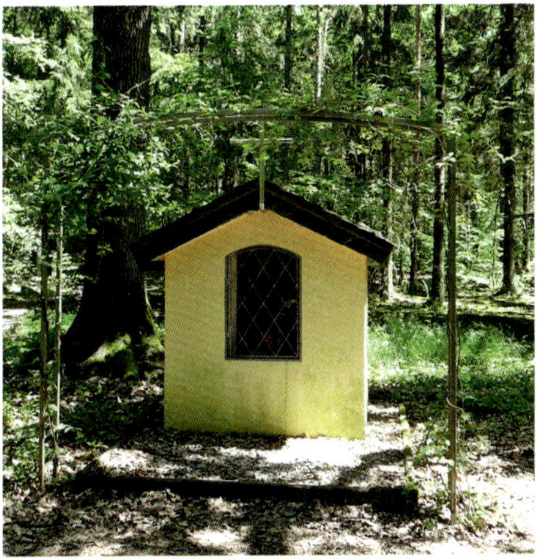

20 Vitaltour Stein, Wein, Farbe

Tour für Wald- und Weinfreunde

Diese sehr abwechslungsreiche Tour durch Wald und Weinberge, Täler und offene Höhen mit beeindruckenden Weitsichten liefert zahlreiche Einsichten in die Zusammenhänge von Geologie und Bodennutzung. Die Gesteine mit unterschiedlichen Farben, das Rotliegende, der gelbe Sandstein, der graue Phyllit und der grüne Schiefer differenzieren Terroirs und Weine. (Premiumweg, 65 Punkte)

- Start/Ziel: Parkplatz Rauer Kreuz an der L239, Abzweig K45 nach Hergenfeld, Ortsausgang 55595 Wallhausen, GPS N 49°53.443' E 007°45.555'
- P: am Start/Ziel
- Buslinie 244 Bahnhof Bad Kreuznach – Wallhausen, Haltestelle „Sportplatz“, Mo-Fr an Schul- und Feiertagen
- 11,6 km
- 3 Std. 30 Min.
- ↑↓ 408 m/408 m
- 210-332 m
- weinrotes Vitaltour-Logo
- Waldwege und Pfade sowie Weinbergswege
- Keine Einkehr am Weg!
- Rabenfels (km 2,5), Rastplatz Ketzeberg (km 3,4), Hütte auf dem Rauhberg (km 4,1), Grillhütte (km 7,1), Tisch des Weines Weingut Johannishof (km 7,2), Relaxliege und Bank (km 7,9), Rotweinplatz (km 9), Johannisberg (km 9,7)
- nur für leistungsstarke Kinder
- aufgrund schmaler und steiler Pfade ungeeignet
- Wasser mitnehmen

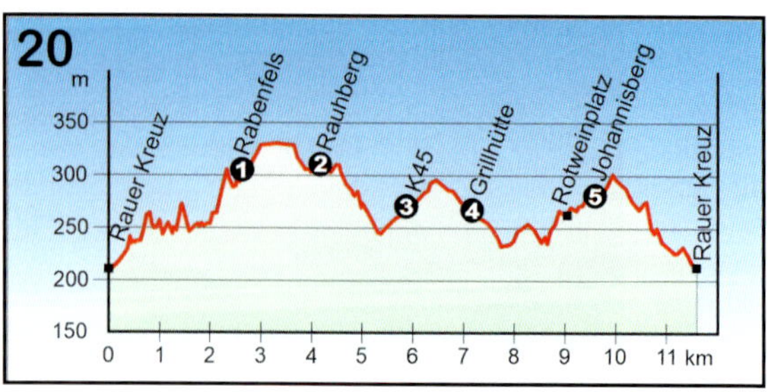

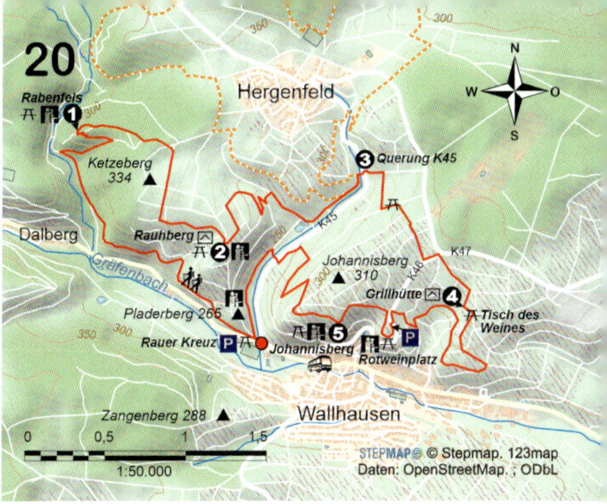

Vom **P** **Parkplatz Rauer Kreuz** mit dem namengebenden Kreuz und zwei Bänken laufen Sie zunächst kurz auf Asphalt, vorbei an einer neu errichteten Trockenmauer, in das Gräfenbachtal hinein. Vor einer Hecke steigt ein steiler Naturpfad zum Wegweiser Abzweig Pladerberg auf (☞ bequem erreichbarer Aussichtspunkt über Wallhausen mit steinernem Rastplatz).

Vom Wegweiser leitet Ihr Weg zu einer Säule, die die VDP-Große-Lage Felseneck markiert, und in einen Grasweg am Rande des Weinbergs. Sie befinden sich in einer geologischen Störungszone, in der sich Gesteine gegeneinander verschoben haben. Eine Infotafel klärt über den Grünschiefer im Wallhäuser Rabenfels auf. Ein schattiger Weg führt durch Eichen-Buchen-Wald ins Limbachtal (Wegweiser). Etwa 450 m nach dem Wegweiser verlassen Sie den Forstweg scharf rechts in einen Waldweg. Von diesem steigt ein Pfad in Kehren zum **Rabenfels ❶** auf.

Weiter geht es durch Wald. Nach Austritt aus dem Wald wird eine Wiese gequert. Nach rechts läuft ein Kiesweg durch Offenland zu einer Solitäreiche und weiter auf Gras aussichtsreich durch Weinberge. Die **Hütte auf dem Rauhberg ❷** (mit Bank) ist ein wundervoller Platz zum besinnlichen Rasten, besonders im Frühsommer, wenn die hier dankenswerterweise angesiedelten Blumen ihre ganze Pracht ausbreiten. Zu sehen sind u. a. die Burgruine Dalberg im Tal und der Donnersberg in der Ferne.

Sehr abwechslungsreich führt der Weg durch Rebflächen, Wiesen und Wald hinab ins Raubachtal. Hier machen Sie Bekanntschaft mit Wanderbruder Kuckucksweg. Der Weg läuft im Tälchen aufwärts, wendet sich nach rechts, quert die **K45 ❸** und steigt etwas versetzt einige Stufen hinauf. Nach gut 400 m durch Wiesen bieten eine Relaxliege und eine Bank an einem Gehölz, das Schatten spendet, ihre Dienste an. Graswege bringen Sie durch Rebflächen zur Kreuzung K46/K47. Ein historischer Meilenstein erinnert an eine alte Römerstraße. Jenseits der K46 führt ein Feldweg zur **Grillhütte ❹**, die etwas versteckt in einem Gehölz liegt.

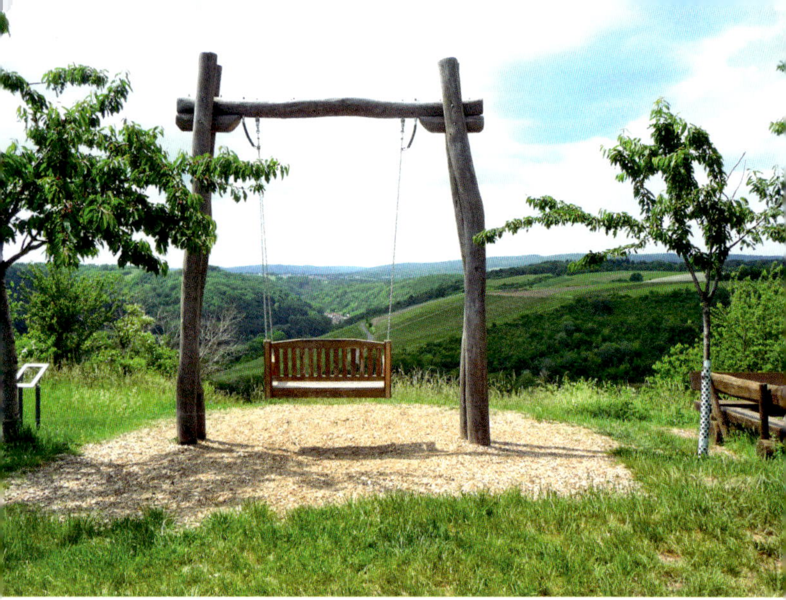

Weinbergsschaukel auf dem Johannisberg

Sogleich ums Eck steht der überdachte Tisch des Weines des Weinguts Johannishof (☏ 067 06/13 63, 📱 01 71/759 64 08, ✉ h.lunkenheimer@t-online.de).

Nun laufen Sie durch Weinberge nach Süden Richtung Gräfenbachtal und werden auf einem Panoramaweg über Wallhausen prächtige Aussichten genießen. Zunächst stoßen Sie auf eine Relaxliege und eine Bank. Begleitet von Gehölzen und Reben queren Sie den Rothenberger Graben, umlaufen eine Talmulde und kommen schließlich zum P Wanderparkplatz der Rotweinfreunde und zum auf einem Sporn liegenden **Rotweinplatz**. Als Nächstes nehmen Sie das große Kreuz auf dem **Wallhäuser Johannisberg** ❺ mit seinen Picknicktischen, Nah- und Fernsichten und Informationstafeln wahr. Die nur 300 m entfernt stehende **Weinbergsschaukel** mit Blick in das Gräfenbachtal ist das i-Tüpfelchen dieses eindrücklichen Panoramaweges.

Nachdem Sie auf 2 km Ihrer Wanderung mehr gesehen haben, als Sie aufnehmen können, senkt sich der Weg in Schleifen, quert die K45 und erreicht wieder den Parkplatz im Talgrund.

21 Vitaltour Geheimnisvoller Lemberg

Tour für große und kleine Entdecker

Top Trail, Premiumweg mit 90 Erlebnispunkten! Die Tour bietet eine äußerst abwechslungsreiche Landschaft aus Laubwäldern und Offenland mit Weinbau, weite Aussichten u. a. in das Tal der Nahe, geologische Aufschlüsse in ehemaligen Steinbrüchen, Gesteinshalden, Idylle am Silbersee und Bachtäler. Der Geisterweg und der Familienwanderweg „Findet Lemi" mit Mitmachaktionen werden Kinder begeistern. Besondere Attraktion ist eine Führung durch das Besucherbergwerk Schmittenstollen. ☺ Der Startpunkt erlaubt, die Rundtour bei Bedarf in zwei Teiltouren, eine östliche und eine westliche, aufzuteilen, jede jeweils gut 7 km lang.

Start/Ziel: Parkplatz Schmittenstollen, GPS N 49°47.070' E 007°46.910'

Parkplatz Schmittenstollen, von der B48 in Ebernburg südl. der Nahebrücke der L379 nach Feilbingert und dort der Beschilderung folgen; weitere mögliche Einstiegspunkte: Parkplatz Silbersee, Anfahrt von Feilbingert über die K83 Richtung Lemberghütte (auf das Parken an der Lemberghütte oder am Waldfriedhof Feilbingert sollte verzichtet werden!); oder Parkplatz an der L235, von dort am Stausee entlang bis Trombachtal

Anbindung an Niederhausen (Einstieg Trombachtal): Buslinie 253 von Bf. Bad Münster am Stein-Ebernburg (BME) bis Bf. Niederhausen (Mo-Fr etwa stündlich, am WE keine Verbindung), ca. 1 km Fußweg über die Nahestaumauer und am Stausee entlang bis ins Trombachtal; oder Anbindung an Bingert (Einstieg Lembergblick): Buslinie 222 (werktags überwiegend stündlich, Sa 4 Verbindungen, So keine) von Bf. BME bis Feilbingert/Ortsteil Bingert, ca. 1 km Fußweg Richtung Waldhotel Lembergblick

13,4 km

4 Std.

460 m/460 m

136-398 m

rotes Logo Vitaltour Lemberg

ganz überwiegend Naturwege, hoher Anteil schmaler Waldwege und -pfade, streckenweise Trittsicherheit in Absturzgelände erforderlich.

Landhotel und Waldgasthof Lembergblick (km 2,2), Besucherbergwerk Schmittenstollen (km 6,5), Waldgasthaus Lemberghütte (km 12), abseits des Weges in Feilbingert

Barbarablick (km 6,3), Schönster Naheblick (km 7,7), Rapunzelturm (km 8,9), Geisterbank (km 10,1), Silbersee (km 11), Montfortblick (km 11,1)

Wald, Bäche, schmale Waldpfade, Steinbrüche und unter Tage im Besucherbergwerk, Lemberg-Geisterweg, Familienwanderweg „Findet Lemi“, Einkehrmöglichkeiten. Empfohlen wird gegebenenfalls eine Teiltour.

ungeeignet wegen zu schmaler Pfade, steiler Aufstiege und Geröllstrecken

Wenig geeignet, gesamter Weg im NSG, Leinenzwang!

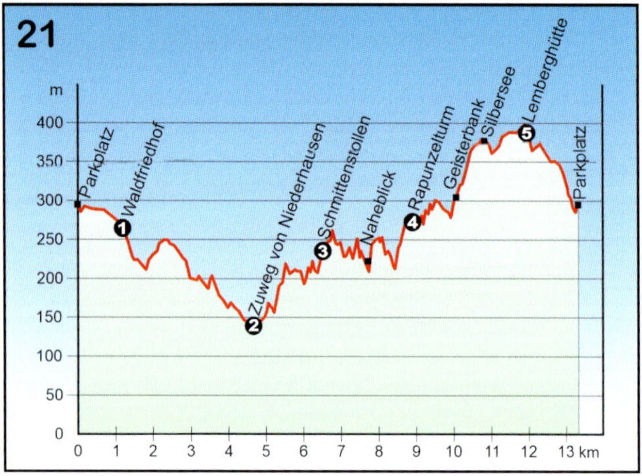

Sie starten am P Wanderparkplatz Besucherbergwerk Schmittenstollen. Auf dem Sträßchen, das Sie hergeführt hat, laufen Sie weiter knapp 200 m in den Wald bis zu einer Wegspinne (RP 6212-166), wo Sie auf die Vitaltour treffen. Hier folgen Sie rechts der Werner-Ingenbrand-Allee Richtung **Waldfriedhof** Niederhausen. Am Beginn des Waldfriedhofs ❶ biegen Sie rechts ab.

Bald wandern Sie auf grobem Weg am Waldrand hinunter in das Tal des Wildenbachs, zu Feldern und Wiesen. An einem Feldkreuz bietet sich eine erste Gelegenheit zur Pause. Der direkte Weg zum über Ihnen liegenden Landhotel ist Ihnen versperrt. Sie gehen deshalb rechts in einem Bogen hinauf, zuletzt ein kurzes Wegstück auf der Zugangsstraße.

Landhotel & Waldgasthaus Lembergblick, Waldhaus 1, 67824 Feilbingert, ☏ 067 08/26 41, www.lembergblick.de, hotel@lembergblick.de, Mo-Mi, Fr, Sa ab 17:00, So ab 11:30, Do Ruhetag

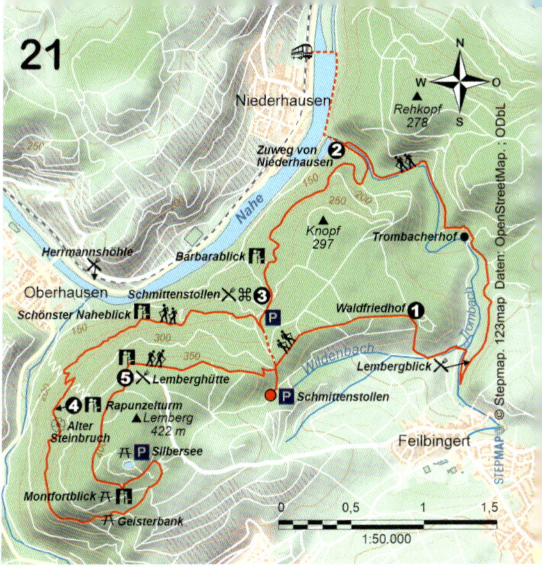

Sie wandern nun überwiegend durch Wald im oberen Hang des Trombachtals. Bald gesellt sich die VitalTour Ebernburg dazu. Der **Trombacherhof** muss auf einem Pfad mit Stufen im Abstieg rechts umgangen werden. An einer Weggabelung verabschiedet sich die VitalTour Ebernburg wieder.

Sie wandern links begleitet vom plätschernden Wasser des **Trombachs** bis zu einer ⊼ Bank, wo sich eine **Furt** befindet. Auf Trittsteinen springen Sie je nach Wasserstand über den Bach. Hier haben Sie den **Zuweg** von und nach **Niederhausen** ❷ erreicht.

Nach dieser Kehrtwende laufen Sie das Trombachtal aufwärts Richtung Besucherbergwerk Schmittenstollen. An einer **Lore** am Weg treffen Sie auf den Lemberg-Geisterweg. Die Geister erscheinen als Holzschnitzereien. Der Weg ist aufwendig in den Fels gehauen und streckenweise mit altem Natursteinpflaster belegt, was auf seine frühere große wirtschaftliche Bedeutung hinweist. Immer wieder öffnen sich herrliche Blicke ins Nahetal und auf den Soonwald, so auch vom **Barbarablick** (20 m vom Weg), einer Würdigung der Schutzpatronin der Bergleute, kurz vor dem **Schmittenstollen** ❸.

Besucherbergwerk Schmittenstollen

Es ist das einzige Besucherbergwerk in einem ehemaligen Quecksilberbergwerk in Europa. Nur ein Teil der ursprünglich größeren Quecksilbermine ist für Besucher freigegeben. Es wurde Zinnobererz abgebaut, aus dem Quecksilber gewonnen wird. Der Abbau an diesem Ort wurde erstmals 1438 urkundlich erwähnt. Es gibt aber Hinweise, dass bereits Kelten und Römer hier Bergbau betrieben haben. In moderner Zeit wurde das Erz per Seilbahn hinab ins Nahetal befördert und in Obermoschel verarbeitet. Der Bergbau endete 1939. Seit 1981 ist der Stollen für Besucher geöffnet.

⌘ Ende Mai (Pfingsten)-Ende Oktober Mi-So, Fei 11:00-18:00; Führungen 11:00-16:00, Dauer ca. 1 Std., Voranmeldung erforderlich unter ☏ 067 58/84 04 oder matthiasharke@gmx.de

⌘ ✕ Neben dem Stollen gibt es ein kleines Museum und für Kinder einen Themenspielplatz (Kontakt und Öffnungszeiten wie Schmittstollen). Die Küche mit Kiosk und Grillplatz serviert einfache Gerichte.

Der Weiterweg führt zunächst bergan Richtung Wanderparkplatz, bis ein schmaler Weg zwischen Bäumen hindurch scharf rechts abbiegt.

Im weiteren Verlauf werden Wege und Pfade in einem steilen Hang immer schmaler und erfordern Trittsicherheit und keine Angst vor der Tiefe.

Bald leitet ein Pfad durch einen ehemaligen Steinbruch. Sie treffen immer wieder auf Relikte des vergangenen Bergbaus und Gesteinsabbaus. Blicke ins Nahetal öffnen sich. Vom Schönsten Naheblick schauen Sie hinab auf Oberhausen und Niederhausen. Dann ist der Serpentinenpfad von Oberhausen hinauf zur Lemberghütte erreicht. Sie nutzen ihn, um im Hang eine Stufe höher zu steigen.

Auf diesem Weg ohne große Höhenunterschiede stoßen Sie nach etwa 200 m auf den **Rapunzelturm** ❹ (Aussichtsturm) und die Gestalt des schlafenden **Königs Lemberg**. Der Weg ist gespickt mit herzerfreuenden und teils skurrilen Kunstwerken. Lassen Sie sich überraschen! Blockschutthalden fließen den steilen Hang hinab. Eine Bank hart am Abgrund gewährt einen Blick auf Duchroth. Der Alte **Steinbruch Beutelfels** mit seinen imposanten Felswänden ist ein Naturparadies für Pflanzen und Insekten. Hier zu verweilen, ist ein Erlebnis.

Später können Sie es sich trotz des Namens auf der **Geisterbank** bequem machen, bevor der Weg im Wald ansteigt und den Wanderparkplatz Silbersee erreicht. Sie überqueren den Parkplatz und kommen nach ca. 200 m zum Stichweg, der zum **Silbersee** führt.

Nach nur 100 m ist der durch Gesteinsabbau in einem Felsenkessel liegende, kleine, abgeschiedene See erreicht. Auf einer Relaxliege können Sie entspannen.

Wenige Minuten später macht die Vitaltour vom Hauptweg eine winzige Pfadschleife nach links, um Ihnen den **Montfortblick** zu präsentieren. Von einer Bank und einer Relaxliege blicken Sie sogar bis zum Donnersberg am Horizont. An weiteren Steinbrüchen vorbei erreichen Sie nach etwa 1 km die ✕ **Lemberghütte** ❺.

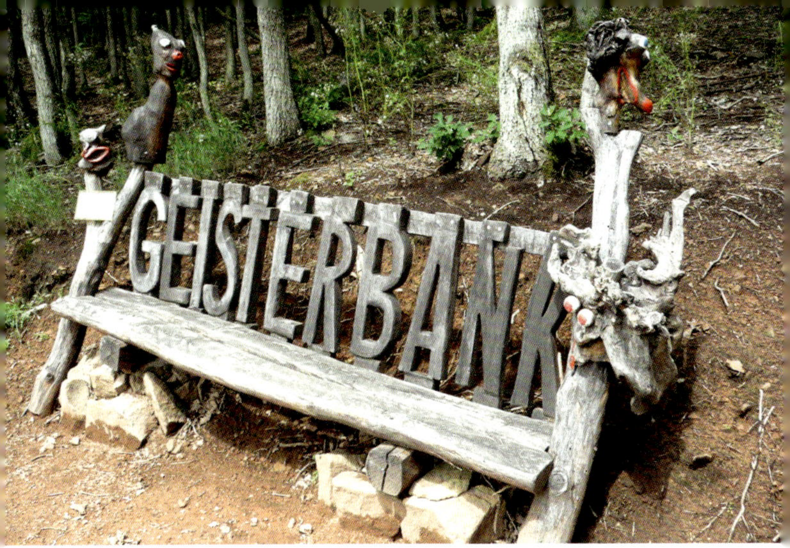

Geisterbank

Hier können Sie nicht nur den Ausblick genießen, sondern auch – passend gegen Ende Ihrer erlebnisreichen Wanderung – Speisen und Getränke.

✕ Waldgasthaus Lemberghütte, Lemberghütte 0, 67824 Feilbingert, ☏ 067 08/64 16 40, 💻 www.lemberghuette.de, 🚪 Mi-Sa ab 11:30, So ab 10:00, Ruhetage Mo, Di

Nun liegen noch etwa 20 Minuten vor Ihnen zurück zum Parkplatz des Besucherbergwerks. Bereits nach 100 m können Sie von einem Felsen, auf dem einmal ein römischer Merkurtempel stand, einen Blick ins Nahetal werfen. Die folgende Waldwanderung ist gerade richtig, um den heutigen Wandertag ausklingen zu lassen. Ein kurzer Abstieg führt zur vom Hinweg bekannten Wegspinne und rechts zurück zum **Parkplatz Besucherbergwerk Schmittenstollen**.

☺ Einkehrmöglichkeiten nach der Wanderung in der Nähe:

✕ Gasthaus zur Krone, Marktplatz 4, 67824 Feilbingert, ☏ 067 08/64 12 10, 💻 www.gasthaus-zur-krone-feilbingert.de, 🚪 Mo, Mi-Sa ab 17:00, So 11:00-14:30 und ab 17:00, mit großem Wein- und Biergarten

♦ Restaurant Hermannshöhle, Niederhausen, an der Nahe gegenüber von Oberhausen, ☏ 067 58/64 86, 💻 www.hermannshoehle-weck.de, 🚪 April-Oktober Di-So ab 12:00, November-März Mi-So 12:00-14:00 und ab 18:00

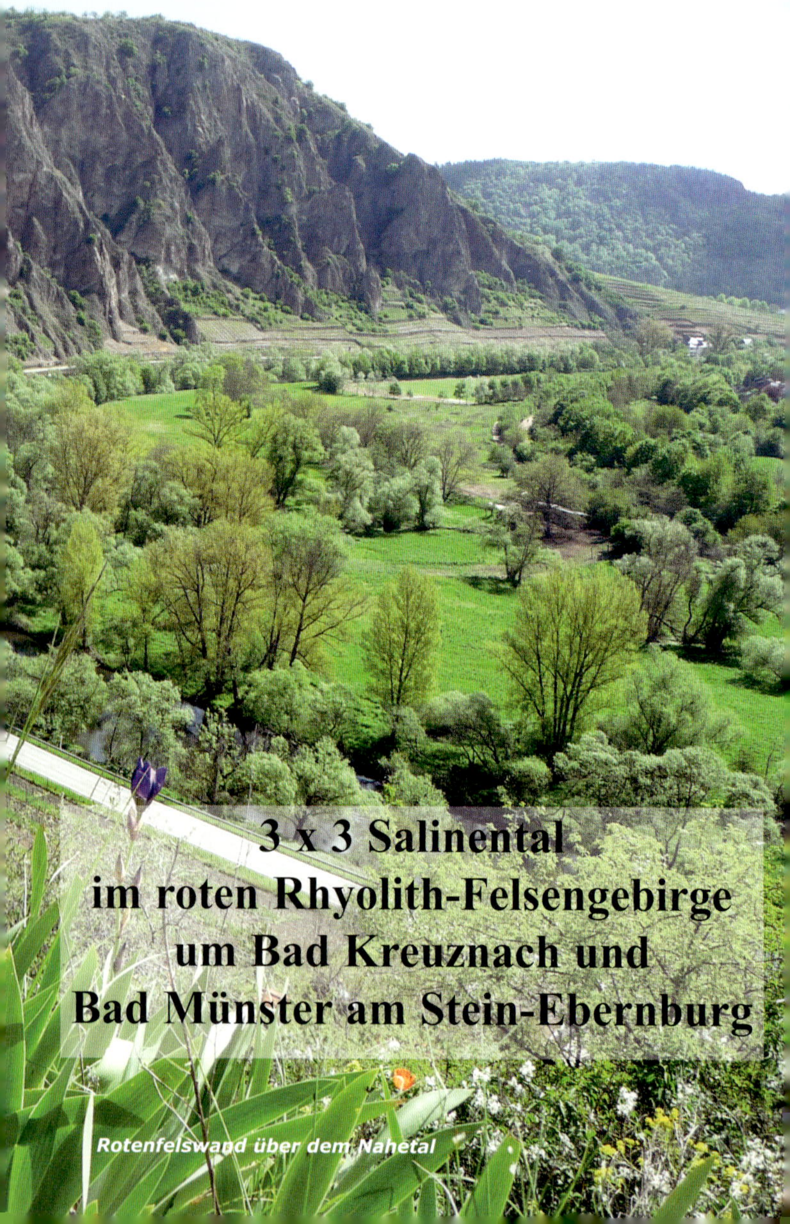

3 x 3 Salinental im roten Rhyolith-Felsengebirge um Bad Kreuznach und Bad Münster am Stein-Ebernburg

Rotenfelswand über dem Nahetal

Vulkanismus hat um Bad Kreuznach und Bad Münster am Stein-Ebernburg ein beeindruckendes Gebirge aus rotem Rhyolith-Gestein geschaffen, das durch die Nahe und die Alsenz durchschnitten und freigelegt ist. Die roten Felstürme von Rheingrafenstein und Gans steigen unvermittelt aus der Nahe auf. Die Wand des Rotenfels gilt als höchste Steilwand zwischen Alpen und Norwegen. Sie umschließen das Salinental zwischen Bad Kreuznach und Bad Münster am Stein. Die Heilquellen in diesem Tal sind ebenfalls Ausfluss des Vulkanismus.

Das Gebirge lässt oftmals nur einen schütteren Wald zu, in dem Traubeneichen überwiegen, die noch am besten mit dem felsigen, wasser- und humusarmen Böden zurechtkommen. Ihnen ist jedoch anzusehen, wie sie um ihre Existenz kämpfen müssen. Felsen und Flussauen mit ihrer jeweils typischen Flora und Fauna ergänzt um Burgruinen, Parks, Kunst und Museen sowie malerische Stadtbilder ergeben ein Gesamtkunstwerk; viele unterschiedliche Veranstaltungen vervollkommnen diesen Erlebnisraum.

Brückenhäuser über der Nahe

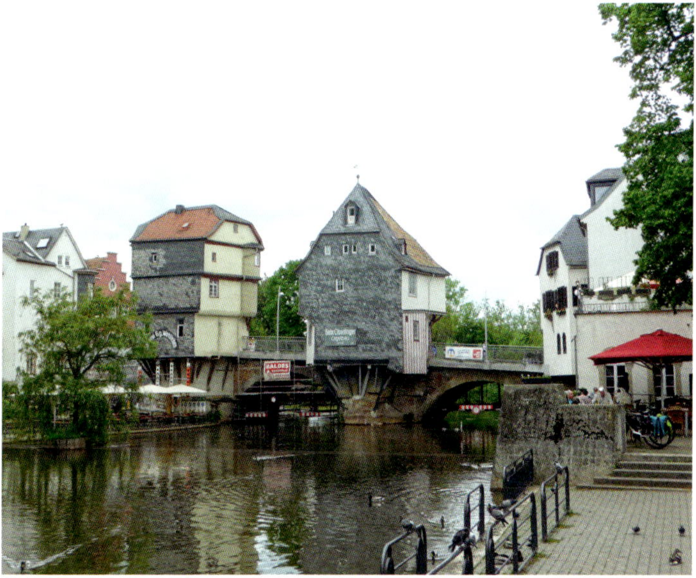

In den letzten Jahren wurde für alle drei Teilgebiete Rheingrafenstein, Rotenberg und Ebernburg ein stimmiges Konzept von Premiumwanderwegen realisiert, das für jeden Wanderer etwas bietet. Die **IntroTouren** sind kurze Spazierwanderwege mit geringen Höhenunterschieden, die für Gelegenheitswanderer, Senioren und auch für Kinder geeignet sind. Die **ClassicTouren** „bedienen" die landschaftlichen Höhepunkte und sprechen „Normalwanderer" an, bei denen der Genuss das Wichtigste ist. Die längeren **VitalTouren** mit deutlichen Höhenunterschieden sind konditionsstärkeren Wanderern vorbehalten, die über die Grundfähigkeiten des Wanderns verfügen, wie: Tritte suchen und finden, auf größtmögliche Reibung des Fußes gehen, den Körperschwerpunkt auf diesen Fuß setzen und frei von Höhenangst sein.

Die drei Touren treffen sich unterwegs und laufen auch ein Stück des Weges gemeinsam. Kombinationen aus Teilabschnitten der drei Touren sind also möglich, sodass sich jeder Wanderer auch eine individuelle Route „schneidern" kann. Dies ist auch noch während der Wanderung dank der vorbildlichen Beschilderung und Markierung möglich. Ebenso können verschiedene Leistungsgruppen, z. B. eine Familie mit Kindern oder Senioren, einen gemeinsamen Wandertag verbringen, weil man sich treffen oder eine Strecke gemeinsam wandern kann.

Jedes Gebiet besitzt wenigstens ein zentrales Wanderportal für alle drei Wege mit Informationstafel, P Parkplatz und zum Teil auch ÖPNV-Haltestelle. Einkehrmöglichkeiten befinden sich in der Nähe. Die Gehrichtung wird jeweils so gewählt, dass eine sich steigernde Dramatik ergibt.

i Bei allen touristischen Fragen helfen weiter:

- Tourist-Information Bad Kreuznach, Kurhausstr. 22-24, 55543 Bad Kreuznach, ☏ 06 71/835 00 50, www.bad-kreuznach-tourist.de
- Tourist-Information Bad Münster am Stein-Ebernburg, Berliner Str. 60, 55583 Bad Kreuznach, ☏ 067 08/64 17 80, www.bad-muenster-am-stein.de

㉒ Rheingrafenstein IntroTour

Tour für Genießer kurzer, aussichtsreicher Wanderungen

Diese Tour begnügt sich mit einem Spaziergang über das bewaldete Plateau bis zur Gans mit ihrer vortrefflichen Aussicht. (Wer daraus eine doppelt so lange Wanderung machen möchte, kann die zweite Attraktion, die Ruine Rheingrafenstein, anhängen.)

↻	Start/Ziel: Wanderportal Rheingrafenstein am Freizeitpark Kuhberg, Rheingrafenstr. 159, 55543 Bad Kreuznach, GPS N 49°48.750' E 007°51.990'
P	Parkplatz am Portal, Zufahrt: ab L412 Bad Kreuznach – Hackenheim, „Freizeitzentrum Kuhberg" folgen
Bus	Buslinie 203 vom Bahnhof Bad Kreuznach: Sa, So, Fei stündlich bis Portal (Haltestelle „Ausflugsgebiet Spreitel"), Mo-Fr halbstündlich bis Endhaltestelle „Kuhberg" und 15 Min. Fußweg bis zum Portal
➲	3,4 km
⧗	1 Std.
↑↓	116 m/116 m
⇧	261-309 m
✎	grünes Logo IntroTour
	gut begehbare Pfade und Wege, Variante mit längeren Treppen
✕	keine Einkehrmöglichkeit am Weg
	Gans (km 1,5)
WC	am Start/Ziel
	geeignet, zu ergänzen um Aufenthalt im Freizeitpark
	zum Teil steile Wege und Felsenpfade, längere Treppen bei der Variante Ruine Rheingrafenstein
	NSG, Wasser mitnehmen

Blick von der Gans auf BME, Nahe und Rheingrafenstein

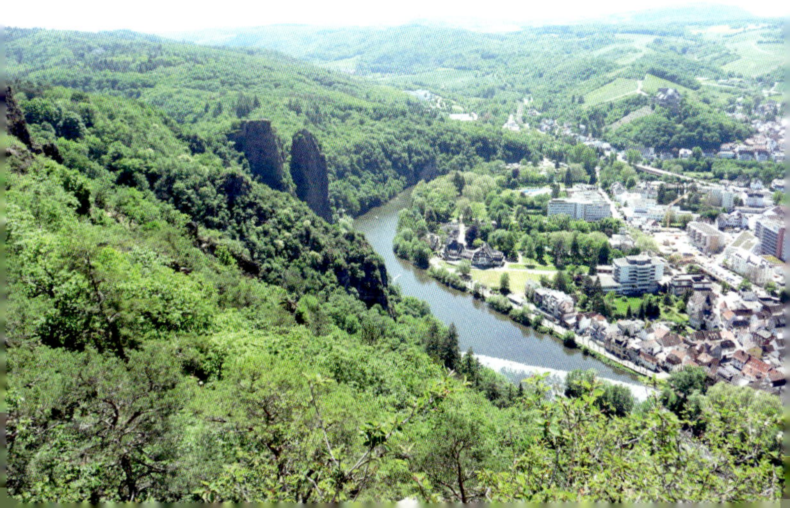

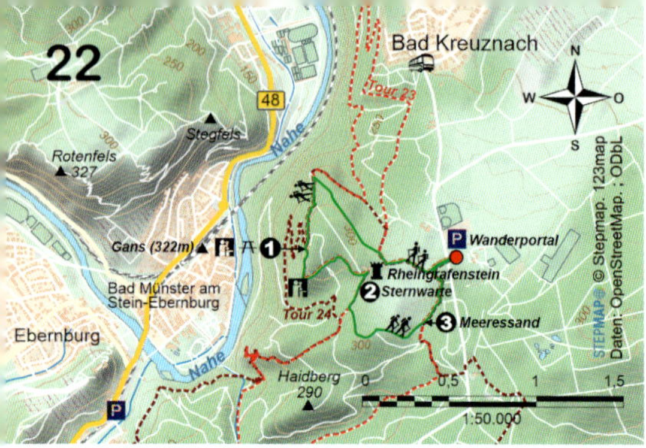

Um gegebenenfalls die Wanderung um den Besuch der Ruine Rheingrafenstein ergänzen zu können, gehen Sie entgegen dem Uhrzeigersinn! Vom **Portal** (Infotafel mit Wanderkarte, WC) überqueren zunächst alle drei Wege die Rheingrafenstraße in eine fast offene Landschaft mit auffällig vielen Pferdekoppeln. Sie folgen zunächst der Richtung „Nava, Waldspielplatz", biegen noch vor Schloss Rheingrafenstein von dem Sträßchen rechts ab und trennen sich 80 m weiter von der ClassicTour (☞ Tour 17). Fast eben geht es durch den Wald Richtung Nahetal, bis Sie wieder auf die ClassicTour treffen.

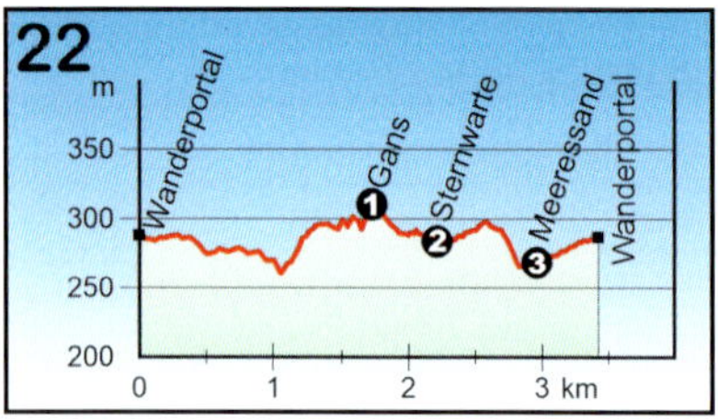

Nun steigen Sie zur **Gans ❶** auf, deren höchsten Punkt – etwa 200 m über dem Fluss – Sie in der Nähe des Umsetzers erreichen. Der Tiefblick auf Bad Münster am Stein-Ebernburg beeindruckt. Ein weiterer Aussichtspunkt schließt sich an, bevor Sie auf einem steinigen Weg absteigen. Am Schloss Rheingrafenstein biegen Sie rechts ab und passieren die **Sternwarte ❷**. Etwa 100 m danach ist eine Entscheidung zu treffen: Soll die Wanderung um den Besuch der Ruine Rheingrafenstein erweitert werden?

Variante Ruine Rheingrafenstein: Sie folgen der ClassicTour (hellrotes Logo) ca. 800 m und ca. 100 Hm hinab. Um einen Turm herum biegen Sie rechts ab und steigen auf Treppen in die Ruine bis zur Aussichtsplattform hinauf. Nahe und Kurpark liegen Ihnen zu Füßen. Auf gleichem Weg geht es zurück zum Abzweig von der IntroTour.

Die IntroTour verläuft zunächst weiter durch Wald, dann am Waldrand entlang. Das Offenland ist charakterisiert durch Sandablagerungen eines früheren Meeres und trägt deshalb den Namen **Meeressand ❸**. Maximal 10 Minuten später ist das Portal wieder erreicht.

23 Rheingrafenstein ClassicTour

Tour für Freunde kompakten Erlebniswanderns

Die ClassicTour Rheingrafenstein ist eine Waldwanderung im NSG Gans und Rheingrafenstein entgegen dem Uhrzeigersinn zu den Highlights: hinauf zur Gans und hinunter zum Rheingrafenstein und zu grandiosen Aussichtspunkten über der Nahe. Nach einem Abstieg über viele Stufen ermöglicht das Kehrenbachtal eine entspannte Rückkehr. (Premiumweg, 70 Punkte)

Rheingrafenstein Wegweiser

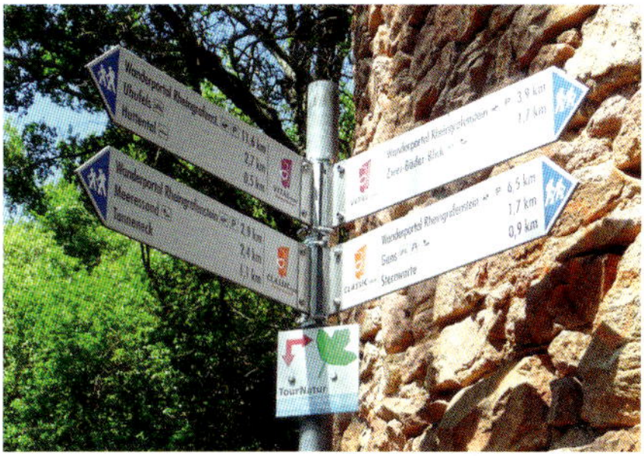

- Start/Ziel: Wanderportal Rheingrafenstein am Freizeitpark Kuhberg, Rheingrafenstr. 159, 55543 Bad Kreuznach, GPS N 49°48.750' E 007°51.990'
- P: Parkplatz am Portal, Zufahrt: ab L412 Bad Kreuznach – Hackenheim, „Freizeitzentrum Kuhberg“ folgen
- Bus: Buslinie 203 vom Bahnhof Bad Kreuznach: Sa, So, Fei stündlich bis Portal (Haltestelle „Ausflugsgebiet Spreitel“), Mo-Fr halbstündlich bis Endhaltestelle „Kuhberg“ und 15 Min. Fußweg bis zum Portal; der Einstieg in die ClassicTour ist nach gut 200 m am Waldspielplatz möglich.
- Länge: 9,4 km
- Dauer: 3 Std.
- ↑↓ 350 m/350 m
- ⇧ 160-307 m
- Markierung: hellrotes Logo ClassicTour
- Wege: Waldwege und Pfade, insbesondere über die Gans teilweise steinig, Stufenkaskade im Abstieg vom Rheingrafenstein
- Einkehr: Forsthaus Spreitel (↳ 250 m ab km 8,6)
- Rastplätze: Waldspielplatz (km 1,4), Gans II (km 4,9), Rheingrafenstein (km 6,5)
- WC am Start/Ziel
- Kinder: viele zu erforschende Dinge für ausdauernde Kinder
- Kinderwagen: ungeeignet wegen langer Treppen
- Hunde: NSG, Wasser mitnehmen

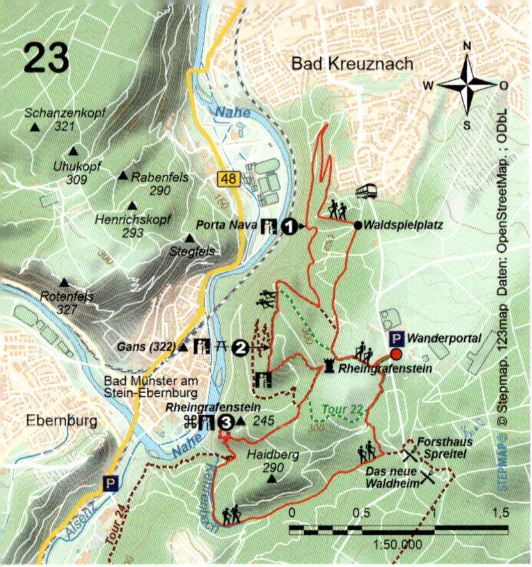

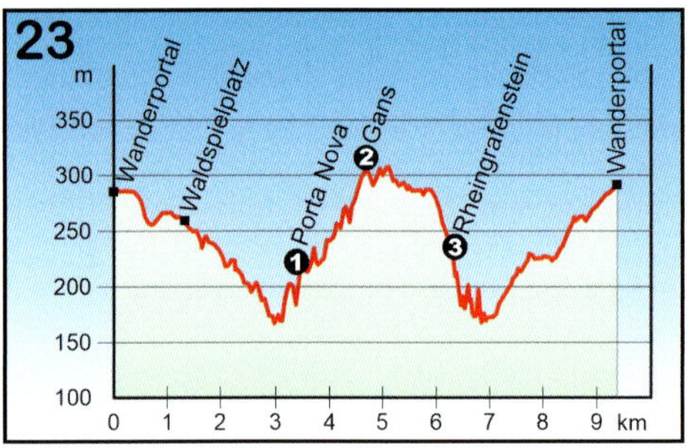

Sie starten am **Wanderportal Rheingrafenstein** (Infotafel mit Wanderkarte, WC). Nach Überqueren der Straße halten Sie sich bei der Teilung der Wanderwege rechts und folgen dem Schild Richtung „Nava, Waldspielplatz" durch Pferdekoppeln und Wiesen in den Wald. Am mit dem Wald verwachsenen **Waldspielplatz** wenden Sie sich hinab zum **Münsterblick**, dem ersten Ausblick ins Salinental. In weiten Schleifen steigt der Weg ab bis zur Hangkante. Hier sorgt ein Geländer für Sicherheit auf diesem aussichtsreichen Weg.

Die schönste Aussicht unter vielen bietet vielleicht die Felskanzel der **Porta Nava ❶**.

Der Schatten spendende Wald beim folgenden Aufstieg zur Gans ist sehr angenehm. Entdecker haben zahlreiche wilde Pfade zur Hangkante getreten. Der erste offizielle Aussichtspunkt an der **Gans ❷** liegt in der Nähe des Umsetzers, der nächste weist einen Picknickplatz auf. Ein steiniger Weg führt hinab zum ehemaligen Schloss Rheingrafenstein.

Scharf rechts, an der Sternwarte vorbei, beginnen Sie den moderaten, am Ende aber immer steiler werdenden Abstieg Richtung Nahetal. Um ein Türmchen herum biegt der nicht markierte Treppenweg hinauf in die **Ruine Rheingrafenstein ❸** von der ClassicTour ab.

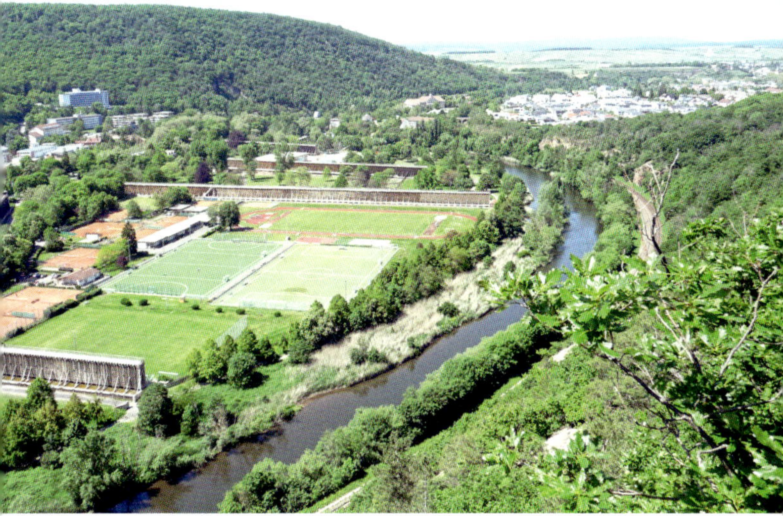

Blick von der Porta Nava ins Salinental

Der Aufstieg endet nach einer engen Treppe auf der Aussichtsplattform, die einen grandiosen Rundumblick bietet. Sie kehren zurück zum markierten Weg.

Von der Burgruine steigt die ClassicTour zunächst über viele Stufen Richtung Huttental und Fähre ab. Die zweite Treppenkaskade bleibt Ihnen erspart, weil der Weg vorher in einer Rechtskurve links in das Kehrenbachtal abbiegt. Ein bequemer und schattiger Weg führt allmählich zurück auf das Plateau. Wer einkehren möchte, zweigt oben nicht links in einen schmalen Weg ab, sondern läuft ca. 200 m geradeaus zum Forsthaus Spreitel.

Forsthaus Spreitel, Auf dem Spreitel 1 (Rheingrafenstraße), ☏ 06 71/79 67 21 50, www.forsthaus-spreitel.de, Mi, Do 17:00-23:00, Fr-So, Fei 11:00-23:00, regionale Küche

Auf dem Rückweg zum Portal zweigt die ClassicTour (siehe oben) also ca. 200 m vor dem Forsthaus links auf einen schmaleren Waldweg ab und erreicht den **Meeressand**, wo sich Sandablagerungen eines früheren Meeres zeigen. Keine 10 Minuten später ist das Wanderportal wieder erreicht.

24 Rheingrafenstein VitalTour

Tour für trainierte Wanderer

Diese Tour verbindet entspanntes Wandern in schattigen Wäldern mit dem Besuch von zwei Burgruinen, bizarren Felsen und grandiosen Aussichtspunkten. (Premiumweg, 69 Punkte)

Start/Ziel: Wanderportal Rheingrafenstein am Freizeitpark Kuhberg, Rheingrafenstr. 159, 55543 Bad Kreuznach, GPS N 49°48.750‘ E 007°51.990‘

Parkplatz am Portal, Zufahrt: ab L412 Bad Kreuznach – Hackenheim, „Freizeitzentrum Kuhberg“ folgen. Alternativ kann in die Tour eingestiegen werden: Informationspunkt und sehr aufnahmefähiger Parkplatz Zur Alsenz in Ebernburg, von B48, versteckt hinter der Alsenzbahn nördl. von Lidl, nach ca. 400 m wird südlich nach Queren der Speckerbrücke über die Alsenz die VitalTour erreicht. Weitere Alternative: über Pouilly-Fußgängerbrücke die Nahe queren und mit Handzugfähre ins Huttental (nur Ostern-Anfang November, Mo-Do 14:00-18:00, Fr, Sa, So, Fei 9:00-18:00). Weiterer Einstiegspunkt: i-Punkt und Parkplatz Altenbaumburg, von der Hauptstraße (B48) in Altenbamberg in Höhe des Bahnhofs abbiegen.

Buslinie 203 vom Bahnhof Bad Kreuznach: Sa, So, Fei stündlich bis Portal (Haltestelle „Ausflugsgebiet Spreitel“), Mo-Fr halbstündlich bis Endhaltestelle „Kuhberg“ und 15 Min. Fußweg bis zum Portal

15,4 km

5 Std.

610 m/610 m

130-330 m

weinrotes Logo VitalTour

überwiegend Waldwege und -pfade, manchmal steinig, viele Stufen im Bereich Rheingrafenstein

Forsthaus Spreitel (km 1), Das neue Waldheim (km 1,3), Burgrestaurant Altenbaumburg (km 7)

Bismarckhütte (km 5,7), Ziegenmelkerwiese (km 2,4), namenloser Rastplatz (km 6,1), Rheingrafenstein (km 11,4), Gans (km 13,8)

WC am Start/Ziel

Nur für sehr ausdauernde Kinder. Zwei Burgruinen liegen am Weg.

ungeeignet wegen vieler Treppenstufen und zum Teil steiler Pfade

Zum Teil NSG, keine Verkehrsstraßen. Wasser mitnehmen!

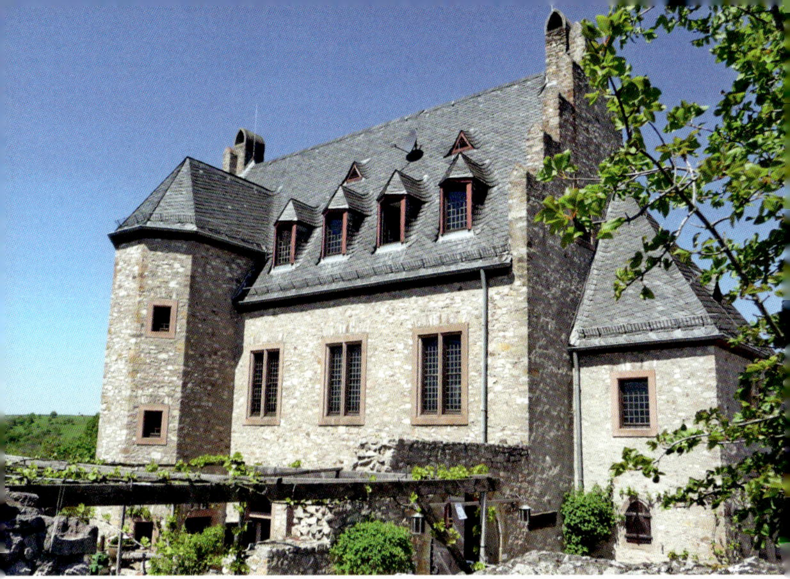

Altenbaumburg

Sie starten am **Wanderportal Rheingrafenstein** (Infotafel mit Wanderkarte, WC). Nachdem die Straße am Wanderportal gequert wurde, läuft die VitalTour an der Wegeteilung links Richtung Altenbaumburg und kommt sogleich zum **Meeressand**, wo eine Infotafel aufklärt. Innerhalb von 15 Minuten werden zwei Waldgaststätten angelaufen.

✕ Forsthaus Spreitel, Auf dem Spreitel 1, ☏ 06 71/79 67 21 50, 💻 www.forsthaus-spreitel.de, 🚪 Mi, Do 17:00-23:00, Fr-So, Fei 11:00-23:00, regionale Küche

♦ Das neue Waldheim, Forsthaus Spreitel 1, ☏ 06 71/794 87 75, 💻 www.das-neue-waldheim.com, 🚪 Mi-So, Fei 10:00-21:00 warme Küche

Der Weg läuft auf verschiedenen Wegeformaten durch den Kreuznacher Stadtwald. Am Gedenkstein für die Befreiung der Rheinlande 1931 wendet er sich nach Süden. Wo zwei Wege in spitzem Winkel auseinanderlaufen, wählen Sie den schmaleren rechten. Winzige Quertäler zwingen zu kurzen Auf- und Abstiegen. Auf der Rodungsinsel der ⊼ 🚻 **Ziegenmelkerwiese ❶** können Sie rasten und auf die Rotenfelswand und den Soonwald blicken. Schmale und breite Wege führen an Hügelgräbern vorbei zu einem Wendepunkt.

Oberhalb offener Flächen über dem Steigerhof erblicken Sie im Süden die Kuppel des Donnersberges und einige Windmühlen. Bänke laden zur Rast ein. Dann geht es wieder in den Wald und zur steinernen **Bismarckhütte ❷**. Ein Rastplatz wurde für Sie gebaut, dann neigt sich der Weg zur **Altenbaumburg ❸**. Ein schmaler Steg aus Eisen überbrückt den Halsgraben in die Burgruine.

Burgrestaurant Altenbaumburg, 06 08/35 51, www.altenbaumburg.de, Fr-Di, Fei 11:00-20:00, Burggarten, Blick ins Alsenztal

Sie gehen den Weg durch die Burgruine zurück. Jenseits des Eisenstegs verschwindet die VitalTour als sehr schmaler Pfad links im bewaldeten, steilen Hang und zieht sich bis zum **Uhufels ❹** hin, wo Sie relaxen können. Der inzwischen etwas breiter gewordene Weg erreicht nach ca. 1,2 km den Waldrand oberhalb der **Speckerbrücke ❺** in Ebernburg, wo ein Ausstieg aus der Wanderung für jene möglich ist, die ihre Wanderung am Parkplatz Zur Alsenz (siehe Infoblock) begonnen haben. Etwa 400 m weiter ist ein Aussichtspunkt mit Bank über der Mündung der Alsenz und dem Nahewehr erreicht; das Rauschen des Wassers dringt bis zu Ihnen herauf. Der Blick auf Gans und Rheingrafenstein öffnet sich.

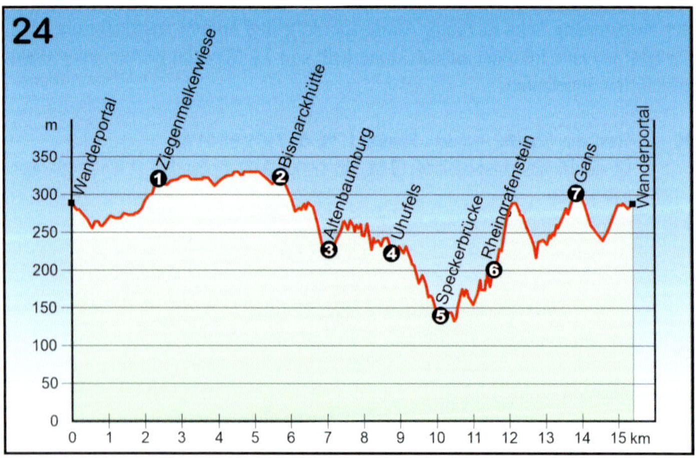

Sie wandern nun im Nordhang des Nahetals über einen weiteren Aussichtspunkt und fädeln in die Route von der Fähre hinauf zum Rheingrafenstein ein. Sehr viele Stufen liegen auf dem steilen Weg vor Ihnen. An einem Türmchen verlassen Sie die VitalTour geradeaus (nicht markiert!) und steigen die Treppen bis zur Aussichtsplattform der Ruine **Rheingrafenstein ❻** mit ihrer Rundumsicht hinauf.

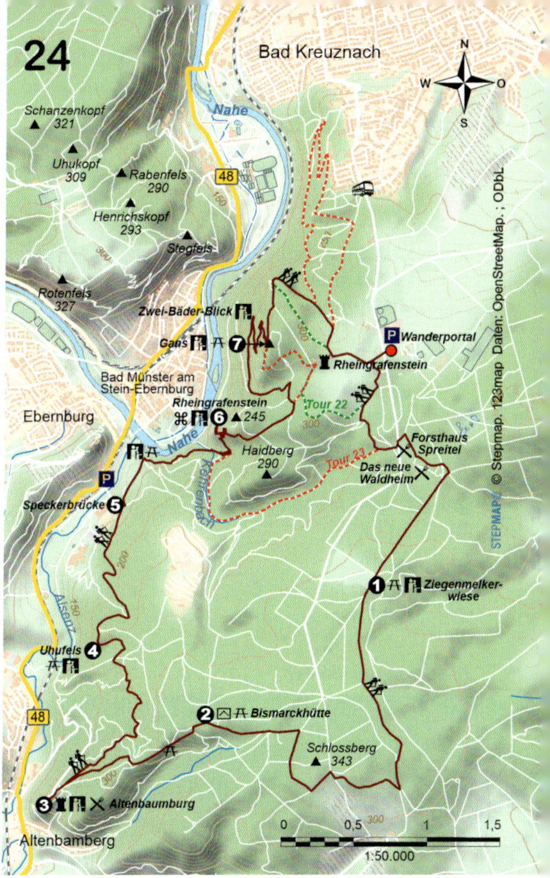

Nach Rückkehr zur VitalTour nimmt die Steigung hinauf zum Plateau allmählich ab. Von dort läuft der Weg jedoch noch einmal in eine schattige Mulde und in den Hang des Nahetals hinab. Der **Zwei-Bäder-Blick** bietet Tiefblicke auf die Kuranlagen von Bad Münster und Bad Kreuznach. Einige Blockschutthalden müssen in diesem felsigen und trockenen Hang überstiegen werden, bevor in langen Wegschleifen der Aufstieg zur **Gans ❼** vollbracht ist (Aussichtspunkt wenige Meter südlich des Umsetzers und ca. 80 m südlicher mit Rastmöglichkeit). Die VitalTour steigt nach Norden von der Gans ab und führt in einem Rechtsbogen durch Wald, später durch Offenland zurück zum Wanderportal.

25 Rotenfels IntroTour

Tour für Menschen, die in aller Kürze Landschaftsdramatik erleben möchten

Diese Spazierwanderung führt mit geringen Höhenunterschieden im Uhrzeigersinn über das Rotenfelsplateau. Beeindruckend ist der aussichtsreiche Gang entlang der Abbruchkante der Rotenfelswand.

Start/Ziel: Wanderportal Rotenfels, Auf dem Rotenfels 4, 55595 Traisen, GPS N 49°49.218' E 007°50.124'

P am Start/Ziel, Zufahrt von Traisen über sehr schmale und kurvenreiche Straße (langsam und vorausschauend fahren, Licht einschalten!), Parkplatz am Ende der Straße links

keine Anbindung

3,1 km

55 Min.

96 m/96 m

237-311 m

Blick von der Bastei

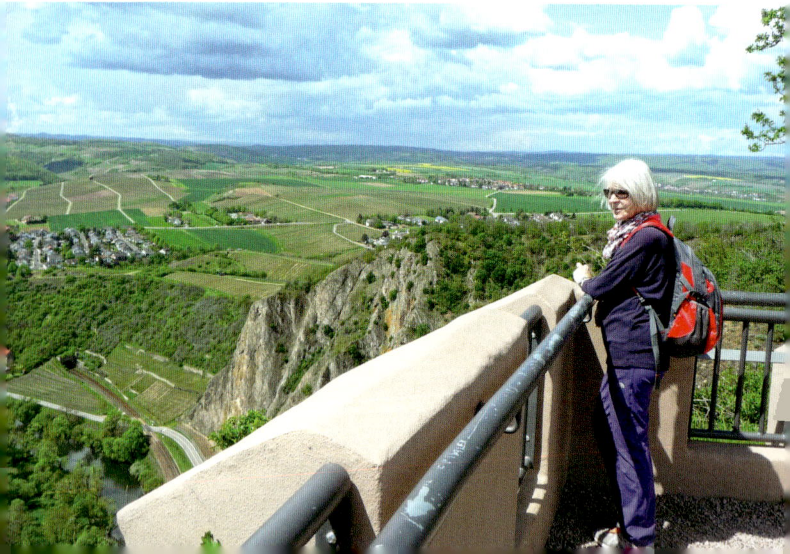

✎ grünes Logo IntroTour
ausschließlich gepflegte Wege und Pfade
✕ Gasthaus zur Bastei (100 m vom Portal)
Ѫ Portal (km 0), Rotenfels (km 0,3), Rabenfels (km 0,8), mehrere entlang der Felskante bis zur Bastei (km 2,6)
geeignet bei entsprechender Aufsicht, Absturzgefahr
für Buggys geeignet
geeignet bei entsprechender Aufsicht

Sie laufen vom **Portal** (Infotafel mit Wanderkarte, Ѫ Rastplatz) über den **P** Parkplatz und über eine Wiese südlich des Gasthauses zum Waldrand und an diesem links.

✕ **Gasthaus zur Bastei**, Auf dem Rotenfels 4, 55595 Traisen, ☏ 06 71/317 01, Fr-Mi 11:00-18:00

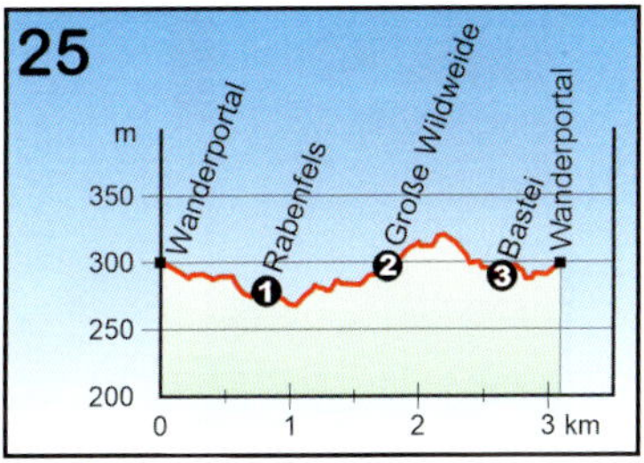

Sie stoßen auf einen schattigen Ѫ Rastplatz, wo die ClassicTour direkt zum Rabenfelsen läuft. Die IntroTour wählt den nächsten Abzweig und nach 100 m gehen Sie rechts einen Weg durch Buchenwald. Ein Stichweg führt zum Ѫ **Rabenfels** ❶ mit einer mit Laub umkränzten Aussicht über das Salinental. Ein Waldweg windet sich durch eine leichte Senke und vorbei an der **Großen Wildweide** ❷ zur Kante der Rotenfelswand. Ein gepflegter Weg führt mit beeindruckenden Fern- und Tiefsichten in das Nahetal hart an der Abbruchkante entlang nach Westen. Höhepunkt der Tour ist die Felsenkanzel der Ѫ **Bastei** ❸.Von dort entfernt sich ein bequemer Waldweg zurück zum Wanderportal.

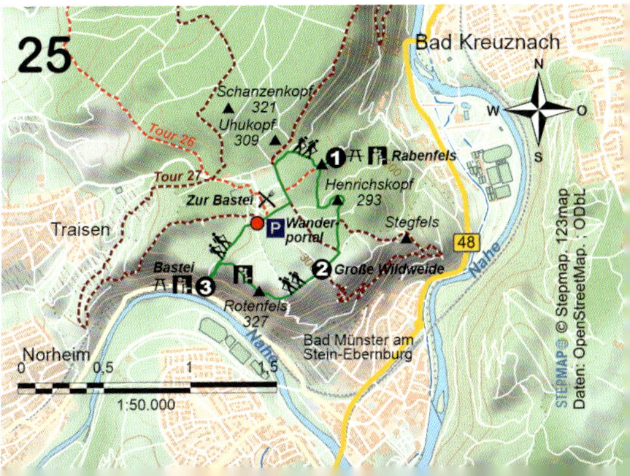

26 Rotenfels ClassicTour

Tour für Freunde des vielfältigen Landschaftswechsels

Die ClassicTour Rotenfels ist eine Halbtagestour für Genießer im Uhrzeigersinn rund um das Rotenfels-Plateau, durch Wald, an aussichtsreichen Waldrändern und – wie bei der IntroTour – oberhalb der Rotenfelswand entlang. (Premiumweg, 78 Punkte)

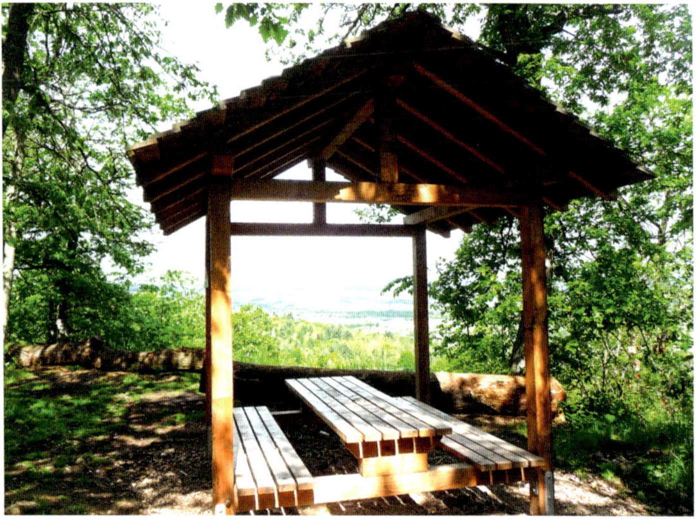

Am Soonwaldblick

Start/Ziel: Wanderportal Rotenfels, Auf dem Rotenfels 4, 55595 Traisen, GPS N 49°49.218' E 007°50.125'

am Start/Ziel, Zufahrt von Traisen über sehr schmale und kurvenreiche Straße (langsam und vorausschauend fahren, Licht einschalten!), Parkplatz am Ende der Straße links

keine Anbindung

9,1 km

3 Std.

235 m/235 m

⇧ 190-310 m

✕ Gasthaus zur Bastei (100 m vom Portal)

✎ hellrotes Logo ClassicTour

überwiegend Waldwege und -pfade

Portal (km 0), Soonwaldblickhütte (km 3,5), Karlshöhe (km 4,5), Leni-Müller-Hütte (km 5,2), Elisabeth-Hütte (km 5,6) Rabenfels (km 6,7), Bastei (km 8,5)

geeignet für wandergewohnte Kinder

nicht geeignet, eine längere Treppe

geeignet, Wasser mitnehmen

Vom Wanderportal (Infotafel mit Wanderkarte, Rastplatz) überqueren Sie den **P** Parkplatz, lassen das Gasthaus rechts liegen und queren die Straße.

✕ **Gasthaus zur Bastei**, ☏ 06 71/317 01, Fr-Mi 11:00-18:00

Blick von der Karlshöhe auf Bad Kreuznach

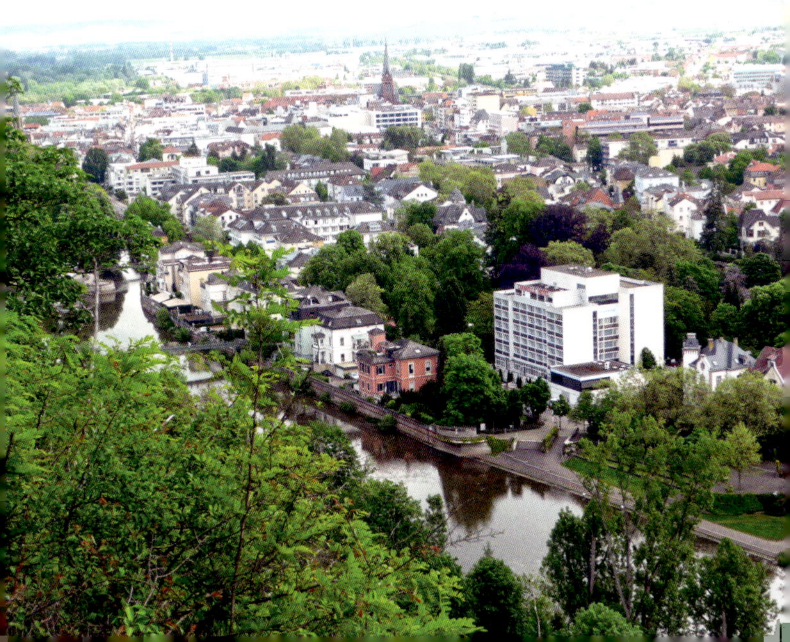

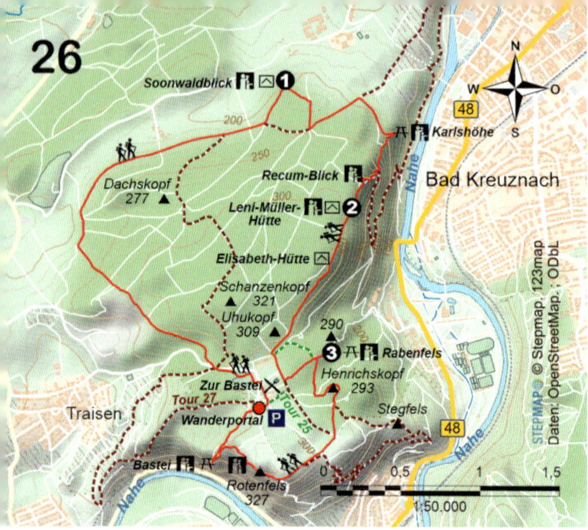

Sie umrunden den Rasenplatz und queren die Straße nach dem RP 6112-804 nochmals. Die ClassicTour verschwindet in einem grünen Tunnel und führt oberhalb des Traisener Steinbruchs entlang, der sich Ihren Blicken durch einen aufgeschütteten Damm entzieht. Der Weg passiert den Urmeerstrand und senkt sich bis zum Waldrand ab. Danach geht es auf breiterem Weg knapp hinter dem Waldrand weiter; die Landschaft ist durch die Bäume hindurch sichtbar. Am **Soonwaldblick ❶** bietet sich vom überdachten Rastplatz und von gut platzierten Baumstämmen eine weite Sicht zum Soonwald.

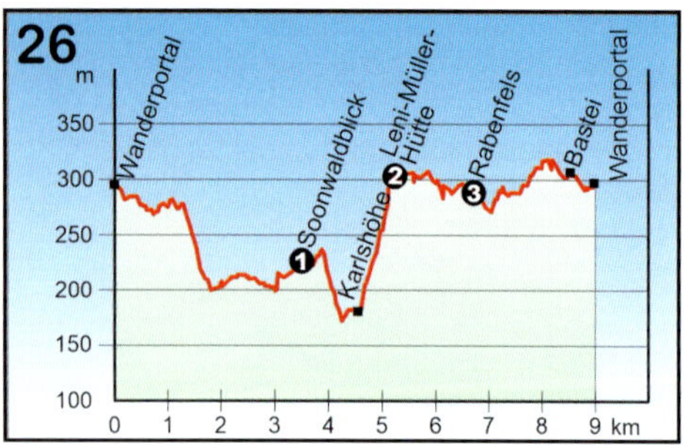

Nach ca. 300 m biegen Sie links in einen Hohlweg ein und gehen auf Stufen hinab zum RP 6113-025. Hier biegen Sie rechts ab und genießen nach weiteren 300 m von der exponierten Karlshöhe einen Blick über die Kurstadt. Ein Treppenweg steigt zum Recum-Blick auf. Ein Serpentinenweg führt noch weiter hinauf. An der **Leni-Müller-Hütte ❷** können Sie verschnaufen und nach Rheinhessen und bis zum Odenwald schauen. Der Weiterweg ist zunächst äußerst komfortabel, bis Sie zur **Elisabeth-Hütte** in einen steinigen Weg Richtung Portal einbiegen. Schon fast am Portal macht die ClassicTour eine Schleife zum **Rabenfels ❸**. Der Weg führt durch dichten Wald zur Abbruchkante der Rotenfelswand. Dieses Highlight lässt sich keiner der drei Touren entgehen. Die faszinierenden Tief- und Weitblicke kulminieren an der **Bastei**. Von dort erreichen Sie bequem wieder den Parkplatz.

27 Rotenfels VitalTour

Tour für routinierte und konditionsstarke Wanderer

Neben dem Rotenfelsplateau werden auf dieser Tour auch der Schlosspark (Kultur), die Altstadt (in Bad Kreuznach „Neustadt" genannt), die Brückenhäuser und das Nachtigallental besucht sowie in die Flanke des Rotenfels abgestiegen. (Premiumweg, 74 Punkte)

- Start/Ziel: Wanderportal Rotenfels, Auf dem Rotenfels 4, 55595 Traisen, GPS N 49°49.218' E 007°50.125'
- am Start/Ziel, Zufahrt von Traisen über sehr schmale und kurvenreiche Straße (langsam und vorausschauend fahren, Licht einschalten!), Parkplatz am Ende der Straße links
- Bahnfahrer auf den Strecken Saarbrücken – Mainz und Kaiserslautern – Koblenz erreichen die VitalTour vom Hbf. angenehm durch die Fußgänger/Einkaufszone der Mannheimer Straße und können hinter den Brückenhäusern in die Runde einsteigen.
- 16,6 km
- 5 Std. 30 Min.
- 640 m/640 m
- 102-310 m
- weinrotes Logo VitalTour
- abwechslungsreiche, gut wanderbare Wege
- Gasthaus zur Bastei (100 m vom Portal), weitere im Schlosspark, der Neustadt, am Kornmarkt und im Kurpark
- Portal (km 0), Götzenfelsblick (km 1,5), Dachskopf (km 3,9), Oertelshütte (km 10,3), Leni-Müller-Hütte (km 11,1), Elisabeth-Hütte (km 11,5), Rotenfels (km 12,5), Stegfelshütte (km 13,9), namenlose Hütte nach Aufstieg aus der Rotenfelsflanke (km 15,1)
- nicht geeignet
- nicht geeignet wegen steiler Wege und Treppen
- nicht geeignet

Am **Wanderportal** (Infotafel mit Wanderkarte, Rastplatz) schickt Sie die VitalTour-Markierung jenseits der Straße rechts in den Wald Richtung Götzenfelsblick. (Von geradeaus kehrt die VitalTour von ihrer Runde zurück.) An der ersten Kreuzung führt ein Waldweg links über das Plateau, zunächst eben, dann mit leichtem Gefälle. Nach etwa 800 m ist die Wandkante an einem Aussichtspunkt erreicht. Ebernburg und das Nahetal liegen unter Ihnen.

Nun geht es auf Stufen und Treppen steiler hinab. ✋ Vorsicht, Stolperfallen! Diese sind mit roter Farbe kenntlich gemacht. Die verführerische Aussicht sollte nur bei Stillstand genossen werden, denn ein Stolperer im Abstieg kann fatale Folgen haben!

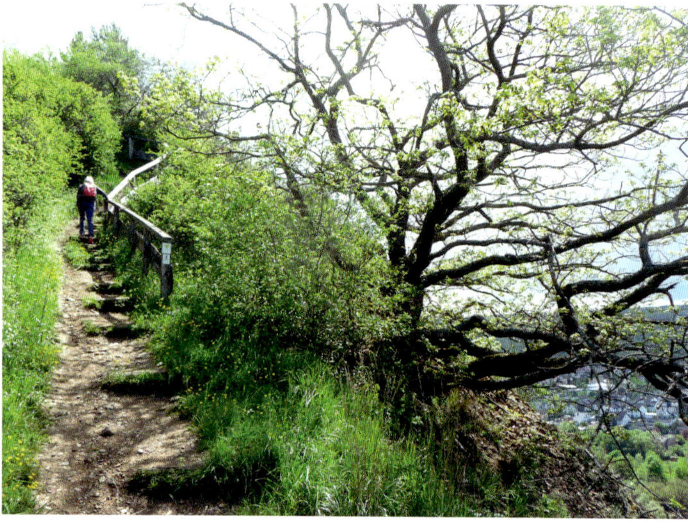

Weg am Götzenfels

Beim Abstieg in den Weinbergen ist die Gefahr vorüber. Am Wende- und tiefsten Punkt, dem **Götzenfelsblick ❶**, ist der Blick in die Wand des Rotenfels besonders beeindruckend. Danach geht es durch Weinberge und Retentionsflächen (Überschwemmungsfläche) aussichtsreich über den Dächern von Norheim und Traisen wieder hinauf auf das Plateau, zuletzt durch Wald bis zur Zugangsstraße.

Die VitalTour quert die Straße in einen breiten Asphaltweg, um nach 100 m links in einen zunächst undeutlichen Weg durch Eichenwald einzubiegen. Nach einer Kreuzung mit Bank wurde der Weg 2021 frisch geschottert. Bald führt ein angenehmer Waldweg weiter, passiert den **Rastplatz Dachskopf ❷** aus Baumscheiben, senkt sich ab und fädelt in die ClassicTour ein.

Sie erreichen, anders als auf der ClassicTour, den Soonwaldblick jedoch nicht, sondern biegen hinter der Umspannanlage, **Abzweig Umspannwerk ❸**, vom breiten Weg ab und laufen in einem Hohlweg hinab bis zum RP 6113-025 am Waldrand. Bald werden Sie von Reben begleitet. Ihre Blicke fallen hinab ins Kurviertel.

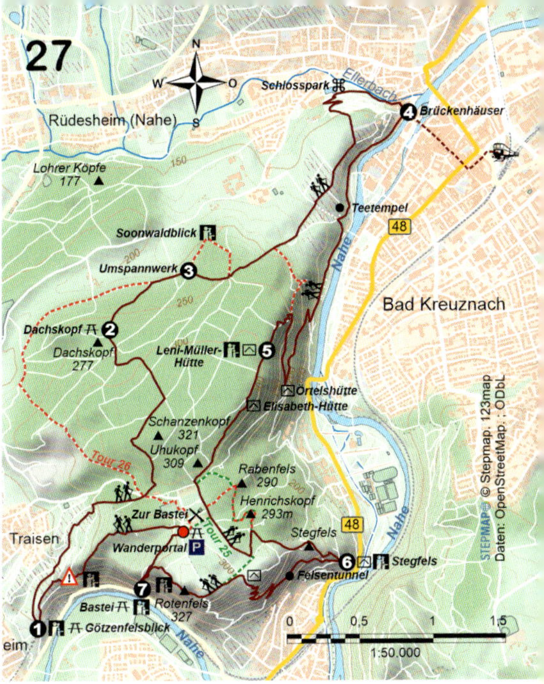

Dann führt ein Serpentinenpfad (Rutschgefahr bei Nässe!) durch Wald abwärts in den Schlosspark. Wer Zeit und Laune hat, kann eines der Museen besuchen. Weiter geht es durch die Altstadtgassen der sogenannten Neustadt bis zur Nahebrücke mit ihren bekannten **Brückenhäusern ❹**. Es bieten sich einige Einkehrmöglichkeiten.

Noch vor der Nahebrücke treten Sie durch die Klappergasse den Rückweg an und gewinnen auf dem Panoramaweg, der seinem Namen Ehre macht, allmählich an Höhe. Unterhalb des Teetempels verlassen Sie den Panoramaweg auf einem Treppenweg links hinab in den Hang des Nahetals. Der Weiterweg ist gekennzeichnet durch schmale Pfade.

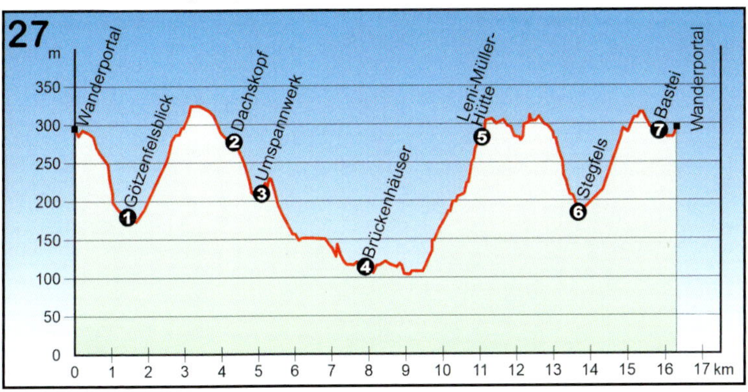

An der mit Efeu bewachsenen und aussichtsreichen Oertelshütte wendet die VitalTour und steigt vorbei an weiteren Aussichtsbänken zuletzt in Kehren hinauf zur **Leni-Müller-Hütte** ❺. Es bietet sich ein weiter Blick hinein nach Rheinhessen und zum Odenwald am Horizont.

Unangestrengt geht es zur Elisabeth-Hütte und leicht abwärts zur Rodungsinsel auf dem Rotenfels, wo gegebenenfalls eine Pause im Gasthaus willkommen ist.

Gasthaus zur Bastei, ☏ 06 71/317 01, Fr-Mi 11:00-18:00

Nach moderatem Gang über das Plateau geht es schließlich rund 150 Hm in die Flanke des Rotenberges hinab, wobei Bäume etwas die Blicke in die Tiefe verstellen. Vom **Stegfels** ❻ schweift der Blick über Bad Münster am Stein-Ebernburg. Nun müssen Sie die 150 Hm wieder hinaufsteigen. Zunächst wird die Flanke gequert, wobei ein kurzer Tunnel ein kleines Schmankerl bietet. Dann steigt ein gegebenenfalls der Sonne ausgesetzter Serpentinensteig wieder zur Hangkante und zu einer Hütte auf. Der Gang über den Abstürzen der Rotenfelswand bis zur **Bastei** ❼ bildet den gelungenen Abschluss dieser eindrucksvollen Wanderung, die anschließend zum Portal zurückführt.

Tiefblick in die Rotenfelswand und auf die Nahe

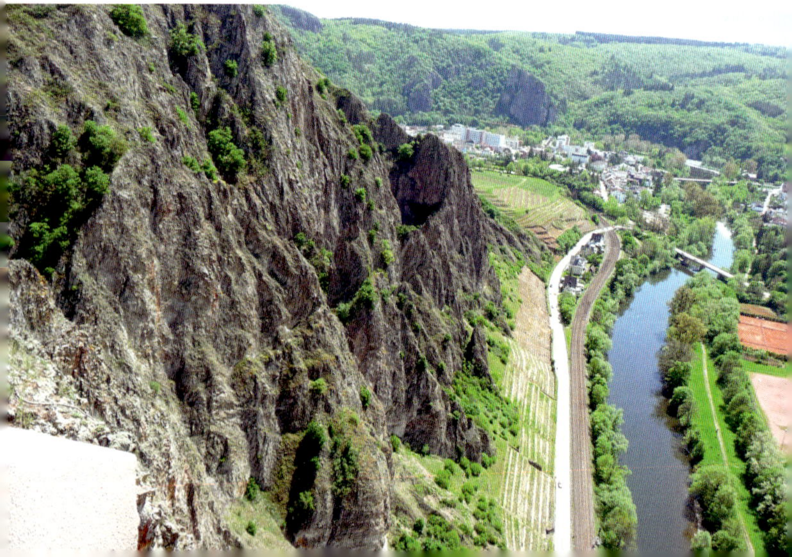

28 Ebernburg IntroTour

Tour für Freunde gemütlicher Spazierwanderungen

Auf der Tour erwartet Sie ein wenig Kultur zu Beginn. Unangestrengt geht es durch die wahrscheinlich blühende Naheaue und gegen Ende finden Sie in den Gassen der Altstadt von Ebernburg Möglichkeiten zur Einkehr in Weinschenken.

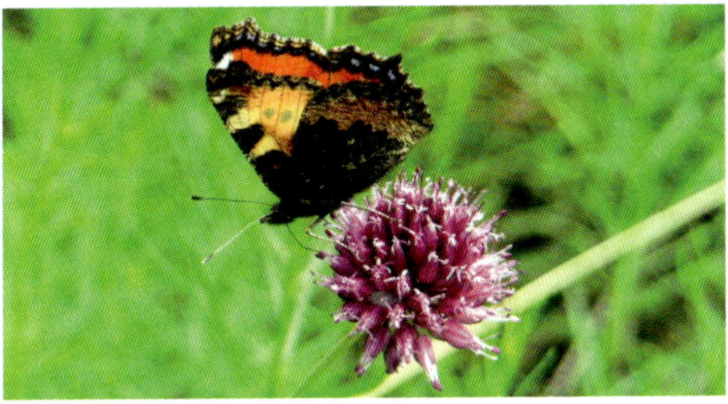

Am Wegesrand

Start/Ziel: Wanderportal Ebernburg, Burgstr. 37 (nach der Feuerwehr), 55583 Bad Münster am Stein-Ebernburg, Ortsteil Ebernburg, GPS N 49°48.350' E 007°49.840'

Parkplatz am Wanderportal, Zufahrt von B48 südlich der Nahebrücke in Ebernburg Richtung „Ebernburg, Feilbingert" (L379), Schlossgartenstraße folgen, nach dem Kreisel links in die Burgstraße

Buslinie 222 vom Bahnhof Bad Kreuznach oder Bahnhof Bad Münster am Stein bis Haltestelle „Schöne Aussicht" (werktags stündlich, Sa 6 und So, Fei 2 Verbindungen) und ca. 10 Minuten Fußweg entlang der Schlossgartenstraße bis Burgstraße/Feuerwehr

4,3 km

1 Std. 30 Min.

117 m/117 m

111-175 m

grünes Logo IntroTour

ganz überwiegend Wiesenwege

mehrere Einkehrmöglichkeiten im Ort

am Portal (km 0), Skulpturenpark (km 0,7), Unterm Rotenfels (km 2,1)

Kurzwanderung, auch für Kinder geeignet

ein längerer Treppenaufstieg

Wasser mitnehmen, gegebenenfalls Hundebaden in der Nahe

Sie starten am Wanderportal Ebernburg (Infotafel mit Wanderkarte, ⩚ Rastplatz). Da Sie im Uhrzeigersinn laufen werden, wenden Sie sich zunächst zum Feuerwehrhaus und werden jenseits der Schlossgartenstraße zum Ortsrand geleitet. Von dort steigen Sie auf einem Grasweg zum ⩚ **Rastplatz am Steinskulpturenpark ❶** auf.

Die IntroTour läuft nun am Steinskulpturenpark und -museum hinab und gibt einen ersten Eindruck vom Schaffen des international bekannten Bildhauerpaares Kubach-Wilmsen (☞ Erläuterungen siehe ClassicTour). Dann geht es im Frühsommer auf einem Feldweg durch wogende Getreidefelder.

Die Tour knickt links ab und führt über den Naheradweg hinweg in die Naheaue. Hier folgt der Weg dem Lauf der Nahe bis vor die Sportplätze, wo Sie frontal auf die Steilwand des Rotenfels zusteuern. Vom großen ⩚ **Rastplatz Unterm Rotenfels ❷** kann die Wand, die Ihr gesamtes Blickfeld einnimmt, ausgiebig betrachtet werden. Sie laufen begleitet von viel Grün auf dem Naheuferweg unter der Friedensbrücke hindurch. Am ersten Haus in Ebernburg wenden Sie sich vom Fluss ab und steigen am unscheinbaren **Grasbach** hinauf in das Burgstädtchen.

Blick auf den Ort Ebernburg und die Rotenfelswand

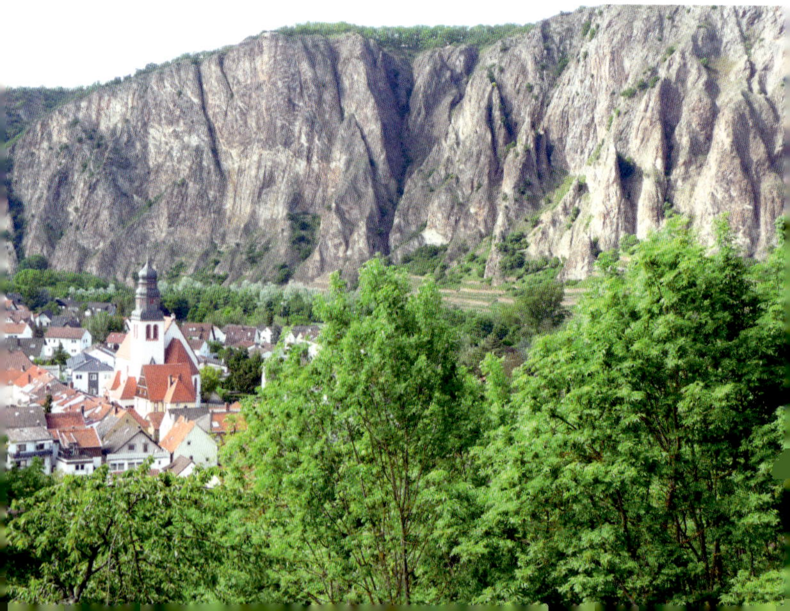

Sie überqueren die Schlossgartenstraße und laufen durch die Gassen der Turm- und der Burgstraße. Dabei bemerken Sie einige Einkehrmöglichkeiten. Ab Jungs Weingarten steigt ein Treppenweg (Fritz-Göbel-Weg) bis vor die Burgmauern auf. Oben haben Sie wenige Meter nach links an der **Ebernburg-Aussicht** ❸ einen beeindruckenden Blick auf den Ort hinüber zur Rotenfelswand. Wenige Meter weiter steht das Hutten-Sickingen-Denkmal auf einem kleinen Plateau.

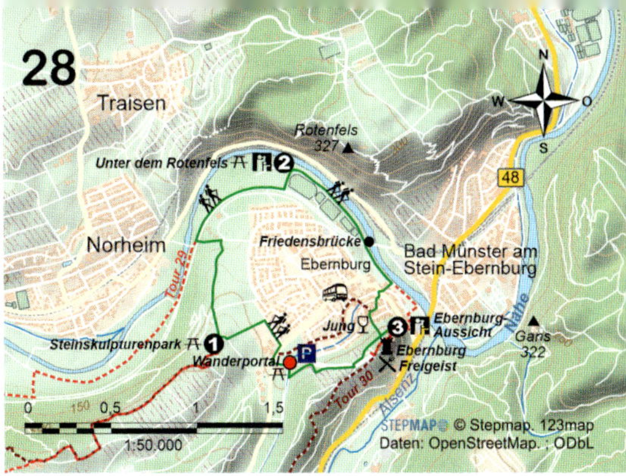

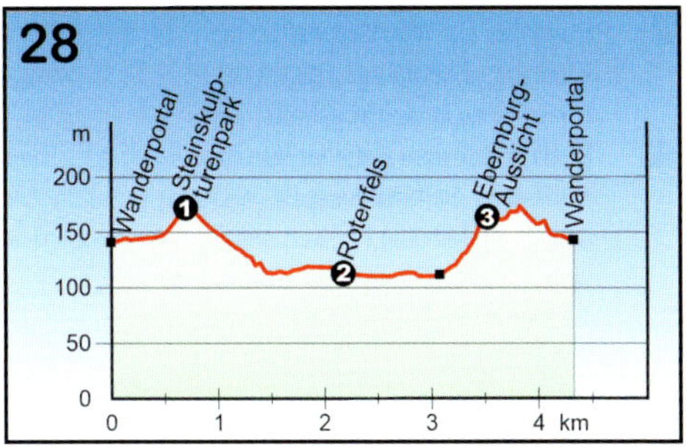

Sie beenden den Abstecher und wandern unterhalb der Burgmauern in die Weinberge. Zuerst rechts, dann links des Zufahrtssträßchens zur Ebernburg steigen Sie zum **Wanderportal** ab und beenden Ihre Spazierwanderung.

29 Ebernburg ClassicTour

Tour für Liebhaber von Felslandschaften

Die Tour bietet den Besuch der Ebernburg mit tollen Ausblicken ins Nahetal und über die Porphyrlandschaft. Nach dem Abstieg in die Naheaue beeindruckt die Sicht auf die Rotenfelswand. Durch Wald- und am Rande von Weinbergen geht es über den Steinskulpturenpark zurück.

Start/Ziel: Wanderportal Ebernburg, Burgstr. 37 (nach der Feuerwehr), 55583 Bad Münster am Stein-Ebernburg, Ortsteil Ebernburg, GPS N 49°48.350' E 007°49.840'

P Parkplatz am Wanderportal, Zufahrt von B48 südlich der Nahebrücke in Ebernburg Richtung „Ebernburg, Feilbingert" (L379), Schlossgartenstraße folgen, nach dem Kreisel links in die Burgstraße

Buslinie 222 vom Bahnhof Bad Kreuznach oder Bahnhof Bad Münster am Stein bis Haltestelle „Schöne Aussicht" (werktags stündlich, Sa 6 und So, Fei 2 Verbindungen) und ca. 10 Minuten Fußweg entlang der Schlossgartenstraße bis Burgstraße/Feuerwehr

11,1 km

3 Std. 15 Min.

313 m/313 m

110-279 m

hellrotes Logo ClassicTour

überwiegend Wiesen- und Waldwege

auf der Burg (km 0,7), im Ort Ebernburg, Bauernstube Birkerhof (km 8,5)

am Portal (km 0), Kuna-Park (km 1,2), Unterm Rotenfels (km 2,4), Rastplatz Nahewiesen (km 3,7), Kafelsblick (ca. 200 m ab km 7,2), Rastplatz Skulpturenpark (km 10,1)

interessante Punkte für Kinder evtl. Burg und Nahewiesen

lange Treppen im Abstieg von der Burg

Wasser mitnehmen

Von **Portal** (Infotafel mit Wanderkarte, Rastplatz) und P Parkplatz steigen Sie zunächst zur Ebernburg auf, um die Tour entgegen dem Uhrzeigersinn zu begehen. Zunächst gehen Sie rechts, dann links der Straße entlang von Weinbergen und Gehölzen bis zur Burgbrücke hinauf. Über die Brücke treten Sie in die **Ebernburg** ❶ ein.

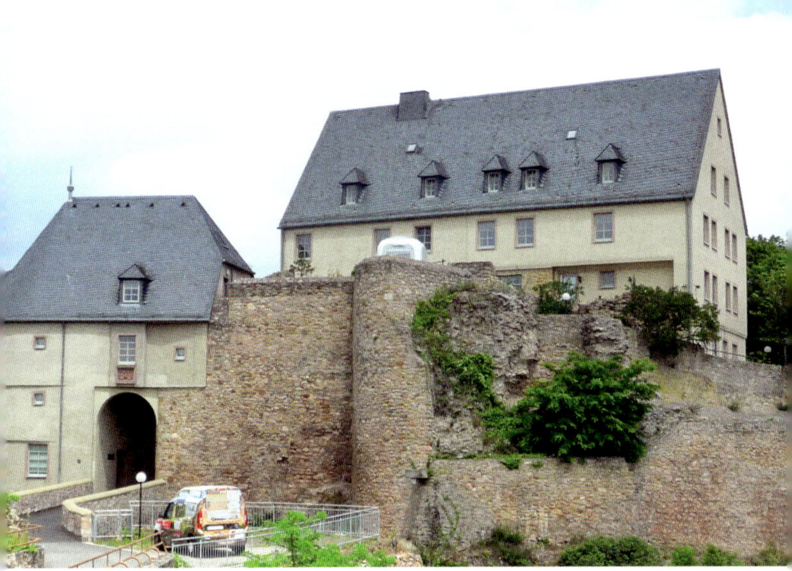

Ebernburg

Im Jahr 1338 begann die Errichtung der **Ebernburg**, 110 Jahre später gelangte sie an das Geschlecht der Sickinger. Ende des 15. Jh. wurde die Burg ausgebaut und mit schweren Kanonen ausgestattet. Weil der Burgherr Franz von Sickingen verfolgten Reformatoren Schutz auf der Burg bot, gab der Humanist Ulrich von Hutten der Burg den Beinamen „Herberge der Gerechtigkeit". Bereits ein Jahr nach dem Reichstag zu Worms 1521 wurde erstmals in der Bergkapelle der Burg ein Gottesdienst in deutscher Sprache und nach lutherischer Liturgie gefeiert.

Nach der Niederlage und dem Tod Franz von Sickingens in der von ihm ausgelösten Trierer Fehde wurde die Ebernburg 1523 niedergebrannt, jedoch bereits 1542 wieder aufgebaut. Im Pfälzischen Erbfolgekrieg war die Burg umkämpft, wurde geschleift und danach als Steinbruch genutzt. Im 19. Jh. kam die Ruine in privaten Besitz, wurde teilweise wieder aufgebaut und diente als Ausflugsziel. Im Jahr 1914 übernahm die dafür gegründete Ebernburg-Stiftung die Burg. In ihrer heutigen Form entstand sie nach dem Zweiten Weltkrieg und beherbergt eine Familienferien- und Bildungsstätte sowie das Restaurant Freigeist.

Restaurant Freigeist, Auf der Ebernburg, 55583 Bad Kreuznach,
☏ 067 08/641 66 61, www.restaurant-freigeist.de, Do-Fr 17:00-20:30, Sa So 12:00-20:00

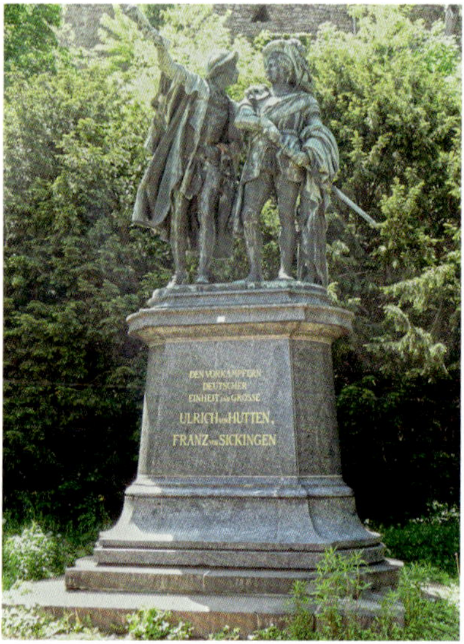

Hutten-Sickingen-Denkmal

Sie verlassen den Burgbereich in seiner Nordwestecke über viele Treppenstufen hinab zu einem kleinen, aussichtsreichen Plateau. Rechts vom Weg liegt das **Hutten-Sickingen-Denkmal**. Ein stufiger Serpentinenweg führt abwärts zur Schlossgartenstraße und mit einem kleinen Linksschwenk über eine Treppe hinab zum Max-und-Herta-Kuna-Park. So gelangen Sie an das Naheufer. Sie folgen dem Uferweg flussaufwärts unter der Friedensbrücke hindurch und an Sportanlagen vorbei in die Nahewiesen. Der gewaltigen Steilwand des Rotenfels sind Sie nun ziemlich nahe. An einem Felsbrocken können Sie am **Rastplatz Unterm Rotenfels** mit seinen drei Picknicktischen eine Pause einlegen und die Felsstrukturen der **Rotenfelswand** über dem kleinen, aber berühmten Weinberg gleichen Namens ausgiebig betrachten.

Bald laufen Sie auf einem Wirtschaftsweg parallel zum Naheradweg bis zum **Verbindungsweg nach Norheim**, der über eine Fußgängerbrücke an das linke Naheufer führen würde. Ab hier folgen Sie einem schmalen Pfad durch die Aue. Ideale Wachstumsbedingungen mit ausreichend Wasser und starker Sonneneinstrahlung lassen besonders im Frühjahr und Frühsommer die Vegetation explodieren. Besonders Brombeerranken versuchen immer wieder, den Weg zu versperren.

Sie betreten die **Nahewiesen**, die regelmäßig gemäht werden. Ein **Rastplatz** bietet seine Dienste an. Sie wandern nun angenehm auf Gras bis vor die **Norheimer Auenbrücke**. Hier biegen Sie zum Waldrand ab und queren dabei die Nahewiesen bis vor den Naheradweg. Links begleitet Sie der Radweg hinter Bäumen und Sträuchern, rechts erstrecken sich Felder und Wiesen entlang des ebenen Weges. Schließlich erfolgt die **Querung des Naheradwegs** ❸ und Sie gehen in langen Schleifen mit moderater Steigung auf einem Forstweg aufwärts, bis Sie auf die VitalTour treffen ❹.

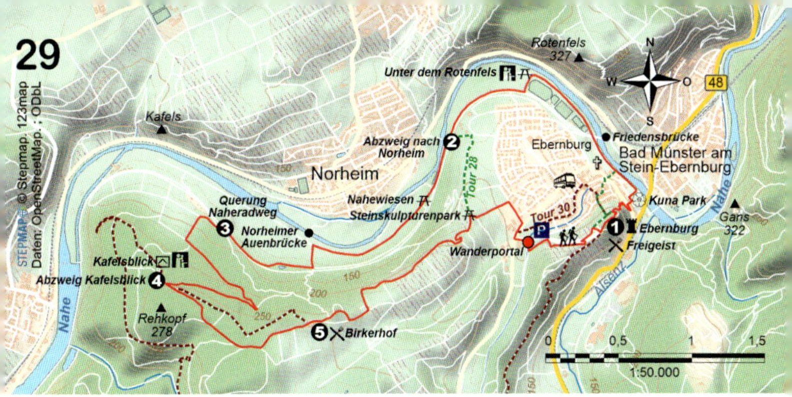

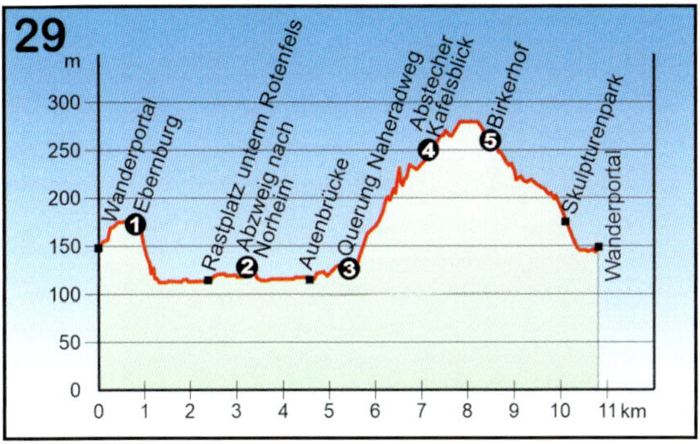

↳ Von diesem Treffpunkt können Sie rechts mit der VitalTour (weinrotes Logo) einen etwa 200 m langen **Abstecher** zum **Kafelsblick** mit seinem tollen Ausblick und seinem urigen Unterstand machen. Diese Möglichkeit sollte genutzt werden!

Das Zusammentreffen der beiden Premiumwege ist nur punktuell. Während die ClassicTour nun bis zum **Birkerhof ❺** (☞ siehe VitalTour Ebernburg) Waldwege nutzt, schlängelt sich die VitalTour auf einem attraktiveren Waldpfad dorthin. Vom Birkerhof bis zurück zum Wanderportal verlaufen beide Wege dann auf derselben Trasse. Sie gehen zunächst auf Gras an Waldrändern entlang und dann im Wald hinab zum **Rastplatz am Steinskulpturenpark**. Viele Steinskulpturen sind sichtbar und frei zugänglich.

Steinskulpturenpark und -museum Fondation Kubach-Wilmsen

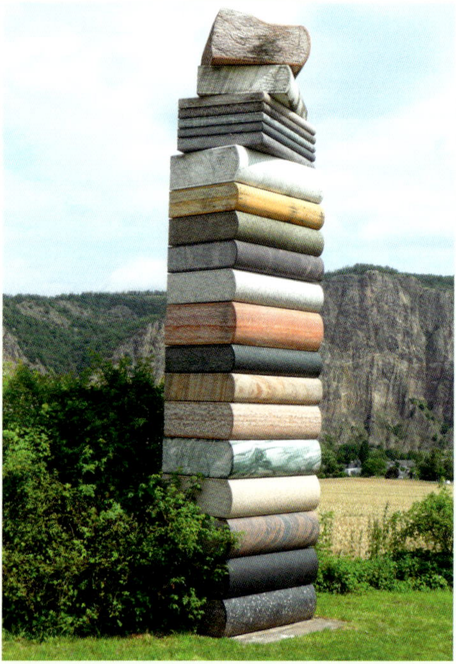

Bücherturm

Das Künstlerehepaar Kubach-Wilmsen machte den Stein aus allen fünf Erdteilen zum Gegenstand ihres künstlerischen Schaffens. Zu Beginn wurden die Steinbücher aus verschiedensten Steinarten Ausdruck ihrer Bildhauertätigkeit. Ihre Skulpturen wurden und werden weltweit repräsentiert. Zunächst entstand der frei zugängliche Steinskulpturenpark in Ebernburg vor der gewaltigen Felskulisse des Rotenfels. Die Fondation wurde 1998 mit dem Ziel, ein Steinskulpturenmuseum zu errichten, gegründet. Das geschah im Jahre 2010. Das Museum schuf der japanische Stararchitekt Tadao Ando im Stil eines Fachwerkhauses, das mit einer Betonmauer umgürtet ist. Mit dem Ensemble aus Park und Museum wurde ein beeindruckendes Landartkonzept verwirklicht.

⌘ Heilquelle 1, 55583 Bad Kreuznach, Stadtteil Bad Münster am Stein-Ebernburg, ☎ 067 08/24 28, 💻 www.fondation-kubach-wilmsen.de, ✉ info@fondation-kubach-wilmsen.de, der Park ist ganzjährig zugänglich, Museum Juli-Mitte Oktober Sa, So, Fei 14:00-17:00, öffentliche Führungen So, Fei um 15:00.

Alle drei Touren steigen gemeinsam ab: wenige Meter auf Asphalt bis zum gespaltenen Granitfindling, von dort auf Gras hinab zum Ortsrand, rechts zur Schlossgartenstraße und an der Feuerwehr vorbei zum **Portal**.

30 Ebernburg VitalTour

Tour für Genießer abwechslungsreicher Wege

Durch den Ort geht es zur Ebernburg hinauf und aussichtsreich über die Höhen entlang des Tals der Alsenz nach Süden. Offenlandpassagen leiten in einen verwunschenen Wald und über den Skulpturenpark zurück.

Start/Ziel: Wanderportal Ebernburg, Burgstr. 37 (nach der Feuerwehr), 55583 Bad Münster am Stein-Ebernburg, Ortsteil Ebernburg, GPS N 49°48.350' E 007°49.840'

P Parkplatz am Wanderportal, Zufahrt von B48 südlich der Nahebrücke in Ebernburg Richtung „Ebernburg, Feilbingert“ (L379), Schlossgartenstraße folgen, nach dem Kreisel links in die Burgstraße

Buslinie 222 vom Bahnhof Bad Kreuznach oder Bahnhof Bad Münster am Stein bis Haltestelle „Schöne Aussicht“ (werktags stdl., Sa 6 und So, Fei 2 Verbindungen) und ca. 10 Minuten Fußweg entlang der Schlossgartenstraße bis Burgstraße/Feuerwehr

14,6 km

4 Std. 15 Min.

510 m/510 m

128-220 m

weinrotes Logo VitalTour

ganz überwiegend naturnahe Wald- und Wiesenwege

im Ort Ebernburg, Ebernburg (km 1,2), Birkerhof (km 12,3)

Portal (km 0), Altenbaumburgblick (km 4,6), über Schinderhannesloch (km 8,7), Stauseeblick (km 10,3), Kafelsblick (km 10,9), Skulpturenpark (km 13,9)

nur für sehr leistungsstarke Kinder

nicht geeignet (Treppen, steile Pfade)

Wasser mitnehmen

Die VitalTour führt zunächst durch den Ort Ebernburg und passiert einige Einkehrmöglichkeiten, die Sie gegebenenfalls nach der Wanderung wahrnehmen können. Sie gehen vom P Parkplatz am **Portal** (Infotafel mit Wanderkarte, Rastplatz) links bis zur Einmündung der Burgstraße in die Schlossgartenstraße. Von hier führt ein Weg durch eine Wiese. Den Straßen Schöne Aussicht, Beinde und Triftstraße folgen Sie nach rechts. Am Burggraben wird der Grasbach auf einer Brücke gequert und das Restaurant Kurpfälzischer Amtshof und das Weinlokal Alte Schule werden passiert. Ab Jungs Weingarten führt ein Treppenweg (Fritz-Göbel-Weg) gegen die Burg auf.

Sie steigen hinauf zur ✕ **Ebernburg ❶** (☞ Erläuterungen siehe ClassicTour) und genießen den Rundumblick über den Ort hinweg auf die Steilwand des Rotenfels, auf Rheingrafenstein und Gans sowie ins Alsenztal, wo sich am Horizont bereits die Silhouette der Altenbaumburg am Horizont abhebt. Für eine Einkehr im Restaurant Freigeist (☞ siehe ClassicTour, S. 153) begleitet mit der tollen Aussicht ist es leider zu früh. So laufen Sie weiter über die Burgbrücke und den Parkplatz in den oberen Hang des Alsenztals nach Süden. Die Landschaft gestaltet sich vielfältig: Felsen, Büsche, Wein und schließlich Wald begleiten Sie.

Im Wald geht es in einem Hohlweg aufwärts, zur Abwechslung bietet sich ein Pfad an. Sobald die Hochfläche erreicht ist, überwiegen bequeme und schattige Waldwege. Bei Austritt aus dem Wald haben Sie einen freien Blick auf Feilbingert. Links am Weg liegt eine private Hütte mit einem Wildgehege, das den Wanderer neugierig macht. Es geht durch Wiesen und Felder. An einem Hochsitz biegt der Weg links ab zum **Altenbaumburgblick ❷** mit überdachtem Picknickplatz. Die Altenbaumburg müssen Sie suchen, denn sie hebt sich vor dem Wald kaum ab.

Bis zur Ernte laufen Sie durch Getreidefelder. Vor einer 220-kV-Leitung haben Sie den **südlichsten Punkt** der Wanderung erreicht, biegen scharf rechts ab und beginnen den Rückweg. An einer Lagerhalle wendet sich der Weg durch die Felder nach links, die L379 wird gequert. Landwirte haben für die Insekten Blühflächen angelegt, die das Auge erfreuen. An zwei mächtigen **Birnbäumen** leitet der Weg hinab in das bewaldete Tal des Trombachs, dem Sie nach rechts Richtung Nahe folgen.

Schinderhannesloch

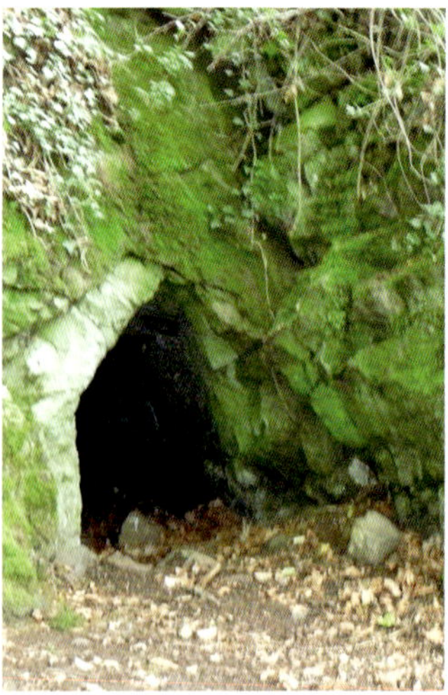

Der **Trombacherhof ❸** wird auf einem Pfad umgangen, in den zwei abwärtsführende Treppen eingebaut sind. Die Vitaltour Geheimnisvoller Lemberg verläuft hier auf derselben Trasse. Die Touren trennen sich sehr bald wieder. Die VitalTour Ebernburg wählt den rechten Waldweg und steigt als steiler Pfad zum sogenannten **Schinderhannesloch** auf. Dieser Ort ist, da nicht beeindruckend, nicht bezeichnet. Am Ende des Pfades liegt im Schatten der Bäume ein nagelneuer **Picknickplatz**. Nun werden wieder Waldwege und zwischendurch auch mal ein Forstweg zum Weiterkommen genutzt.

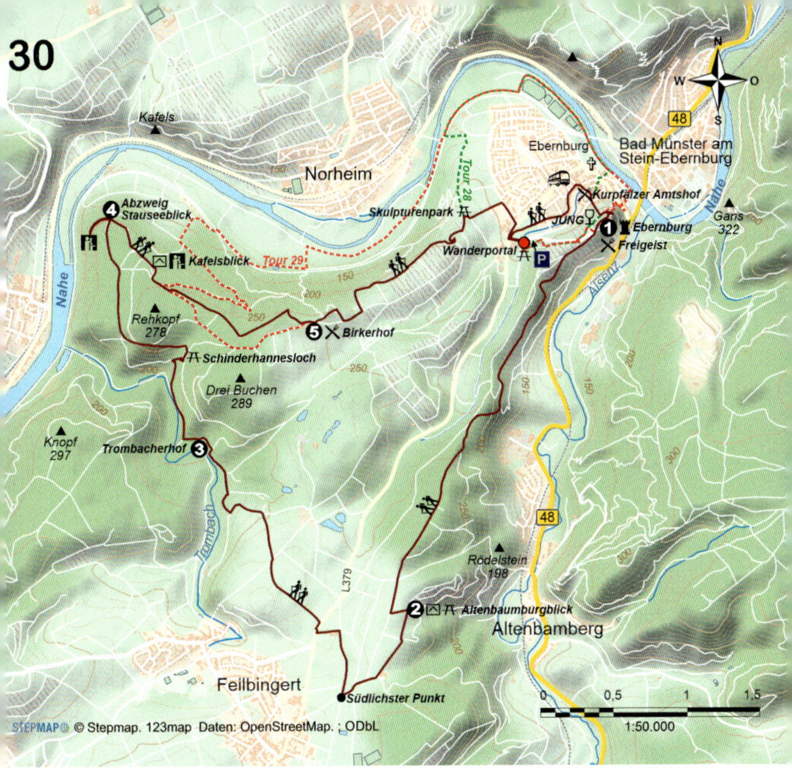
30
Kafels
Norheim
Ebernburg
Bad Münster am Stein-Ebernburg
Nahe
Tour 28
Tour 29
Abzweig Stauseeblick
Kafelsblick
Skulpturenpark
Kurpfälzer Amtshof
JUNG
Ebernburg
Freigeist
Wanderportal
Gans 322
Rehkopf 278
Birkerhof
Schinderhannesloch
Drei Buchen 289
Knopf 297
Trombacherhof
Trombach
Alsenz
L379
Rödelstein 198
Altenbaumburgblick
Altenbamberg
Feilbingert
Südlichster Punkt
48
0 0,5 1 1,5
1:50.000
STEPMAP © Stepmap. 123map Daten: OpenStreetMap, ODbL

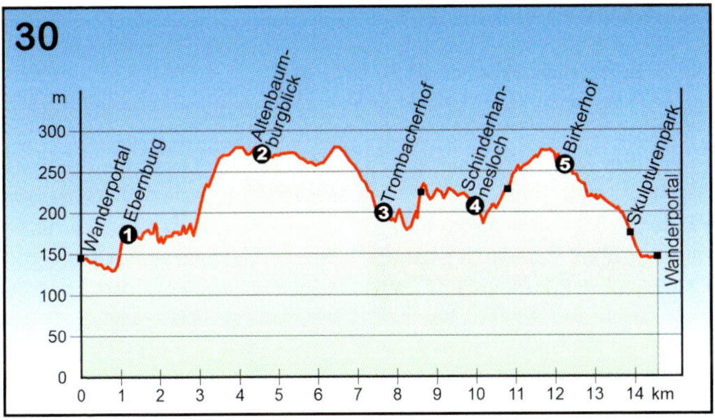
30
m
300
250
200
150
100
50
0
0 1 2 3 4 5 6 7 8 9 10 11 12 13 14 km
Wanderportal
1 Ebernburg
2 Altenbaumburgblick
3 Trombacherhof
4 Schinderhannesloch
5 Birkerhof
Skulpturenpark
Wanderportal

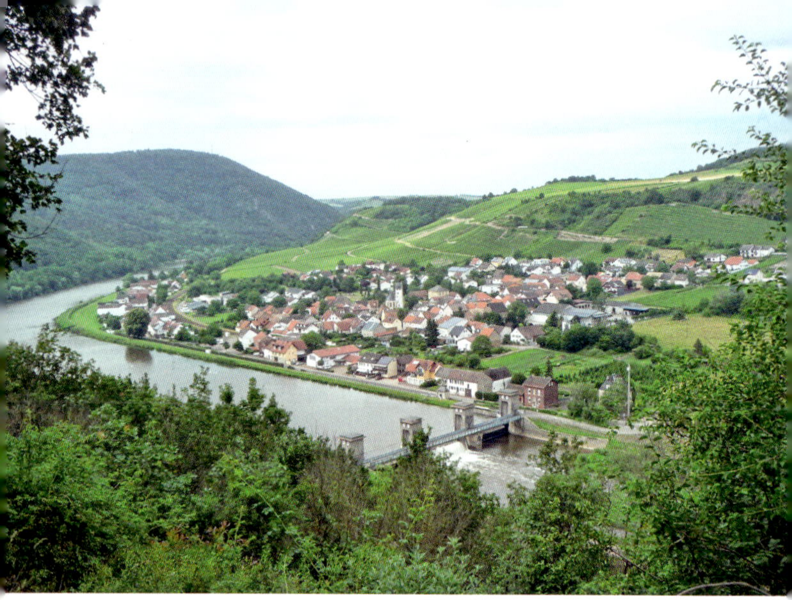

Stauseeblick

Am Wegweiser **Abzweig Stauseeblick ❹** sollte der nur 200 m lange Stichweg zu diesem lohnenden Aussichtspunkt nicht ausgelassen werden. Zurück auf dem Hauptweg leiten schmale Wege und Pfade zum **Kafelsblick** (Unterstand mit Ofen, Blick auf Bad Münster am Stein-Ebernburg, Traisen, Rotenfels und ins Nahetal). Schöne Waldpfade führen vorbei an einer Aussichtsbank zum ✕ **Birkerhof ❺**.

✕ **Bauernstube Birkerhof**, ☏ 067 08/61 76 57,
Mi, Sa, So 12:00-21:00, Do, Fr 14:00-21:00

Ab dem Birkerhof beginnt die Endphase der Wanderung. Bis auf ca. 100 m Asphalt ist es vortrefflich gelungen, die VitalTour am Waldrand entlang- und am Rande von Rebflächen mit leichtem Gefälle auf Naturwegen zu führen. Schließlich windet sich der Weg durch Wald hinab zum **Rastplatz am Skulpturenpark** der Fondation Kubach-Wilmsen (☞ Erläuterungen siehe ClassicTour). Es lohnt sich, einige Blicke auf die Skulpturen zu lenken. Vom Rastplatz führt nach wenigen Metern auf Asphalt ein Grasweg hinab zum Ortsrand von Ebernburg und an ihm entlang zur Schlossgartenstraße und parallel zu ihr zur Feuerwehr und zum Wanderportal.